# JAMIE KERN LIMA

# VOCÊ TEM VALOR

Como acreditar que você tem o potencial
para transformar sua vida

Tradução
Eduardo Rieche e Nina Lua

1ª edição

Rio de Janeiro | 2024

**TÍTULO ORIGINAL**
*Worthy: How to Believe You Are Enough and Transform Your Life*

**TRADUÇÃO**
*Eduardo Rieche e Nina Lua*

**DIAGRAMAÇÃO**
*Abreu's System*

CIP-BRASIL. CATALOGAÇÃO NA PUBLICAÇÃO
SINDICATO NACIONAL DOS EDITORES DE LIVROS, RJ

L698v

Lima, Jamie Kern
Você tem valor : como acreditar que você tem o potencial para transformar a sua vida : dicas simples para resultados transformadores / Jamie Kern Lima ; tradução Eduardo Rieche, Nina Lua. – 1. ed. -- Rio de Janeiro : BestSeller, 2024.

Tradução de: Worthy : how to believe you are enough and transform your life
ISBN 978-65-5712-422-2

1. Motivação (Psicologia). 2. Autoestima. 3. Técnicas de autoajuda.
I. Rieche, Eduardo. II. Lua, Nina. III. Título.

24-91854

CDD: 158.1
CDU: 159.947.5

Meri Gleice Rodrigues de Souza – Bibliotecária – CRB-7/6439

Texto revisado segundo o novo Acordo Ortográfico da Língua Portuguesa.

Copyright © 2024 por Jamie Kern Lima
Copyright da tradução © 2024 by Editora Best Seller Ltda.

Trecho de *A Return to Love*, de Marianne Williamson, copyright © 1992 por Marianne Williamson, usado sob permissão da HarperCollins Publishers.

A autora não oferece orientação médica nem prescreve o uso de qualquer técnica como forma de tratamento para problemas físicos, emocionais ou de saúde sem a orientação de um profissional da medicina, direta ou indiretamente. A intenção é apenas fornecer informações de natureza geral para ajudar você na sua busca pelo bem-estar emocional, físico e espiritual. Caso venha a utilizar quaisquer informações deste livro, a autora e seus editores não assumem nenhuma responsabilidade por suas ações.

Esta é uma obra de não ficção.
No entanto, os nomes de certas pessoas foram alterados para proteger sua privacidade.

Todos os direitos reservados. Proibida a reprodução,
no todo ou em parte, sem autorização prévia por escrito da editora,
sejam quais forem os meios empregados.

Direitos exclusivos de publicação em língua portuguesa para o Brasil
adquiridos pela
Editora Best Seller Ltda.
Rua Argentina, 171, parte, São Cristóvão
Rio de Janeiro, RJ — 20921-380
que se reserva a propriedade literária desta tradução.

Impresso no Brasil

ISBN 978-65-5712-422-2

Seja um leitor preferencial Record.
Cadastre-se e receba informações sobre nossos lançamentos
e nossas promoções.

Atendimento e venda direta ao leitor:
sac@record.com.br

*Para os 80% das mulheres que não acreditam que são suficientes, para os 75% das executivas que lidam com a síndrome da impostor, e para os 91% das meninas e mulheres que não amam o próprio corpo. Para os 73% dos homens que se sentem inadequados, e para todos os homens que nasceram de uma mulher e, provavelmente, têm pelo menos uma jovem ou uma mulher em suas vidas. Creia que você é suficiente e tem valor como pessoa. Juntos, vamos garantir que nenhuma menina, nenhuma mulher, nenhuma pessoa acredite nessa mentira!*

# SUMÁRIO

*Nota aos leitores* ............ 9

**COMECE POR AQUI** ............ 11

**PARTE I: ENXERGAR**

CAPÍTULO 1   A coisa que transforma tudo ............ 29
CAPÍTULO 2   Mude sua relação com a "rejeição" e mude sua vida ............ 49
CAPÍTULO 3   "Você não é louca, é apenas a primeira" ............ 69
CAPÍTULO 4   Há grandeza em você ............ 81

**PARTE II: DESAPRENDER**

CAPÍTULO 5   *A mentira:* Meu peso afeta meu valor ............ 103
CAPÍTULO 6   *A mentira:* Eu só devo aparecer quando estiver feliz ............ 111
CAPÍTULO 7   *A mentira:* Eu não mereço coisa melhor ............ 119
CAPÍTULO 8   *A mentira:* Não tenho nada de especial a oferecer ............ 131
CAPÍTULO 9   *A mentira:* Preciso agradar a *eles* para *me* amar ............ 139
CAPÍTULO 10   *A mentira:* Se eu me destacar, serei excluída ............ 145
CAPÍTULO 11   *A mentira:* Sou uma impostora e não me basto ............ 153
CAPÍTULO 12   *A mentira:* Se eu revelar quem sou de verdade, não receberei amor ............ 161
CAPÍTULO 13   *A mentira:* Rótulos são permanentes ............ 171

**PARTE III: TRANSFORMAR**

CAPÍTULO 14   O segredo da realização: o amor-próprio é o multiplicador ............ 183
CAPÍTULO 15   Você se vê? ............ 191

CAPÍTULO 16  Descubra o seu porquê e voe, voe bem alto        209
CAPÍTULO 17  Círculo ou jaula                                  215
CAPÍTULO 18  Exposto demais e desenvolvido de menos            231
CAPÍTULO 19  Transformações                                    241

## PARTE IV: ENTENDER
CAPÍTULO 20  Seu bilhete para a Lua                            251
CAPÍTULO 21  Você duvida de quem?                              259
CAPÍTULO 22  Solos                                             273
CAPÍTULO 23  Você tem valor — a volta da vitória começa agora  279

## NÃO ACABA AQUI                                              291

*Poema: Você não é louco, é só o primeiro*                     292

*Agradecimentos*                                               299

*Referências bibliográficas*                                   303

*Conecte-se com Jamie*                                         309

*Faça suas anotações aqui*                                     311

## NOTA AOS LEITORES

Minha esperança é de que as histórias, os ensinamentos e as ideias presentes neste livro possam lhe inspirar e ajudá-lo a transformar a sua vida. Se em algum momento durante a leitura você sentir que conhece alguém que poderia se beneficiar desse conteúdo, compartilhe-o com essa pessoa. Juntos, vamos garantir que nenhuma menina, nenhuma mulher, nenhuma pessoa seja deixada para trás, sem saber que é vista, valorizada e digna.

Embora possamos ter crenças, identidades e experiências diversas, acredito que as compartilhamos, que estamos conectados por meio divino e que somos merecedores de amor incondicional. Este livro foi escrito porque, independentemente do quão similar ou diferente eu seja de você por fora, creio que haja uma boa chance de termos muitas semelhanças no lado emocional. Para iniciar essa transformação, é necessário que nos mostremos de forma plena, autêntica e visceral. Então é isso que farei nas páginas deste livro, e a minha esperança é de que façamos isso juntos de verdade.

Não acredito que você tenha escolhido este livro por acaso, e desejo comemorar o início desta jornada transformadora! Ao mesmo tempo que mal posso esperar para descobrir o possível impacto na sua vida, também quero que saiba que você já fez uma tremenda diferença na de outras pessoas só por comprar este livro. **Cem por cento dos rendimentos dos direitos autorais deste livro serão doados** à Feeding America e a programas dedicados à construção de autovalorização em meninas e mulheres nos Estados Unidos.

Quando imagino um mundo em que cada menina e cada mulher acredite que têm valor, imagino a poderosa força para o bem que podemos congregar para ajudar a curar a nós mesmas, as gerações e a humanidade por meio do amor. Vamos trabalhar em equipe para espalhar a mensagem e impactar o maior número de vidas possível. Não consigo fazer isso sozinha, e sou muito grata pela sua ajuda.

Além disso, saiba que pode postar fotos, páginas, citações e experiências relacionadas a este livro nas redes sociais, usando a hashtag *#WorthyBook* ou *#JamieKernLima*. Assim, vou vê-las e repostá-las no meu perfil! Se quiserem inspiração e incentivos semanais durante a sua jornada de valorização, uma opção é se inscrever na minha newsletter gratuita, em JamieKernLima.com [site em inglês].

**VALE ANOTAR:** Este livro e os exercícios nele contidos podem ser lidos separadamente, com um amigo ou um profissional de saúde mental, ou como parte de um clube do livro. Também é possível criar o próprio Círculo de Valorização: duas ou mais pessoas que se reúnem nos moldes de um grupo, presencial ou virtualmente, para celebrar e apoiar o desenvolvimento da autovalorização juntos. Consulte WorthyBook.com/Resources [site em inglês] para obter informações sobre como ingressar em um grupo já existente ou criar um.

Mais ferramentas e recursos gratuitos para complementar a experiência de leitura, tornando-a ainda mais imersiva, estão disponíveis em WorthyBook.com/Resources e JamieKernLima.com, ou escaneando o QR code ao lado.

Este livro não pretende substituir qualquer forma de terapia, medicamento ou tratamento de saúde mental.

## COMECE POR AQUI

## Você se torna aquilo que acredita merecer

Você se lembra da primeira vez, talvez quando ainda era uma criança em uma sala de aula, em que sabia a resposta, mas decidiu não levantar a mão? Com uma leve ansiedade causada pela nova e assustadora percepção das opiniões alheias, pensou em levantar a mão e responder, mas decidiu não fazer isso. A partir daquele instante, você começou a viver de forma incongruente com a expressão mais plena da sua alma.

Você duvidou. Se conteve. Se escondeu. Não se arriscou. Questionou se tinha razão, apesar de saber que tinha. Questionou se era inteligente o suficiente. Questionou se *você* era suficiente.

Volte aos dias atuais. Você continua não levantando a mão quando sabe a resposta? Continua se escondendo? Afinal, pode não saber a resposta, pode falhar. Ou prefere ficar na zona de conforto da sua certeza? Hoje, como uma pessoa adulta, você sabe a solução, mas por dentro ainda é aquela mesma criança cheia de dúvidas? Talvez fique em silêncio nas reuniões de trabalho, ou presa em devaneios, apesar de ter certeza de que sua ideia pode ser genial? Ou, por acaso, tem um amigo ou está em um relacionamento tóxico, sabendo que merece mais, só que não acredita nisso o suficiente para romper os laços? Talvez, como chefe, não queira arriscar porque, no fundo, tem medo de não ser forte o bastante para exercer a liderança. Uma grande oportunidade surgiu, uma grande promoção, um aumento, mas você se sente um impostor e banca a humilde?

Talvez você despreze aquela outra mãe do grupo de pais e professores, mas trai a si mesmo e passa o seu precioso tempo falando com ela. Talvez esteja passando por um momento agitado e exaustivo enquanto esconde que precisa, e muito, de um descanso. Talvez esteja enfrentando um problema de saúde e perdendo a fé no seu corpo, no seu valor e em Deus. Você sente que a sua essência não está sendo vista e repete para si a mentira de que a vida é melhor assim? Talvez você esteja *trabalhando* em uma empresa, mas tenha plena consciência de que poderia *administrá-la*? Talvez esteja em um relacionamento amoroso no qual seu valor não seja reconhecido, mas tem medo da solidão e acabe varrendo a verdade para baixo do tapete? Talvez ache que o excesso de atividades é um motivo de orgulho, quando na verdade usa isso para entorpecer o que sente. Talvez viva a história de sucesso de outra pessoa, pois está confundindo aprovação com amor. Talvez tenha decidido que os outros fazem o que você pode fazer, melhor do que você poderia fazer, e por isso vem anulando a sua própria vocação. Ou talvez se comporte como esperam, agradando a terceiros há tanto tempo que nem se lembra mais de quem, de fato, é.

A insegurança, a desvalorização e o medo apagam a luz da nossa alma. Não nos arriscamos. Achamos melhor nos esconder e nos conter, a falar apenas parte da nossa verdade. A viver nossa vida pela metade. A expressar um pedaço da nossa verdadeira essência. A desejar a sensação de pertencimento, em vez de uma conexão autêntica. A desejar validação externa. Porque passamos a acreditar que esses são os únicos caminhos para o amor, para o pertencimento e para a valorização.

Se alguma dessas coisas soa verdadeira, se no fundo do seu ser você sabe que está vivendo apenas como *parte* de quem é, se contendo e hesitando, ou se escondendo *por completo*, então deve sentir um vazio inexplicável. Um anseio doloroso por algo que lhe falta. Um vazio que surge quando os outros não conhecem e não acolhem o seu eu completo e autêntico — ou, pior, quando essa falta de conhecimento e acolhimento parte de você. Uma desconexão da alegria, que, independentemente do que você alcançar, não lhe trará a sensação de realização que era esperada. Um sentimento incessante de que você não é suficiente. Uma incapacidade de se sentir vivo, que você disfarça com um sorriso singelo.

**Você está vivendo e se escondendo de todos.**

TUDO BEM, TALVEZ você esteja pensando: "Nossa, está tão profundo assim já no início do livro?" Sim, porque seu tempo é precioso. Esta bela vida que cada um de nós tem é preciosa. Não vou pensar pequeno, até porque desejo que você se revele nas próximas páginas. Escrevi este livro com a mais pura intenção de lhe dar tudo o que tenho, como uma expressão de amor da minha alma à sua. Cada um de nós está em uma jornada na direção de acreditar e, em seguida, de entender, verdadeiramente, com todo o nosso ser, que somos dignos à nossa maneira. Essa é uma das partes mais importantes para alcançar o que Oprah Winfrey descreve como "a expressão mais elevada e verdadeira de nós mesmos".

Você, exatamente do jeito que é, é suficiente, valioso e digno de amor e de se sentir pertencente. Não há nada que tenha feito ou possa vir a fazer que mude isso. Voltaremos a esse ponto mais tarde, porque é provável que, se você for como eu fui durante a maior parte da minha vida, ainda não acredite.

Falando na Oprah, e falando em se esconder de todos, quero compartilhar um dos melhores momentos da minha vida, um momento que quase não aconteceu, e que veio depois de quatro anos me escondendo, pois eu não acreditava que era digna disso. Oprah foi minha mentora à distância, quando eu a assistia pela televisão todos os dias quando era menina e, mais tarde, quando adulta. Eu sonhava em conhecê-la desde sempre — e sabia, lá no fundo, que isso aconteceria de alguma forma.

"Eu tenho 100% de certeza disso", disse Oprah enquanto manuseava o meu primeiro livro, *Believe IT* [*Acredite*, em tradução livre], ao vivo e diante das câmeras. "Você não se torna aquilo que deseja, você se torna aquilo em que acredita." Fiz tudo o que estava ao meu alcance para evitar que o meu queixo caísse, de tão nervosa que fiquei, e para acreditar que aquele momento era real e que estava acontecendo. E quase não aconteceu. Na verdade, muitos dos momentos mais significativos da minha vida quase não aconteceram. Durante anos, enquanto minha alma alimentava sonhos grandes e ousados e imaginava momentos como aquele, nunca

> *Se a sensação de não ser o bastante parece uma irmã gêmea, então talvez nós sejamos trigêmeos perdidos há muito tempo.*

pensei que eles poderiam de fato se concretizar, porque eu não me achava digna deles. Na verdade, e talvez você identifique com isso, **passei a maior parte da minha vida sentindo que eu não era suficiente e duvidando do meu próprio destino.**

Não importa quão vívida seja a visualização dos nossos objetivos e sonhos, ou o que fazemos para realizá-los, se, no fundo, não sentimos que os merecemos ou somos dignos deles. Ficaremos paralisados, mudaremos de ideia, desistiremos cedo demais ou, de alguma forma, nos sabotaremos ao longo do caminho. Com alguma dose de autovalorização, mas sem uma autovalorização sólida, até nos permitimos sentir dignos de alcançar um grande objetivo ou sonho, mas, quando chegarmos lá, ainda nos sentiremos vazios e insatisfeitos, como se algo estivesse faltando. Isso já aconteceu com você? Se já experimentou a sensação de *não ser o bastante*, mesmo sabendo que é mentira (porque é!), e deseja superá-la para sempre, este livro é para você. **Se a sensação de não ser o bastante parece ser uma irmã gêmea, então talvez nós sejamos trigêmeos perdidos há muito tempo.** Se você luta contra a insegurança e sente que não tem valor, mesmo que ninguém mais saiba disso, este livro é para você. Acredito que uma das jornadas mais corajosas e importantes que percorremos nesta vida é conhecer a verdade — que somos mais do que o bastante —, e saber e crer nisso com todo o nosso ser. Se isso ressoa em você, **este livro é para você, e estou aqui para lhe dar apoio.**

Eu acredito que **no momento em que aprendemos a confiar em nós mesmos e a acreditar que temos valor, toda a nossa vida, as gerações passadas e futuras da nossa família e todo o mundo, mudam para melhor.**

> *No momento em que aprendemos a acreditar que temos valor, toda a nossa vida, as gerações passadas e futuras da nossa família e todo o mundo mudam para melhor.*

Somente quando você acredita que é digno de ter um relacionamento saudável, de receber amor incondicional, de celebrar o seu corpo, de compartilhar ideias, de ocupar ambientes, de estar no palco, de liderar a equipe, de ter amizades que preencham a alma, ou de viver as suas maiores esperanças e os sonhos mais loucos, sua melhor vida e o seu melhor destino começam a se revelar.

Enquanto Oprah segurava meu livro, tentei me manter o mais consciente possível, permanecer concentrada no presente e nas milhares de pessoas que nos assistiam. Ela e eu estávamos ministrando juntas uma aula chamada "The Life You Want" ["A vida que você quer", em tradução livre]. "Por favor, me ajude a apresentar o máximo que puder", orei várias vezes, pois aprendi, ao longo dos anos, que ter uma intenção maior do que eu é a única maneira de frear meus pensamentos. Antes mesmo de ela erguer o livro, eu já vinha lutando internamente para acreditar que estava dando uma aula com a pessoa que considerei minha mentora durante toda a vida. Era a primeira vez que nós fazíamos algo juntas profissionalmente.

O que Oprah e eu sabíamos — e o público, não — é que quase cinco anos antes, quando a conheci pessoalmente e almoçamos juntas, ela me deu o seu número de celular e eu não liguei para ela por quase quatro anos. Sim, Oprah — a única pessoa que eu faria de tudo para conhecer, a pessoa a quem assisti na TV milhares de tardes, sozinha, na minha casa, quando ainda era uma garotinha; a pessoa que inspirou grande parte da minha carreira — tinha me *dado* seu número, e não liguei por quase quatro anos! Por quê? Bem, por muito tempo achei que sabia o motivo.

Com o passar dos anos, repetia para mim mesma mentiras que faziam sentido, como "você ainda não está pronta para fazer essa ligação", "todo mundo quer algo dela. Vá com calma, para que ela perceba que você não está querendo nada", "você ainda não tem nada para dizer a ela. Quando tiver, saberá e então será a hora de ligar" ou "se ela a conhecer de verdade, descobrirá que você não é tão interessante/inteligente/engraçada/bem-sucedida/legal/talentosa quanto ela acredita", até que um dia percebi o *verdadeiro* motivo pelo qual não ligava para Oprah, e não fiquei orgulhosa. Eu ainda não havia ligado para

*Acredito que uma das formas mais prevalentes da cultura do cancelamento é aquela sobre a qual ninguém fala: nós nos cancelamos antes mesmo de tentarmos.*

ela porque, no fundo, não acreditava que era digna disso. Não acreditava que fosse digna de ser amiga dela.

Você já passou por momentos assim, em que sabotou uma oportunidade? Ou que deixou para lá porque achou que não dispunha dos requisitos necessários? Talvez esse seja um tema recorrente na sua vida neste momento. Se for, você está longe de ser a única ou o único.

**Acredito que uma das formas mais prevalentes da cultura do cancelamento é aquela sobre a qual ninguém fala: nós nos cancelamos antes mesmo de tentarmos.**

Quando percebi que este era o verdadeiro motivo pelo qual não havia ligado para Oprah por quatro anos, tive uma certeza: não me dar o devido valor não combinava com quem sou e com a pessoa que fui criada para ser. Eu sabia que eu tinha valor, mas deixei que meus pensamentos e a crença profunda da minha mente sobre a minha própria desvalorização dominassem tudo o que a minha alma sabia. Sem perceber, eu estava deixando os meus pensamentos e sentimentos de autodepreciação sabotarem algo com que eu havia sonhado a vida inteira. Quando percebi isso, decidi **que era hora de diminuir a voz na minha cabeça que duvidava de mim e de aumentar a voz que sabia do que eu era capaz.** Decidi confiar em mim mesma, na parte que tem noção do meu valor (e você pode fazer o mesmo!). Disquei o número.

FALAREI SOBRE ESSE telefonema mais adiante, mas vamos avançar para maio de 2022, quando estava dando aquela aula ao lado da Oprah. Eu me preparei incansavelmente durante meses para aquela oportunidade. Entretanto, como costuma acontecer nos momentos mais significativos, nos preparamos para eles ao longo de toda a vida, quer saibamos disso ou não. Pois, segundo a Oprah — e acredito piamente nisso —, cada passo, fracasso, vitória, infortúnio, trauma, crescimento, bênção, lição e momento de graça sempre aconteceram *por* nós, para nos preparar de modo que possamos agir da maneira que estamos destinados. Até os contratempos são, quase sempre, uma preparação para o caminho que estamos destinados

*É hora de diminuir a voz na nossa cabeça que duvida de nós e de aumentar a voz que sabe do que somos capazes.*

a seguir. Quando a aula começou, passei a orientar os espectadores do *Oprah Daily* em exercícios sobre como construir resiliência, aceitar rejeição, parar de se esconder e aprender a assumir, com segurança, quem são *por inteiro*. Oprah e eu compartilhamos histórias e ensinamentos. Eu estava em tal estado de fluxo que parecia me mover dentro de um espaço orquestrado por Deus.

Então, enquanto Oprah mostrava mais uma vez o meu livro e eu tentava não cair da cadeira, ela disse algo que provocou ondas de choque por todo o meu corpo. Palavras que, acredito, expressam o caminho definitivo que muitos de nós estamos trilhando, mesmo que ainda não tenhamos descoberto isso. Palavras que expressam por que eu havia escrito aquele livro e, ainda mais, por que escrevi este aqui. Palavras que, se forem acolhidas por nós, podem mudar o curso de toda a nossa vida. Ela disse: "Você não se torna aquilo que deseja. Você pode ter o maior desejo no seu coração e se dedicar muito, muito, muito. Mas, se não acreditar que **você é digno**, aquilo não acontecerá. Esta é a fórmula mágica."

NA MINHA VIDA, tenho aprendido a me convencer de que sou digna em etapas, atravessando altos e baixos, grandes momentos de entendimento e pequenos passos em direção à confiança. Acreditar no nosso valor, muitas vezes, é uma busca para toda a vida, e uma das coisas mais importantes que realizaremos. Se eu não tivesse desenvolvido a autovalorização, muitos dos momentos da minha história nunca teriam acontecido. As matérias publicadas sobre mim na imprensa costumam dizer: "Garçonete de Denny constrói negócio de bilhões de dólares." E, embora isso seja um fato, a minha verdadeira história é sobre uma mulher que não acreditava em si mesma e aprendeu como fazê-lo. Uma mulher que não se sentia digna, e ainda não se sente várias vezes hoje em dia, mas que está decidida a aprender a crer no próprio valor. Uma mulher que foi entregue para adoção ainda bebê, mas que decidiu que foi escolhida e que nasceu não apenas de propósito, mas com propósito. Uma mulher que sabe que, no fundo, somos todos suficientes e dignos de amor.

> *Você não se eleva até o nível das esperanças e sonhos; você fica preso no nível da autovalorização.*

Sou uma mulher que sabe que o lugar de onde viemos não determina para onde vamos, e que ter tomado decisões erradas no passado não significa que *sejamos* pessoas ruins. Uma mulher que sabe que os rótulos colocados em nós, além dos que colocamos em nós mesmos, são removíveis, não permanentes. Uma mulher que enfrentou milhares de rejeições por anos enquanto construía seu negócio, mas optou por confiar na própria intuição e seguir em frente. Uma mulher consciente de que, um dia, conheceria a Oprah, e aprendeu que nos tornamos aquilo em que acreditamos. Uma mulher que precisou aprender a ser digna de estar em determinado ambiente, de começar um negócio, de ser chamada de CEO, de aprender a não *se esconder atrás do próprio peso*, de aprender a amar a si mesma e de receber amor. Uma mulher ciente de que não somos os erros que cometemos no passado — somos as nossas intenções presentes e futuras.

AQUI ESTÁ O que reconheço como verdade: se não acreditarmos que somos dignos de começar um negócio, de ter um relacionamento amoroso e compromissado, ou de ter amizades saudáveis e fortalecedoras; se não acreditarmos que somos dignos de um lugar à mesa, de escrever um livro, de concorrer a um cargo público; se não acreditarmos que somos dignos de descanso, de celebrar o nosso corpo exatamente como ele é, de cuidar da alma, de *fazer* menos e *ser* mais; se não acreditarmos que somos dignos de nos mostrar de forma autêntica nas redes sociais, de liderar uma equipe, de quebrar o ciclo geracional ou de compartilhar a nossa história com outras pessoas; se não acreditarmos que somos dignos porque cometemos muitos erros, porque já falhamos muitas vezes, ou porque alguém nos disse que não éramos dignos e acreditamos nisso; se não acreditarmos que somos dignos de todas essas coisas que queremos e merecemos, nunca as conseguiremos.

> *Você não se eleva ao que acredita ser possível. Na verdade, se conforma com aquilo que acredita merecer.*

Na vida, você não se eleva até o nível das esperanças e sonhos, você fica preso ao nível da autovalorização. Você não se eleva ao que acredita ser possível. Na verdade, se conforma com aquilo que acredita merecer.

Nas suas metas e ambições profissionais, você não alcança tudo para o que está qualificado ou é capaz de fazer — você estaciona no que acredita merecer, e, quer saiba disso ou não, no nível de sucesso ao qual condicionou a sua própria identidade. Nos seus relacionamentos românticos, o nível e a profundidade da intimidade, da vulnerabilidade e do amor só poderão ser tão fortes quanto o nível e a profundidade do amor vulnerável e íntimo que você tem por si mesmo. A mesma coisa acontece com as amizades. Nesses relacionamentos, o nível de sofrimento que você permitirá que as outras pessoas lhe causem, seja por meio de palavras, seja por ações ofensivas, muitas vezes vai girar em torno dos padrões que você mesmo estabeleceu para o nível e a frequência de pensamentos, maneiras e palavras prejudiciais que pensa e diz a respeito de si próprio. A mesma coisa acontece com o seu corpo. **Ele pode parecer uma fonte de vergonha ou um milagre em ação, dependendo da sua relação com a valorização.**

Se você for chefe ou líder de uma equipe, desenvolver uma forte autovalorização é uma das melhores ações de negócios que pode realizar. Agimos de acordo com a nossa identidade — portanto, você pode ter o título e, até mesmo, resultados de negócios espetaculares, mas, se ainda estiver lutando contra a autovalorização, a síndrome do impostor e a crença de que não é suficiente, isso vai ser notado na sua liderança e nas suas decisões profissionais. Você vai se questionar, se retrair, se sabotar ou sabotar a empresa na tomada de decisões. Desenvolver a autovalorização é a melhor decisão para a companhia, para a equipe e para a sua liderança. **Se quiser que o seu negócio cresça, se valorize muito mais e observe o que acontece.**

**Ao mudar o que acredita merecer, você muda toda a sua vida.**

PODEMOS TER OBJETIVOS ambiciosos e sonhos, estudar, adquirir conhecimento, colocar os melhores diplomas na parede, nos tornar ativistas, usar as nossas vozes; podemos saber com paixão e clareza em que acreditamos e por que acreditamos; podemos criar um quadro de desejos e até nos distinguir entre o raro grupo de pessoas que agem para conseguir o que querem da vida, mas se lá no fundo não acreditarmos que somos dignos, nada nunca acontecerá ou, se acontecer, não seremos capazes de sustentar. Porque,

*Na vida, você não consegue o que deseja, você só consegue aquilo que acredita merecer.*

na vida, você não consegue o que deseja, você só consegue e só mantém aquilo que acredita merecer.

Quando não acreditamos que somos dignos do que queremos, esperamos e sonhamos, encontramos uma maneira de perder essas coisas ou de fazer com que elas não aconteçam. Sabotamos a oportunidade. Conhecemos um cara legal e achamos que ele só quer ser amigo. Criamos fantasias com um amigo que não tem segundas intenções. Damos um milhão de desculpas para explicar que ainda não estamos prontos para ser promovidos, que não temos recursos, tempo ou talento. Vamos nos concentrar nos problemas, e não no nosso potencial, porque os problemas podem ser uma maneira fácil de justificar a nossa pretensa humildade. **Podemos pensar que o nosso problema é de *patrimônio líquido*, quando, na realidade, o problema é de *autovalorização*,** da mesma forma que, quando não acreditamos que somos dignos da abundância, nos sabotamos para ter certeza de que não a alcançaremos. Reduzimos a nossa luz para que os outros se sintam confortáveis e se adaptem. Pensamos: "Assim que atingir o meu peso ideal, vou ficar satisfeito"; "Assim que tiver mais experiência, me candidatarei ao cargo"; "Assim que as crianças terminarem a escola, vou me dedicar à construção de um relacionamento saudável". Ficamos sentados na plateia, assistindo, sabendo que nascemos para estar no palco. Entramos nos lugares, nos escondendo de todos. Vivemos dessa maneira. Abdicamos do nosso potencial, do nosso talento, do nosso conhecimento, da confiança em nós mesmos, dos nossos dons, dos relacionamentos que merecemos, do desprendimento, de priorizar a saúde, de pedir aumento, de lançar uma ideia, de aceitar a oferta de um mentor e, se não tomarmos cuidado, de nos tornarmos a pessoa que nascemos para ser. Tudo porque não acreditamos que somos suficiente, ou dignos disso à nossa maneira.

*Você tem alguma insegurança a ser destruída e algum desejo a ser realizado?*

SE QUALQUER UM desses exemplos lhe soar familiar ou parecer uma versão passada ou presente sua, então este livro é para você. Se tem dificuldade de acreditar que é digno de adentrar uma grande sala de reuniões, de ser chamado de boa mãe ou bom pai, de usar um maiô, de receber amor incondicional, de se olhar no espelho e ver que seu corpo é lindo, de falar abertamente, de compartilhar a sua história, de pedir ajuda, de descansar, de estabelecer limites, de se mostrar ao mundo como você é e com *tudo* aquilo que você tem, este livro é para você.

**Escrevi este livro para quem tem alguma insegurança a ser destruída e algum desejo a ser realizado.**

Estou muito honrada em convidar você a percorrer comigo as páginas desta jornada. E gostaria de começar imaginando...

Penso em como seria o nosso mundo se ele estivesse cheio de mulheres que decidissem acreditar que têm valor. Quando imagino um mundo cheio de mulheres que se sentem valorosas, imagino a Terra tremendo de alegria com as possibilidades quando todas nós acordarmos pela manhã. Imagine comigo... como seria um mundo cheio de mulheres que decidem acreditar que têm valor? O potencial que seria desencadeado, o poder das possibilidades se revelando. Imagine os ciclos geracionais rompidos, os relacionamentos tóxicos que chegariam ao fim, os negócios que seriam lançados, as formas e a diversidade corporal que seria celebrada, todo o resto que se desprenderia da culpa. Imagine as celulites que seriam exibidas alegremente e sem medo. Imagine os assentos que seriam preenchidos nas salas de reunião, como seria a lista dos diretores-presidentes da Fortune 500, a priorização da saúde mental e da física, como o nosso governo exerceria a liderança, as injustiças que acabariam, como seriam escritos os livros de histórias infantis, o que as meninas cresceriam sonhando em ser, o tempo e a capacidade que seriam liberados quando a insegurança fosse silenciada... Imagine...

Imaginar é o motivo pelo qual escrevi este livro. Com a intenção não apenas de você idealizar como seria a sua vida se sentisse que tem valor, mas, principalmente, de aprender a acreditar que você já o tem. É verdade, você já tem valor. No fundo, sabe disso. A maior parte de nós nasce em um mundo — e até em famílias amorosas e bem-intencionadas — que, de forma consciente ou não, nos ensina a internalizar que não temos valor. Acredito ser possível desaprender o que nos ensinaram e que não nos parece adequado, recuperar o nosso poder e decidir que hoje é o dia de abrir um novo caminho à nossa frente. Se você me entende, diga em voz alta onde quer que esteja: "Vamos nessa!"

Não pense que não o vi em silêncio. Se não vai ousar aqui comigo, como vai ousar lá fora, quando as coisas ficarem difíceis? Vou dizer com você. Vamos dizer isso em voz alta. Quem se importa com o que as pessoas ao redor pensam? Certo, tudo pronto? Vamos proclamar em voz alta: "Vamos nessa!"

**Você não se torna aquilo que deseja, você se torna aquilo que acredita merecer: na vida, no amor, nas amizades, na carreira, nas esperanças e nos sonhos.**

UMA DAS MAIORES partes da jornada para acreditar que você tem valor é parar de se esconder. Aprender, pela primeira vez — ou pela primeira vez em muito tempo — a ter coragem de começar a levantar a mão. Ou ser a pessoa que lidera e incentiva os outros a fazerem o mesmo. Descobrir a verdadeira essência da sua alma, do seu verdadeiro eu, e começar a *viver* como ele. Não as suas conquistas, mas o seu caráter inato, que é pleno, completo e capaz. Florescer em direção a uma nova liberdade e realização que só aparecem quando vivemos de acordo com a verdadeira natureza da pessoa que nascemos para ser. Entender, com todo o nosso ser, que somos suficientes e dignos de amor.

Quando você para de se esconder, confia no seu conhecimento interior, vive em congruência com a sua alma, desperta o seu propósito e se mostrar a este mundo com *tudo* o que você é, é aí que *se sente* realizado e vivo. É quando vive **alinhado com a sua missão**. É quando se torna quem nasceu para ser. É quando é capaz de viver e expressar a alegria, a beleza, os dons, as ideias e as possibilidades da sua alma. É quando acorda todas as manhãs e se faz uma das perguntas mais poderosas da vida: **o que você vai fazer com o poder que é VOCÊ?** Então, com esse poder acessado, e pelo fato de não estar mais preocupado em escondê-lo ou se esconder dele, **você encarna a resposta com bravura e ousadia.**

AO LONGO DESTAS páginas, espero que você ria, se conecte, se enxergue e seja você. Como diz a minha boa amiga Sarah Jakes Roberts: não estamos aqui para parecermos fofos. Vamos fundo. O mais fundo possível para você. Em alguns momentos, poderá parecer demais, ou talvez você tenha a sensação de que chegou ao fim muito rapidamente. Observaremos a nossa própria valorização, nos aprofundaremos nas mentiras que nos fazem duvidar de nós mesmos, desaprenderemos essas mentiras e acolheremos as verdades que estimulam a autovalorização. Começaremos a transformação no sentido de viver de forma autêntica e de cumprir os nossos destinos. Há alguns capítulos repletos de ferramentas táticas que podem ser aplicadas à sua vida de modo imediato e que me levaram a avançar. Por exemplo: como redefinir a rejeição, como rever os rótulos que você coloca em si mesmo e como correr riscos quando tem um milhão de razões para temer. Há alguns capítulos que talvez considere muito pessoais e que suscitem muitos pensamentos e emoções. Alguns capítulos podem evocar a sensação de profunda reflexão, e outros, despertar um encanto prazeroso, fascinante e alegre. Sei que seu tempo é precioso e prometo que não vou desperdiçar nem um segundo dele. Neste livro, estou com você, bem ao seu lado, e vamos juntos, certo? De alma para alma. De luz para luz. De amor para amor.

Este livro é um convite para você embarcar em uma expedição à sua verdadeira essência. Por vezes, poderá parecer uma travessia corajosa, uma caminhada traiçoeira, uma viagem cheia de alegria e diversão, ou até um safári para deleitar a alma. Cada capítulo poderá ser um destino a ser visitado em um único dia, ou onde você poderá permanecer por algum tempo. A única coisa que peço é: em cada história, em cada ensinamento, em cada compartilhamento tolo e constrangedor, em cada revelação vulnerável e comovente, e em cada questão desafiadora, pratique a autoconfiança para entender se aquilo se aplica a você. Se isso não acontecer, ou se você ainda não estiver pronto para levar algo em consideração, pule essa parte e continue lendo. Você saberá, sua alma saberá, a cada virada de página, as partes que lhe cabem neste momento da sua jornada. Você entenderá se não for o momento certo para se abrir de formas que possam parecer exageradas. Saberá se for *exatamente* o momento certo, como se as palavras tivessem sido escritas para você! Talvez queira fazer um diário ou ter caneta e papel à mão durante a leitura. Ao iniciarmos esta jornada, tudo o que peço é que confie em si. Pegue as coisas que lhe parecerem certas e deixe o resto de lado. Talvez para outro dia, ou para a pessoa com quem compartilha este livro.

> *O que vai fazer com o poder que é VOCÊ?*

Acredito no tempo divino e que os nossos passos na vida são orquestrados por Deus. Não acredito que o fato de você estar lendo estas palavras agora seja uma coincidência nem um acidente. Pretendo conduzi-lo em uma jornada intencional, um passo transformador de cada vez. Cada capítulo define uma peça fundamental do alicerce, que se conecta à seguinte. Tudo para construir uma jornada de valorização profunda e pessoal, destinada a expandir a maneira como você se vê e se ama incondicionalmente. Desde *enxergar* a importância e a diferença crucial entre autoconfiança e autovalorização, passando por *desaprender* as mentiras que levam à insegurança e acolher as verdades que despertam a valorização, até *transformar* a sua conexão consigo mesmo, multiplicar o seu amor-próprio incondicional e a *conhecer* e de fato acreditar no seu potencial e no seu valor inatos.

Ao iniciarmos esta jornada, quero convidá-lo a vir comigo como a pessoa que você realmente é. Não como o papel que desempenha em casa ou no trabalho, não como quem as outras pessoas querem que você seja, não como a sua versão que o mundo recompensa, nem como os sistemas de crenças condicionadas que você construiu. Mas como a pessoa que se livra de tudo isso e está disposta a se mostrar com a alma. Aqui, apresentar-se com a alma em primeiro lugar é uma coisa segura, tendo em mente a seguinte verdade: **não há nada que você possa fazer, dizer ou ser que possa torná-lo indigno de amor. Acredito que todos nós estamos aqui para amar. Receber amor, dar amor, viver o amor, ser o amor. E a nossa maior jornada na Terra é aprender e acreditar que somos dignos disso.**

A minha intenção neste livro é que você experimente a verdadeira sensação de *estar em casa*. Não há coisa melhor do que viver em alinhamento e congruência com o seu interior. Com a verdadeira natureza de quem você é e de quem nasceu para ser, com todo o valor possível. Pois, quando não estamos vivendo a nossa expressão mais verdadeira, podemos nos sentir como se fôssemos estranhos na nossa própria vida.

A nossa alma é o nosso verdadeiro lar. As palavras deste livro são um poema de amor da minha alma para a sua. Vamos viver esta jornada em nosso interior. Ao começarmos, quero que sinta que estou recebendo você na minha casa. Quando me imagino abrindo a porta para ver você, realmente quero *vê-lo*. E você vai me *ver*. Estarei com o meu moletom mais confortável, sem maquiagem, com o cabelo sujo em um coque bagunçado (mas usei um pouco de xampu a seco, pois sabia que viria!), e lhe darei um grande abraço enquanto os meus cachorros pulam em você e o lambem como se nunca tivessem sido adestrados. A sua bebida quente favorita já estará em uma caneca, na qual está escrito VOCÊ TEM VALOR. Porque tem mesmo. Eu lhe entrego a caneca e você vê um cartaz colado na parede bem à sua frente. É como quero que se sinta quando entrar na minha casa ou receber o meu abraço.

O cartaz diz assim:

**Venha como você é**
**Cure-se onde for preciso**
**Faça florescer o que escolher**
**Viaje em direção ao seu chamado**
**Fique o tempo que quiser**
**Você pertence a este lugar**
**Você tem valor**
**Você é amado**
**Você é amor**

**Eu amo você.**
**Jamie**

Vamos começar? Estou pronta se você estiver! Enquanto você está prestes a virar a página, me imagino, neste momento, estendendo a minha mão para alcançar a sua. E aqui vamos nós!

# PARTE I

# ENXERGAR

*Autoconfiança, autovalorização e autorrevelações*

# CAPÍTULO 1

## A coisa que transforma tudo

*Ela disse: "Não vou desistir. A mulher que serei daqui a alguns anos está contando comigo." E o mundo mudou.*

— NAKEIA HOMER

VOCÊ JÁ DESEJOU que *aquela coisa* acontecesse, aquilo que tinha certeza de que o deixaria feliz e realizado, seja um determinado emprego, conquistar algo específico, se casar, ter filhos, chegar àquela meta de peso? Você já pensou: "Quando eu conseguir a promoção, quando tiver um salário decente, quando conseguir a casa dos sonhos, quando conseguir o reconhecimento externo que tanto desejo, quando sentir que torcem por mim, quando alcançar tal objetivo.... então me sentirei suficiente, me sentirei realizado e feliz e... digno!"?

Você já conseguiu *aquilo* que tanto desejava? Foi maravilhoso, não é? Você ficou alegre e eufórico? O fato de ter *finalmente* acontecido preencheu o que parecia faltar e o deixou com uma sensação de realização permanente? Ou experimentou uma euforia temporária, seguida por uma lenta volta à insatisfação? Seja honesto e pense bem. Foi incrível por um ano ou dois? Um mês ou dois? Algumas semanas, ou talvez até alguns dias ou horas? E depois, aconteceu o quê?

Talvez você ainda esteja esperando que *aquilo* aconteça, para poder se sentir feliz e realizado.

Durante a maior parte da minha vida, acreditei que, se eu conseguisse realizar *aquilo*, me sentiria suficiente. Pensava que, se tivesse sucesso o bastante (de acordo com a definição universal de sucesso), despertaria sentimentos de valorização e amor. Eu pensava que não era capaz de senti-los por mim mesma; precisava conquistá-los e alcançá-los.

Esta crença me levou a passar a maior parte da minha vida me escondendo, me sentindo sem valor. Imaginei que, um dia, atingiria um físico bom o bastante, comeria de forma saudável, oraria o suficiente, faria a coisa certa, seria atraente, me tornaria engraçada, agradaria a todos, ficaria realizada, seria altruísta e sanaria todas as minhas falhas perceptíveis, e *então* eu teria algum valor. *Só então* os meus sentimentos de insegurança seriam resolvidos. Eu também achava que só eu me sentia assim.

Após décadas de experiência de vida e da bênção de construir uma empresa que já atendeu a milhões de pessoas nos Estados Unidos e em todo o mundo, compreendo que não sou a única a pensar dessa forma. A sensação de que não somos capazes e que não merecemos amor é tão universal quanto quaisquer outros sentimentos e medos.

Ao conhecer vários dos meus maiores ídolos na vida real, que conquistaram mais do que alguém poderia imaginar, aprendi que eles ainda têm os mesmos receios e trabalham diariamente para superá-los. Então tive uma grande epifania. Aguardar que x, y ou z aconteça para só então esperar se sentir feliz, realizado e valioso é algo que nunca vai acontecer. **Na verdade, nada muda, mesmo quando as coisas mudam ao seu redor, a menos que algo também mude dentro de você.** É por isso que aprender a acreditar que tem valor impactará todos os outros segmentos da sua vida, de forma que as realizações, o estado civil, os cargos, as medalhas de ouro, a cirurgia estética, os bens materiais ou o número indicado na balança do banheiro jamais poderão fazer.

Então, o que nos faz sentir realizados de verdade? É disso que trata este capítulo. Para a sua informação, vamos ser táticos aqui. Vou compartilhar algumas ferramentas importantes que ajudarão a definir muitas das lições apresentadas neste livro. Portanto, prepare-se, pois a aula vai começar. Como eu disse antes, não viemos aqui para parecermos fofos. O seu tempo é precioso, então vamos arregaçar as mangas e mergulhar de cabeça, pois esses conceitos são fundamentais para a incrível jornada de desbloqueio da autovalorização, e faremos isso juntos!

## Autovalorização e autoconfiança

**Valorizar-se é a base da sua realização.** Sem ela, você nunca se sentirá realizado de verdade. Mas, antes de prosseguirmos, quero esmiuçar a diferença entre autovalorização e autoconfiança. São duas coisas diferentes confundidas com facilidade. Muitos de nós passamos a vida inteira focados apenas em coisas que aumentam a nossa autoconfiança, sem perceber que elas não contribuem para aumentar a nossa autovalorização. Essa é uma das grandes razões pelas quais, quando conseguimos o que tanto desejamos, ainda sentimos insatisfação.

A *autovalorização* é a crença interna e profundamente arraigada de que você é suficiente e digno de amor e pertencimento da maneira que é. Em contrapartida, a *autoconfiança, embora também seja uma característica interna,* está ligada, em geral, a como você se compara com o mundo exterior. É a sensação de segurança, certeza e competência em uma ou mais áreas específicas da vida. A *autoconfiança* é como você se avalia com base nas suas qualidades, habilidades e características. É também o quanto você acredita na sua capacidade de enfrentar os desafios da vida, na sua disposição de tentar, de ir em frente e de ter sucesso. A *autoconfiança* está ligada a coisas externas que podem oscilar com frequência — logo, ela também pode oscilar junto. Pode aumentar e diminuir com base no humor, nas comparações, nas circunstâncias, no desempenho e na validação dos outros. A *autovalorização* é acreditar ser suficiente, digno de amor e que tem valor por natureza, da maneira que você é, independentemente de como avalia as suas características e do que está acontecendo ao seu redor.

Também existem vários outros termos que são bastante confundidos com *autovalorização* e *autoconfiança*, incluindo *autoestima* e *amor-próprio*. Para evitar confusão e obter o máximo de clareza, neste livro nos concentraremos apenas nos termos *autovalorização* e *autoconfiança*. Ainda que ambas sejam importantes para o seu bem-estar geral, manter relacionamentos saudáveis e gratificantes, desenvolver as saúdes física e mental, e desfrutar de maior sucesso nas áreas que mais lhe interessam, é *muito* comum confundir as duas. É por isso que muitos de nós que lutam contra o sentimento de desvalorização, ou de não sermos suficientes, esperamos consertar a própria falta de *autovalorização* (que é profunda, interna e independe do externo) com coisas que contribuem apenas para a nossa *autoconfiança* (que oscila dependendo do externo). Não importa o quanto conquistamos, quantos objetivos pessoais ou profissionais atingimos, quantos seguidores temos nas redes sociais, quão bonita é a nossa roupa ou quão esbeltos ficamos ao alcançar a nossa mais recente meta de condicionamento físico ou perda de peso, nós ainda preservamos, lá no fundo, o mesmo sentimento de *insuficiência*.

Quando conquistamos tudo o que nos propusemos, aumentamos a *autoconfiança*, que é importante e maravilhosa! Só que não ajudamos a reforçar a *autovalorização*.

**A autoconfiança é o que você demonstra por fora.**
**A autovalorização é o que você sente por dentro.**

**A autoconfiança é baseada na autoridade.**
**A autovalorização é baseada na identidade.**

**A autoconfiança é o que você pode fazer.**
**A autovalorização é quem você é.**

**A autoconfiança é acreditar que você tem habilidades.**
**A autovalorização é acreditar que você é suficiente.**

**A autoconfiança varia de acordo com o ambiente.**
**A autovalorização se mantém estável em todos os ambientes.**

**A autoconfiança é frágil.**
**A autovalorização é fundamental.**

**A autoconfiança é a crença nas suas habilidades como pessoa.**
**A autovalorização é a crença no seu valor como pessoa.**

**A autoconfiança é "estou me esforçando para conquistar o amor".**
**A autovalorização é saber que "eu sou o amor".**

**A autoconfiança lhe dá motivação.**
**A autovalorização lhe dá paz.**

**A autoconfiança é opcional.**
**A autovalorização é essencial.**

**A autoconfiança, por fim, se rende.**
**A autovalorização, em última análise, prevalece.**

**A autovalorização é a sua base.**
**A autoconfiança é a casa que você constrói nessa base.**
**A sua casa será tão segura quanto a base sobre a qual for construída.**

O equívoco comum é supor que desenvolver a autoconfiança lhe trará sentimentos de amor, *suficiência* e valor natos. Isso não acontece. Somente a autovalorização é capaz de fazer isso. Tanto uma quanto a outra desempenham um papel muito importante na nossa jornada para a realização máxima na vida e, embora seja importante desenvolvê-las e fortalecê-las, também é necessário compreendê-las e diferenciá-las. As pessoas se concentram apenas na autoconfiança e não entendem ou não prestam a devida atenção ao papel fundamental desempenhado pela autovalorização. Com uma autovalorização fortalecida, quando você vai atrás dos seus objetivos, desenvolve autoconfiança e os alcança, cresce e contribui para o mundo e para os outros, você é capaz de fazer tudo isso com base no fato de que tem valor, que é completo, digno de amor e suficiente. Quando se trata de objetivos significativos, somente uma autovalorização fortalecida poderá garantir três coisas importantes: não se paralise por se sentir sem valor ou incapaz de lutar pelos seus objetivos; não sabote o

> *A autovalorização é a sua base.*
> *A autoconfiança é a casa que você constrói nessa base.*
> *A sua casa será tão segura quanto a base sobre a qual for construída.*

seu sucesso ao longo do caminho; e quando alcançar as coisas que deseja, seja capaz de aproveitá-las e sentir que a missão foi **cumprida**.

A **autovalorização** independe do que está acontecendo externamente. Independe dos seus pontos fortes e fracos. Independe dos seus sucessos e fracassos. A **autoconfiança** oscila com facilidade, com base em circunstâncias que, em geral, são externas.

Ela pode ser abalada quando enfrentamos um fracasso, um contratempo ou uma rejeição desconcertante. Quando temos autoconfiança sem uma forte autovalorização, estamos menos propensos a correr riscos. Queremos evitar o sofrimento associado à perda da autoconfiança e à sensação de que não nos restou mais nada. Muitas vezes, uma forte autoconfiança sem uma forte autovalorização nos impede de prosseguir — com medo de arriscar, de ser rejeitada, e com receio de um potencial fracasso. Quase tudo o que nos rodeia na vida — cada produto, cada mensagem, cada meta que nos dizem para almejarmos — desenvolve a autoconfiança, que pode ser frágil e volátil. Mas, com uma forte autovalorização, temos uma resiliência muito mais difícil de ser abalada.

A princípio, pode parecer contraditório possuir uma forte autovalorização e acreditar que é suficiente da forma como você é, o que não o torna complacente ou sem ambição. Na verdade, é o oposto. Quanto mais forte for a autovalorização, menos complacente você será, porque não será mais afetado pela maior parte dos motivos que o levaram a permanecer estagnado. Há um famoso ditado no boxe que diz que um boxeador fica 30% melhor depois de ganhar um título. Isso porque sua autoconfiança e sua identidade aumentam com a conquista do título. Eu arriscaria apostar que o oposto também é verdadeiro — que o impacto de uma derrota na confiança do boxeador afetaria seu desempenho. De qualquer forma, o desempenho varia de acordo com a confiança, em resposta às circunstâncias externas. Uma forte autovalorização não oscila facilmente em resposta a vitórias ou derrotas externas.

Com uma autovalorização potente como base, você se torna inabalável e resiliente e, assim, imbatível na jornada para se transformar em tudo aquilo que nasceu para ser.

## Autoconfiança sem autovalorização

Você pode ser uma celebridade, ocupar algum cargo público ou ser o tipo de pessoa que fica nos bastidores — mesmo sendo autoconfiante, se esconde ou não mostra aos outros o seu eu autêntico por não se valorizar. Quando entra em um ambiente e conversa com todos os presentes, sabendo que ninguém sabe quem você é de verdade. Você sabe que está se mostrando, de certa forma, dissociado do seu verdadeiro eu. Gosto de chamar isso de se apresentar como o seu "representante", e não como você mesmo. Esse representante pode até mudar de acordo com o ambiente: sala de reuniões, sala de aula, a sala da própria casa ou no seu quarto. **Cada vez que você se mostra de forma inautêntica, ou como o seu representante, para agradar aos outros, diz a si mesmo que não é digno do seu verdadeiro eu.** Isso nos faz sentir invisíveis e desconectados, ainda que a decisão de não sermos vistos como somos tenha partido de nós mesmos. É muito mais provável que isso aconteça quando, no fundo, não acreditamos que somos suficientes e dignos de amor por natureza.

**Autoconfiança sem autovalorização leva a um excesso de validação externa e à falta de realização interna. É o sucesso por fora e o fracasso por dentro.** Por isso que é possível vencer o Ironman, ir à Lua ou ganhar uma medalha de ouro olímpica, voltar para casa e, pouco depois, sentir-se insatisfeito. É por isso que você pode atingir aquela meta de condicionamento físico ou de saúde, ou conseguir uma grande promoção no trabalho, e ainda se perguntar por que não sente o amor ou a realização duradoura que esperava sentir.

> *Cada vez que você se mostra de forma inautêntica para agradar aos outros, diz a si mesmo que não é digno do seu verdadeiro eu.*

Ao confiar mais em si, você reforça a sua opinião sobre as próprias características e habilidades. Ao se valorizar mais, reforça dentro de si a profunda crença sobre o próprio valor como pessoa. Aprender essa distinção torna mais fácil entender como todas as soluções que a maior parte das pessoas nos aconselha a adotar, e que estamos buscando, nunca funcionaram da maneira que esperávamos. De modo geral, são soluções derivadas de fontes externas, importantes para nos ajudar a ficarmos mais confiantes, mas que, na verdade, não nos motivam a crescer nas nossas próprias crenças fundamentais sobre valor próprio.

## As conquistas não levam ao amor nem à realização

Todas as coisas pelas quais lutamos, em qualquer área da vida, se resumem a uma coisa simples. Esperamos que elas nos façam sentir suficientes e amados. Não acredita em mim? Parece muito simplista? Vamos analisar em detalhes.

Depois que as necessidades mais básicas são atendidas e as pessoas se sentem seguras financeiramente, por que a maioria continua querendo mais dinheiro? Para comprar coisas? Por que querem tais coisas? Para se sentirem importantes, para ganharem admiração externa, ou pelas emoções positivas que esperam sentir quando possuírem essas coisas? Por que elas querem isso? Porque querem se sentir suficientes e amadas, e acreditam que adquirir *tais coisas* lhes trará *esses sentimentos*. Muitas vezes, as pessoas se casam sem querer, tomam decisões para evitarem a sensação de um iminente abandono, têm filhos quando não estão preparadas e aceitam empregos dos quais não gostam para obterem a aprovação de suas famílias ou da sociedade, para atenderem à mesma esperança e à necessidade de se sentirem *suficientes* e amadas. Muitos de nós passamos a maior parte da vida seguindo a mais recente tendência de dieta pouco saudável e gastando inúmeras horas e dinheiro tentando alcançar uma determinada aparência. Outros ingerem drogas prejudiciais para aumentar músculos ou trocam o máximo de seu tempo nesta Terra pela quantidade máxima de dinheiro, carros de luxo e cargos de prestígio que sejam capazes de acumular. Tudo com a crença de que quanto mais nos aproximarmos de um ideal estético, mais seremos suficientes e amados. Com frequência, essas crenças são reforçadas como verdades por pessoas bem-intencionadas e por quase todos os anúncios que vemos. Nenhuma dessas coisas pelas quais passamos tanto tempo lutando nos leva ao autêntico sentimento de sermos suficientes, amados ou realizados. Essas crenças não incentivam a realização porque nunca foram verdades. Todas elas se

*Autoconfiança sem autovalorização é o sucesso por fora e o fracasso por dentro.*

baseiam na mesma mentira: a de que é preciso conquistar coisas, fazer mais e ser mais para sentir o amor.

É muito comum acreditar nessa mentira, mas ela vira um impasse sem fim quando se trata da valorização. Não me interpretem mal, ir atrás de ambições e sonhos é um belo caminho para desenvolver a autoconfiança. É uma parte fundamental para viver a expressão mais elevada e plena de si. Pode fazer você se sentir confiante, forte e com muitas outras emoções e sentimentos positivos, mas não lhe dá a sensação de que tem valor.

"Você precisa conquistar coisas para ser digno de amor" é uma mentira reforçada por amigos e colegas bem-intencionados que nos perguntam o que estamos *fazendo* e o que estamos planejando, em vez de quererem saber como *estamos* ou como nos sentimos. Familiares bem-intencionados querem saber como está indo o trabalho ou a carreira, se ainda estamos namorando ou casados, e o que faremos a seguir. Quando respondemos coisas que demonstram conquistas em qualquer uma dessas áreas, muitas vezes elas são recebidas com um sorriso de aprovação, palavras de felicitações e um reconhecimento que pode ser confundido com amor. Recebemos mensagens semelhantes em outras áreas da vida: somos considerados um bom pai/uma boa mãe se os nossos filhos frequentarem uma boa escola, conseguimos um bom emprego, nos casamos e constituímos família. E se os filhos não fizerem nada disso, mesmo que sejam felizes, a apreensão e o compadecimento demonstrados pelos outros reforçarão a mensagem de que devemos ter feito algo errado e que deveríamos nos preocupar com os nossos filhos. Da mesma forma, as redes sociais projetam a noção de que todas as outras pessoas estão felizes, pois, em suas postagens, parecem estar fazendo muitas coisas, conquistando quase tudo, viajando muito e se divertindo bastante. Quanto mais emocionantes as vidas delas parecem, mais as pessoas são recompensadas com curtidas e comentários. Essa obsessão cultural com as conquistas materiais pode estimular a economia, mas quando as novas gerações aprendem que a dedicação, a progressão na carreira, o reconhecimento e a compensação monetária são o objetivo final, isso não promove a aprendizagem da valorização nata nem da verdadeira realização.

Durante a maior parte da minha vida, acreditei na mentira de que se eu conseguisse alcançar o que é chamado de sucesso, se tivesse uma determinada aparência, se agradasse a todos e preenchesse todos os requisitos, eu estaria realizada. E aí, depois de décadas lutando, consegui grande parte de *tudo isso* e nada mudou. Porque à medida que eu atingia cada nova meta e cruzava cada linha de chegada, **eu ainda *me* levava *comigo*.**

Aprendi, em primeira mão, que nenhuma quantidade de dinheiro ou de fama ajuda a nos sentirmos mais suficientes e mais amados. Nada mudou porque a essência da minha valorização se manteve a mesma — e, quase sempre, em nível baixo. Me tornei mais confiante, a minha conta bancária engordou, a validação e os elogios que recebi de outras pessoas aumentaram. Mas nenhuma dessas coisas afeta a autovalorização. E nenhuma leva à verdadeira realização.

Vou repetir: **não importa o que conquiste ou o que aconteça na sua vida, você ainda levará você consigo!** Ou seja, se as mesmas circunstâncias internas ainda estiverem sendo preservadas, não há nada externo que possa preencher o vazio interior, pelo menos não por muito tempo. Muitas vezes, passamos a vida inteira atrasando a nossa felicidade e valorização sob o falso pretexto de que, ao conseguirmos isso ou aquilo, nos sentiremos realizados.

É divertido vencer e comemorar uma vitória, mas isso não muda o quão "suficiente" você é. Portanto, o verdadeiro trabalho é aprender a acreditar e a se sentir suficiente e realizado no presente, com as atuais condições e exatamente como você é... porque **você** leva **você consigo** e sabe que não precisa de cereja no topo do bolo, por já ser doce e pleno o bastante.

A JORNADA DE desaprender todas as mentiras contadas pelo nosso sistema de crenças e aprender a confiar em nós mesmos e acreditar que temos valor é uma das maiores e mais importantes que podemos fazer nesta vida, caso optemos por isso.

Se você adora estudar, como eu, e adora crescimento e desenvolvimento pessoais, eis aqui algo que pode ser revelador: talvez você tenha lido inúmeros livros e participado de eventos em que identificou as crenças limitadoras que têm impedido o seu progresso na vida. Por exemplo: "Não sou atraente o suficiente"; "Não sou interessante o suficiente para atrair um parceiro em potencial"; "Não tenho dinheiro suficiente"; "Não tenho a formação apropriada"; "Sou muito jovem"; "Sou muito velho"; "Nunca ficarei rico"; "Sou um impostor"; "Meu negócio nunca vai fazer sucesso", entre outras. Talvez você tenha colocado em prática ferramentas e métodos para substituir essas crenças limitadoras por fortalecedoras. Bem, o problema é que quase todas as crenças limitadoras mais comuns estão ligadas à autoconfiança ou a interferências externas. Desenvolver confiança e aprender a acreditar que as coisas que você espera e sonha são realmente possíveis na sua vida é um esforço importante. Mas há um grande problema e uma oportunidade perdida na forma como a maior parte das pessoas, *life coaches*, formadores de opinião e até muitos dos especialistas mais requisitados abordam a superação de crenças limitadoras e a criação da vida que você deseja.

Quase sempre, eles se concentram apenas em como a superação de crenças limitantes leva a uma autoconfiança mais fortalecida. As pessoas ficam com a impressão de que será o suficiente desenvolverem habilidades e se tornarem confiantes, mas falham em uma etapa crucial: se acreditar com confiança que as coisas são *possíveis* para você, mas não acreditar que é *digno* delas, você não conseguirá mantê-las, caso as conquiste. Mais importante ainda, você nunca se sentirá realizado na vida se TAMBÉM não superar as crenças limitadoras em relação à autovalorização. Talvez você tenha crenças limitantes (ou acredita que algumas afirmações sobre você são verdadeiras), como "Não venho da família certa", "Não sou bonito o suficiente", "Nunca ganharei muito dinheiro", "Sou uma péssima mãe", "Tomei muitas decisões erradas", "Tenho medo de tentar e de correr riscos", "Quebro as promessas que faço a mim mesmo e não sigo uma rotina de exercícios", ou "Sou um impostor e não mereço este título de CEO". Se superar essas crenças limitantes e substituí-las por crenças fortalecedoras, aumentará a confiança em você mesmo e melhorará muito a sua vida. Mas não levará à realização. É apenas uma parte da equação.

Você pode se empenhar para superar as crenças limitantes e desenvolver uma identidade confiante em torno da sua inteligência, do seu talento, da sua dedicação ao trabalho, de o quanto cumpre as promessas feitas a si mesmo e aos outros, da sua devoção à sua prática espiritual, de como põe em prática os seus valores e trata bem os outros, e de como espalha a bondade pelo mundo. Todas essas coisas são muito importantes para aprimorar, embelezar e reforçar a autoconfiança e a identidade externa... mas se a sua identidade interna construída em torno da autovalorização não parecer valiosa, suficiente e digna de amor com ou sem todas essas coisas, então você poderá conquistar todas elas e, ainda assim, nunca se sentirá realizado.

Se você — ou alguém que conhece, ama ou com quem se importa — continua conquistando tudo, realizando tudo, trabalhando em todas as coisas que, sabemos, levam a um maior senso de autoconfiança, mas AINDA está insatisfeito e não consegue descobrir o porquê... a razão é esta. É porque você está desenvolvendo áreas e crenças sobre si mesmo e sobre a sua identidade que o deixam mais confiante, mas que não o fazem se sentir valorizado. Você pode ser bem-sucedido ao cumprir todos os requisitos para a estruturação da autoconfiança, construir uma grande segurança e um conjunto de habilidades, e alcançar metas que se alinhem com uma elevada identidade externa, mas, ainda assim, atingir somente um modesto nível de realização e estabilidade que reflitam a sua identidade, construída em torno da valorização. Você pode conquistar todas as coisas que o fazem parecer um sucesso, mas se a sua essência e autovalorização continuarem lhe dizendo que você não merece ou não é digno de amor e de pertencer àquele lugar, então sentirá a síndrome do impostor ao atingir uma meta; sentirá que nunca é suficiente, não importa o quanto consiga alcançar; se verá como indigno de amor e não entenderá por que se sente vazio em um relacionamento. Poderá viver e experimentar todas as grandes coisas do mundo e se sentir insatisfeito o tempo todo, pois o seu profundo senso de autovalorização apresenta graves fissuras nos alicerces.

## O caminho para a realização

Eu adoro um bom recurso visual! E o local no qual você se encaixa no recurso visual a seguir impacta todas as áreas da sua vida. Dê uma olhada no gráfico que explora a relação entre autovalorização e autoconfiança no caminho até a realização. Mais adiante, compartilharei uma ferramenta poderosa para alcançar a *realização máxima*. Mas, primeiro, é importante observar em que você se enquadra, neste exato momento, no gráfico.

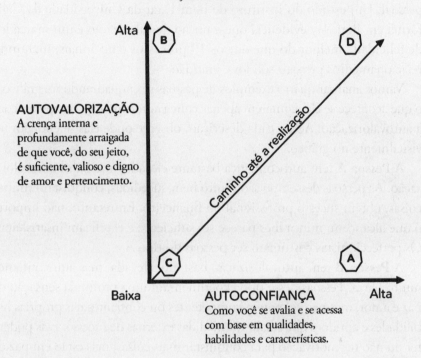

Ao visualizar esse gráfico de autovalorização e autoconfiança, gostaria que você refletisse sobre como quase todos os esforços, ações, focos e objetivos se enquadram na categoria da autoconfiança. Mas observe, no gráfico, que independentemente do quão à direita fique no eixo horizontal, você só progredirá no caminho até a realização se também escalar e galgar posições na escala da autovalorização (eixo vertical).

## Autovalorização, autoconfiança e identidade

A sua identidade é a história que você conta sobre si mesmo e na qual acredita. Sejam quais forem as nossas intenções, sempre nos encontramos retornando a comportamentos, ações e decisões que reforçam nossas crenças sobre quem somos. É por isso que inúmeras pessoas se empenham para superar crenças limitantes. Se não o fizerem, essas crenças as impedirão de acreditar que esperanças e sonhos são possíveis.

Quanto mais autovalorização e autoconfiança você tiver, mais se sentirá realizado, feliz e bem, tanto emocional quanto fisicamente. Pesquisas mostram que a autovalorização é um dos melhores indicadores da felicidade pessoal. Um estudo do Instituto de Bem-Estar da Universidade da Califórnia em Berkeley evidencia que a noção de valorização é um marcador de felicidade melhor do que outros 19 processos emocionais, incluindo relacionamentos pessoais sólidos e gratidão.

Vamos analisar quatro exemplos de pessoas se enquadrando no gráfico e o que acontece se elas contarem apenas com a autoconfiança ou apenas com a autovalorização. Ao ler cada descrição, observe onde elas se enquadram visualmente no gráfico.

A **Pessoa A** tem autoconfiança bastante elevada, mas baixa autovalorização. As pessoas desse tipo são muito bem-sucedidas, conquistam muitas coisas, obtêm sucesso profissional ou financeiro. Entretanto, não importa o que alcancem, nunca lhes parece ser suficiente e elas ficam insatisfeitas. Os perfeccionistas costumam ser pessoas do tipo A.

A **Pessoa B** tem autovalorização bastante elevada, mas autoconfiança muito baixa. Pessoas desse tipo experimentam uma profunda sensação de paz e amor, mas não se sentem competentes ou confiantes nas próprias habilidades e aptidões que sinalizam medidas externas de sucesso. Elas podem ter ou não ter motivação para conquistar mais coisas, mas estão em paz de qualquer maneira, independentemente do resultado de suas buscas externas ou, até, se optarem por não buscar nada externamente.

A **Pessoa C** tem baixa autovalorização e baixa autoconfiança, e pode estar no início de sua jornada de conscientização e comprometimento com o desenvolvimento de uma característica ou de ambas.

A **Pessoa D** se valoriza bastante e se avalia como tendo ótimas habilidades e muitos atributos. As pessoas desse tipo são ambiciosas, motivadas e, por se valorizarem, não tentam preencher o vazio de não se sentirem suficientes, dignas de amor ou valiosas por meio de conquistas externas. Elas permanecem inabaláveis, mesmo durante altos e baixos, os riscos, as recompensas, os sucessos e os fracassos de ambições externas. Sentem um profundo senso de autovalorização e também de autoconfiança.

Neste momento, onde você se colocaria no gráfico? Reserve um tempinho e marque onde sente que se encontra. Depois, marque onde gostaria de estar.

A seguir, considere onde amigos próximos, familiares e colegas poderiam se enquadrar. Eles estão cientes de como seus atuais níveis de autoconfiança e autovalorização impactam todas as áreas de suas vidas?

Se isso for muito revelador para você, e se conhecer alguém que esteja se esforçando incansavelmente, pensando que, se conseguisse conquistar aquelas coisas no eixo da autoconfiança, se amaria, se sentiria suficiente, faça uma pausa e lhe mostre este livro. Nenhuma menina, nenhuma mulher, nenhuma pessoa será abandonada sem saber como alcançar a verdadeira autovalorização. Porque vivemos em uma sociedade que nos diz que, se pudéssemos ser a Pessoa A, seríamos felizes. Isso é uma mentira.

Eu fui a Pessoa A durante a maior parte da minha vida adulta. Pensava que, se eu conseguisse conquistar o suficiente, me comprometer o suficiente com a minha rotina de condicionamento físico, ler vários livros, contribuir o suficiente, caber naquela calça jeans, agradar pessoas, me tornar a definição universal do sucesso suficiente, *então* eu enfim *seria suficiente*. E, aí, seria nesse momento que eu me sentiria feliz. Tudo isso é mentira. Porque nenhuma quantidade de sucesso na escala de autoconfiança leva à verdadeira realização.

Quando Oprah me deu seu número de celular, eu estava vivendo como a Pessoa A. Eu me sentia confiante nas minhas habilidades, aptidões e nos meus talentos. Tinha acabado de ser nomeada para a lista da *Forbes* e fazia parte de um pequeno número de mulheres empreendedoras que transformaram seu negócio em empresas grandes — como aconteceu com a IT Cosmetics. Era apaixonada pela minha equipe e pelos esforços filantrópicos da empresa. Estava confiante no propósito da minha vida — ajudar as mulheres a acreditarem em si mesmas. Ainda assim, lá no fundo, eu ainda não acreditava em mim mesma. Enquanto eu almoçava com Oprah e conversava sobre muitos assuntos vibrantes por mais de quatro horas, me sentia muito confiante, mas, no fundo, sentia que não merecia aquilo. Eu ainda não entendia a diferença entre as duas coisas. Então, quando ela compartilhou seu número comigo, não consegui aproveitar aquela bênção e demorei quatro anos para ligar. Isso é o que a baixa autovalorização faz conosco: nos tornamos pessoas que não se sentem merecedoras nem valiosas ou amáveis o suficiente, tal como somos. Ela nos convence a sabotar oportunidades e possibilidades, porque não acreditamos que somos dignos delas.

Conforme fui aplicando essa revelação e essa concepção à minha vida, bem como à de muitas pessoas com as quais comecei a compartilhá-las, me surpreendi com a difusão desse equívoco entre autoconfiança e autovalorização. É tão nocivo orientar as pessoas na direção de uma vida insatisfatória. Até quando se trata de pessoas que podem fazer terapia, têm acesso a treinamento e formação, e que instruem outras ou ensinam a realização pessoal como forma de ganhar a vida.

Uma dia, eu estava almoçando com um amigo muito confiante e considerado bem-sucedido financeira e socialmente pela sociedade. Durante a conversa, ele refletiu sobre o sucesso de sua carreira de décadas no mundo corporativo e compartilhou como um recente contratempo no negócio fora penoso. Ele havia tomado uma decisão que lhe custara dinheiro e notoriedade. No meio da conversa, deixou escapar algo que fez o meu queixo cair.

— Eu costumava ser alguém — declarou o meu amigo.

— Que porra é essa?! — exclamei (desculpe, vovó). — O que quer dizer com "costumava ser alguém"? Todo mundo é alguém. Você precisa se valorizar mais.

É, fui bem direta.

Ele ficou em silêncio, só me olhando. Depois de alguns segundos, os olhos dele começaram a lacrimejar. Embora ele fosse alguém a quem muitos recorriam em busca de conselhos, era evidente que ainda acreditava que a validação externa levaria à valorização. Um erro muito fácil de cometer. Além disso, ele estava em um ponto da vida em que não se valorizava e, pela primeira vez na vida adulta, tinha baixa autoconfiança ao mesmo tempo. Até então, ele estava vivendo sua vida como a Pessoa A do gráfico: muito autoconfiante, com muito sucesso externo; porém, como nunca tinha se sentido realizado, passou a vida inteira lutando por ainda mais sucesso, esperando que, por fim, a valorização e a realização surgissem. Naquele instante, considerando os recentes contratempos externos, ele estava vivendo como uma Pessoa C e em baixa em ambas as áreas. Foi de partir o coração ouvi-lo dizer "Eu costumava ser alguém". Por acreditar nisso, ele estava tão triste.

As coisas com as quais nos preocupamos e que permitimos nos impedir de avançar, as mentiras que acreditamos sobre o nosso valor serem verdadeiras, na realidade não importam. A vida é muito curta para acreditar nisso. Quanto mais e mais converso com as pessoas, quando ouço alguém explicando como se sente sem valor e como esconde isso do mundo, mais me sinto decidida a passar esta bela e única vida acreditando que tenho valor e que sou valiosa do meu jeito. Não quero deixar ninguém para trás em sua própria jornada rumo à valorização. Quero que saiba que você é valioso e digno de amor, agora mesmo, neste exato momento, sendo do jeito que é. Você é ALGUÉM. Nada do lado externo, nada em que tenha fracassado ou conquistado, nenhum erro cometido, nada que alguém diga ou deixe de dizer sobre você, pode mudar isso. Ninguém pode lhe dar isso. Ninguém pode lhe tirar isso. Porque isso já EXISTE. Já é VERDADE. E a PESSOA que você é vale muito.

## A autovalorização e seu impacto em relacionamentos importantes

Confundir autoconfiança e autovalorização também pode afetar o nível de profundidade da conexão que você desfruta em relacionamentos consigo mesmo, com amigos e colegas, e, muitas vezes, também em vínculos íntimos.

As questões relacionadas à autovalorização costumam ser o tipo de problema que os casais escondem um do outro. A maior parte das pessoas só compartilha algo quando está enfrentando problemas que se enquadram na categoria da autoconfiança. Mas quando se trata de questões de autovalorização, a maioria de nós não tem consciência delas ou não deseja reconhecê-las, compartilhá-las ou discuti-las com parceiros ou outra pessoa. Não apenas as guardamos para nós mesmos, mas também as enterramos bem lá no fundo. Bom, apesar de reprimidas, elas ainda estão presentes e impactam todas as áreas da nossa vida.

A primeira e mais importante pessoa com quem você deve ser honesto em relação à autovalorização é você mesmo. Vamos falar um pouquinho sobre as percepções em torno da ideia de autovalorização e amor-próprio. Às vezes, não aprendemos a amar a nós mesmos porque nos preocupamos com a ideia de que isso pareça egoísta, egocêntrico

*Cultivar a autovalorização é uma das melhores maneiras de demonstrar amor pelos outros.*

ou narcisista, o que não poderia estar mais longe da verdade. O narcisismo não tem nada a ver com amor-próprio; trata-se do oposto, sendo um dos transtornos de personalidade que mais se baseiam na vergonha. O narcisismo, na realidade, se origina de profundos sentimentos de desvalorização e vergonha. Ele é impulsionado pelo autodesprezo. Toda a grandiosidade, a superioridade e a legitimidade que, muitas vezes, são exibidas com o narcisismo — que poderiam ser confundidas com amor-próprio — são tentativas de compensar a baixa autoestima.

**Cultivar a verdadeira autovalorização é um dos propósitos mais generosos, não apenas para a sua realização na vida, mas também para a sua capacidade de demonstrar amor pelos outros.** Pesquisas apontam que, sem amor-próprio, estamos mais propensos a vícios, autossabotagem, padrões de relacionamento prejudiciais ao nosso corpo e aos outros, codependência, bajulação e outros comportamentos autodestrutivos.

Nossos filhos também negligenciam a autovalorização. Com pais e outras pessoas em quem confiam, tendem a compartilhar dificuldades que se enquadram na categoria da autoconfiança, em torno de circunstâncias externas ou das próprias habilidades percebidas, experiências externas ou competências. Muitas vezes, porém, não compartilham crenças profundas de que não são dignos de amor e pertencimento. Se algo ou alguém abalar a autoconfiança deles, eles nos contarão, mas se algo ou alguém abalar a autovalorização deles, não nos dirão nada. Se você for pai ou mãe, um motivo para compreender e desenvolver a autovalorização na sua própria vida é servir de exemplo para que os seus filhos possam ser mais bem instruídos e também saber como se valorizar.

O mesmo acontece com relacionamentos amorosos. Em um casamento, quando estamos com algum problema relacionado a questões externas, baseadas em conquistas, habilidades ou até confiança, é mais provável que compartilhemos isso com nosso parceiro do que se estivermos enfrentando uma questão profunda de autovalorização. Na nossa sociedade, é muito mais aceitável, para não dizer esperado, que homens escondam seus problemas de autovalorização. Assim, o sofrimento provocado por essas questões se propaga de maneira infinita e dolorosa para eles e para as pessoas ao redor, por meio de desconexão, dissociação ou sabotagem. O que costuma acontecer com mais frequência é que nenhum parceiro está ciente das verdadeiras questões subjacentes ligadas à autovalorização, então os dois vivem dentro de um relacionamento sem ter a menor ideia de por que essa relação parece tão desconectada, solitária ou como se a outra pessoa estivesse escondendo algo, quando ambos estão se omitindo de si mesmos e de sua própria consciência. **Você só consegue experimentar a profundidade do amor, da intimidade e da conexão com outra pessoa ao se amar e se conectar consigo na mesma medida.**

Precisei de etapas para aceitar a autovalorização, por meio da conscientização e das ferramentas que compartilho com você neste livro. Foi assim que criei coragem para ligar para Oprah. A partir daí, comecei a acreditar, bem aos poucos, que era digna de ministrar aulas com ela. Hoje, temos uma linda amizade. Recentemente, eu a convidei para almoçar na minha casa — chamamos isso de *Fim de Semana com Valor*. Sei que ela adora muffins ingleses, então os encomendei para o dia seguinte em uma pequena padaria em Napa; e ela sabe que eu adoro cobertores aconchegantes, então me presenteou com o seu favorito. Não me interprete mal, ainda fico tentada a entrar em surto momentos antes de ela chegar, ainda sinto um frio na barriga e ainda tenho de usar muitas das ferramentas deste livro para lembrar, e então saber que, assim como você e cada um de nós, sou valorosa e suficiente. Até em um almoço de *fim de semana com valor* com Oprah.

## Aumento da autovalorização

Quando sua noção de valor e sua crença inerente de que tem valor como ser humano aumentam, você fica consciente de que é valioso e *suficiente*, independentemente de qualquer conquista, elogio, prêmio ou circunstância. Pesquisas mostram que desenvolver o nosso senso de valorização pode impactar tudo, desde o humor até a qualidade dos relacionamentos e a satisfação no trabalho.

Lembre-se: você pode construir a sua autoconfiança como se fosse uma casa sobre um alicerce. Uma forte autovalorização — saber que você é suficiente — é a base que sustenta a estrutura e permite que você aprecie a ideia de construí-la. **A verdadeira autovalorização pode lhe propiciar uma fortaleza mental e emocional estável, confiável, constante e inabalável que, ao contrário da autoconfiança, não é facilmente influenciada por sentimentos, pensamentos, comportamentos, experiências e forças**

**externas que a vida lança sobre você.** A autovalorização lhe dá uma base de força e resiliência inquebráveis, mesmo que a casa desmorone em uma onda de golpes contra a sua autoconfiança na forma de contratempos, fracassos, rejeições e mudanças nas circunstâncias externas. A autovalorização ajuda você a suportar tudo isso. Então, vamos nos ocupar em desenvolvê-la!

# CAPÍTULO 2

## Mude sua relação com a rejeição e mude sua vida

*Perdi mais de 9 mil arremessos na minha carreira. Perdi quase 300 jogos. Em 26 ocasiões, confiaram em mim para fazer o arremesso da vitória e eu errei. Eu falhei muitas e muitas vezes na minha vida. E é por isso que sou bem-sucedido.*

— MICHAEL JORDAN

O QUE VOCÊ faria se não tivesse medo de rejeição nem de fracasso? Se existisse algo como um mestrado em rejeição, tenho certeza de que eu teria um. Passei a maior parte da vida sentindo e temendo inúmeras rejeições e fracassos. Muitas delas vieram da voz na minha cabeça me dizendo que não sou suficiente e não tenho competência. Cada vez que alguém me pergunta sobre os sucessos que tive na vida, não consigo deixar de pensar em como eles quase não aconteceram. Se eu não tivesse mudado a minha relação com a rejeição e o fracasso, nunca teria reunido coragem para me reerguer toda vez que fui derrubada durante a expansão da minha empresa. Depois de uma, vinte ou cem rejeições, eu teria desistido. Se eu não tivesse mudado a minha relação com a rejeição, nunca teria tentado encontrar a minha mãe biológica, que me entregou para adoção no dia em que nasci. Nunca poderia ter perguntado a Paulo, o homem que um dia se tornaria meu marido, se ele queria estudar comigo, sabendo que ele poderia responder que não estava interessado. Eu nunca teria ministrado um curso ao lado de Oprah, porque não teria acreditado que era digna disso.

Mark Leary, professor de psicologia e neurociência na Universidade Duke, conduziu pesquisas sobre o medo da rejeição. Leary afirma: "Pode ser uma rejeição romântica, a dissolução de uma amizade, ser deixado de lado por parte de um grupo, afastado por membros da família ou ignorado ou excluído em encontros casuais, as rejeições têm inúmeras consequências emocionais, psicológicas e interpessoais. As pessoas reagem quando percebem que os outros as rejeitaram, porque a rejeição é, em grande parte do comportamento humano, algo que se evita."

**O medo da rejeição e o medo do fracasso são duas das maiores razões pelas quais as pessoas evitam se arriscar, nunca compartilham suas ideias, abdicam de perseguir seus sonhos e nunca revelam quem realmente são e como se sentem.**

## Rejeição e fracasso

Em primeiro lugar, quero esclarecer que rejeição e fracasso não são a mesma coisa — mas tememos e reagimos a eles de forma semelhante, então podemos usar as mesmas estratégias para mudar a nossa relação com ambos.

No fundo, todos nós queremos ser amados e aceitos, e muitos consideram a rejeição ou o fracasso como o oposto ao amor e à aceitação. Nós os equiparamos ao sofrimento e à exclusão. Eles até parecem mesmo, se você assim permitir. O segredo é *escolher*. E se eu lhe dissesse que, na verdade, você poderia admitir e ansiar pela rejeição e pelo fracasso? Você ousaria pensar nessa possibilidade? Meu palpite é que você descartaria essa ideia e pensaria que estou inventando alguma bobagem, mas não estou.

**Tudo na vida carrega o significado que lhe atribuímos. Esse significado cria as emoções que sentimos a respeito de algo. As emoções que sentimos criam, então, a nossa experiência de vida. Ao mudar o significado atribuído a algo e acreditar de fato nele, tudo muda. A decepção se transforma em confiança divina. A autoaversão se torna gratidão. A rejeição se torna resiliência. A autovalorização se solidifica.**

O meu marido, Paulo, foi criado acreditando que, se não soubesse a resposta para alguma coisa, era um sinal de que havia fracassado. Se ele não conseguisse vencer, não queria continuar jogando. Nos seus piores dias, perder um jogo significava que *ele* era um fracasso. Para desaprender isso, foi necessário muito empenho. Paulo adora tênis, *padel* e *pickleball*, e teve de se esforçar muito para atribuir novos significados à atividade de jogar. Teve de aprender a não permitir que jogar mal roubasse sua alegria ou seu amor pelo jogo. Hoje em dia, não vencer a partida não significa mais desistir de jogar ou ser um fracasso. Agora, significa que ele é um jogador competitivo que ama tanto o jogo que mal pode esperar pela revanche!

Em contraste, minha amiga Sara Blakely, fundadora da bilionária empresa Spanx, foi criada por um pai que fazia com que a família cultivasse a prática de se sentar à mesa ao jantar e compartilhasse uma coisa em que houvessem falhado naquele dia. Era um ambiente que considerava o fracasso importante, porque significava que não havia medo de arriscar. À medida que a palavra ia sendo passada de uma pessoa a outra em torno da mesa, todos partilhavam algo que tinham tentado fazer e fracassado naquele dia. Não é de admirar que Sara tenha tido uma ideia e desenvolvido uma empresa a partir dela e de 5 mil dólares, disposta a correr riscos, suportando contratempos e rejeições, e persistindo até alcançar o sucesso.

*Quando você muda a sua relação com a rejeição e o fracasso, toda a sua vida muda.*

**Quando você muda a sua relação com a rejeição e o fracasso, toda a sua vida muda.**

Você tem o poder de transformar o que a rejeição e o fracasso significam, fazendo com que deixem de ser experiências temidas e passem a ser experiências que podem ser acolhidas sem medo. Ao adquirir as ferramentas para mudar a relação com a rejeição, você poderá aplicá-las em qualquer área da vida.

POSSO LHE ASSEGURAR que, embora eu enfrente muitos problemas e desafios, o medo da rejeição ou do fracasso não é um deles. Não tenho medo quando se trata de rejeição. Sou destemida. Não tenho medo algum disso. Só que nem sempre fui assim, muito pelo contrário.

Tenho uma doença de pele chamada rosácea. Ela se manifesta na forma de manchas vermelhas com textura áspera ocupando minhas bochechas e, às vezes, minha testa. Quando tenho uma crise grave, elas ficam salientes. É hereditária e não tem cura. Depois de consultar vários dermatologistas e experimentar múltiplos cremes prescritos que não funcionaram, passei por uma temporada de tristeza na minha vida.

Entre os vinte e tantos e os trinta e poucos anos, quando eu trabalhava como âncora de um noticiário de TV, as crises de rosácea começaram a piorar tanto que a maquiagem não aderia mais à minha pele. Eu estava ao vivo na televisão e as fortes luzes de alta definição faziam a maquiagem derreter, revelando as manchas avermelhadas que eu tentava esconder. Muitas vezes, durante o noticiário ao vivo, os produtores me alertavam pelo meu fone de ouvido: "Tem alguma coisa no seu rosto." Eu achava que ia perder o emprego.

Eu nunca saía de casa sem maquiagem. Quando fazia isso, estranhos me perguntavam: "Você está se sentindo bem?" Ou diziam: "Nossa, que bela queimadura de sol, hein?"

Um dia, eu estava com pressa e dei um pulo no supermercado sem maquiagem. No corredor de produtos hortifrutigranjeiros, notei uma mulher de uns 30 anos me olhando. Ela também estava sem maquiagem e tinha muita hiperpigmentação, manchas por todo o rosto que eram vários tons mais escuras do que o resto da pele. Ela sorriu para mim, como se estivesse me agradecendo, mas sem dizer uma palavra.

Pessoalmente, foi um grande momento de epifania. Percebi que, ao me mostrar com rosácea, fiz com que aquela mulher se sentisse menos sozinha, com suas manchas de hiperpigmentação expostas. Naquele momento, a coragem dela e a minha coragem se encontraram. Em um mundo que nos diz para escondermos qualquer parte de nós que possa ser rejeitada pelas normas sociais, tínhamos aceitado uma à outra. Tínhamos nos aprovado mutuamente. Lindas. Valorosas. Sorrindo, mantivemos contato visual por um momento, e depois continuamos vivendo nosso dia.

Naquele momento, mudei o significado que atribuía até então à minha rosácea. Antes, eu a rotulava com palavras como *constrangedora, vergonhosa, pouco atraente, um defeito*. Naquele dia, decidi atribuir-lhe um significado novo. Um significado que tinha a ver com algo muito maior do que eu. Decidi que minha rosácea era um superpoder. E que, a cada vez que eu a revelasse ao mundo, isso ajudaria a reverter a vergonha que outras pessoas poderiam estar sentindo em relação às próprias imperfeições. Cada vez que eu saía para o mundo de cara limpa e sem maquiagem, ficava maravilhada com a ideia de que, naquele dia, isso pudesse fazer outra pessoa se sentir mais *suficiente* e livre. Literalmente, com todo o meu ser, mudei o significado que atribuía à minha "falha".

No meu primeiro livro, *Believe IT*, compartilhei em detalhes a jornada de expansão da minha empresa, a IT Cosmetics, desde a sala de estar da minha casa até o enfrentamento de anos e anos de inúmeras rejeições. Agora, pretendo revelar uma parte muito pequena e específica dessa jornada, mas através de uma lente diferente.

Durante os anos das incontáveis rejeições sofridas no desenvolvimento da IT, uma das coisas que a maior parte das lojas de beleza dizia ao se *negar* a distribuir meus produtos era que "as mulheres nunca comprarão seus produtos com essas imagens de publicidade, que mostram os desafios reais da pele. Elas só comprarão se virem imagens que mostrem uma aspiração inatingível". Os distribuidores sempre usavam palavras como "aspiração inatingível", o que significava que ninguém poderia ter aquela aparência no mundo real. Eles queriam que eu usasse imagens falsas e retocadas de uma pele perfeita. Mas eu sabia que era possível criar uma empresa que fizesse as mulheres se sentirem como aquela mulher e eu nos sentimos no supermercado. Se eu pudesse ver as outras mulheres, se pudéssemos ver umas às outras, então poderia ser muito maior do que apenas uma empresa. Poderia ser uma mensagem e um movimento poderoso e muito necessário. Aquela abordagem era necessária e poderia ser curativa.

Depois de anos ouvindo *não* e "não é bem isso que estamos buscando", recebi um *sim* e uma chance de aparecer no QVC, um canal de TV voltado para compras, em um bloco de dez minutos. Eu iria aparecer na transmissão ao vivo e em tempo real, em exibição para 100 milhões de lares, e precisava vender cerca de 10 mil dólares em produtos por minuto durante todos os dez minutos que haviam me concedido para atingir a meta de vendas, ou então não seria convidada a voltar. Tudo estava em jogo naquela única tentativa. Todos os consultores terceirizados que contratei repetiam a ladainha das lojas de beleza: que, para ter a mínima chance de sucesso no QVC, de atingir as metas de vendas do programa e ser convidada a voltar, **eu precisava produzir o meu vídeo de dez minutos contratando modelos** com pele impecável. Afinal, era isso o que tinha funcionado para várias outras marcas de maquiagem. Quando sugeri mostrar meu rosto limpo com rosácea e escalar modelos que também sofriam com aquilo que o mundo chamava de "desconcertantes desafios dermatológicos", como acne ou hiperpigmentação, eles ficaram mortificados e me deram o melhor conselho que conheciam: não fazer aquilo.

Na época em que tive essa grande chance, era rejeitada há anos por varejistas em potencial. Ninguém achava que a ideia de usar mulheres reais como modelos funcionaria. Não estavam dispostos a apostar em mim. A minha empresa estava à beira da falência. Mas eu sabia o que havia sentido naquele momento no supermercado.

Quando entrei no estúdio do QVC, com as luzes indicando que o programa estava no ar e que a contagem regressiva de dez minutos havia começado, eu estava tremendo. E, para ser franca, também estava suando e rezando para que o suor não tivesse encharcado os dois pares de Spanx que eu usava por baixo do vestido, na tentativa de absorvê-lo.

Naquele momento, se eu quisesse correr um grande risco e seguisse o meu instinto que me dizia para mostrar ao mundo a minha pele desnuda e outros problemas reais da pele feminina, talvez eu não conseguisse atingir a meta de vendas. Diante de tudo o que estava em jogo, se eu não conseguisse vender os produtos, iria falir. Decidi ser corajosa. Eu poderia ser rejeitada pelos telespectadores, que talvez me boicotassem, e não ser recebida novamente pelo QVC, mas saberia que havia colocado a minha coragem à prova, me mostrado disposta a confiar em mim mesma. Embora eu não tivesse saído de casa sem maquiagem durante a maior parte da vida, iria revelar as "falhas" da minha pele em rede nacional, pois não lhes atribuía mais um significado negativo. Eu lhes atribuía um significado positivo e fortalecedor. Os consultores terceirizados discordaram. Mas, lá no fundo, me parecia certo.

QUANDO A LUZ vermelha acendeu indicando que estávamos no ar em transmissão ao vivo e o relógio de dez minutos começou a rodar, 9:58, 9:57, eu tremia como vara verde por fora, mas estava inabalável por dentro. Lembro-me do momento em que a foto do meu rosto nu, todo avermelhado, apareceu em rede nacional com a legenda "Antes". Lembro-me de ir até as modelos, mulheres reais de todas as idades, formas, tamanhos, tons de pele e desafios dermatológicos diferentes, e chamá-las de lindas — e eu estava falando sério!

Depois de alguns minutos, eu não sabia como estavam indo as vendas, mas ainda não haviam me interrompido nem cortado o meu tempo. Pouco antes daquela minha única chance, fiquei sabendo que, na verdade, não temos nem dez minutos garantidos. Como o QVC é transmitido para 100 milhões de lares, os riscos são altos; portanto, se você já estiver com um ou dois minutos de apresentação e não atingir as metas de vendas, ainda poderá pensar que tem oito minutos restantes, mas, de repente, eles podem reduzir o seu tempo e você terá apenas um minuto a mais no relógio. O que significa que acabou. Que a meta de vendas não foi atingida. Você está fora. Era *exatamente* esse tipo de pressão.

Chegamos à marca de um minuto e lembro-me do apresentador dizendo que o estoque de algumas sombras estava começando a acabar: "Começamos com 6.200 destas aqui. Da sombra profunda, só temos 200; da sombra bronze, também restam apenas 200." Então, bem no momento em que o relógio estava prestes a estourar o tempo, o sinal gigante de ESGOTADO apareceu na tela!

Comecei a chorar em rede nacional. Eles fizeram um corte e focaram um aspirador Dyson, ou algo assim. O meu marido entrou correndo pelas portas duplas do estúdio. Ele estava tão aliviado, e me lembro dele levantando os braços para o alto, vitoriosamente, e proclamando em voz alta: "Não vamos à falência!" Com lágrimas escorrendo pelo rosto, exclamei com orgulho: "As mulheres de verdade se manifestaram!"

AQUELE MOMENTO EVOLUIU para diversos convites sucessivos para retornar ao programa. Acabamos fazendo mais de 250 apresentações ao vivo por ano no QVC e construindo a maior marca de beleza da história do canal. Sempre que eu estava ao vivo na TV, sentia a conexão que havia experimentado com aquela mulher no supermercado se repetir com o telespectador. Eu pensava nela todos os dias. Ela era mais importante para mim do que o sistema de crenças culturalmente aprendido de que a minha rosácea é uma falha constrangedora. Ou que é uma razão pela qual serei rejeitada e não serei digna de amor. Mudei o significado que atribuía à minha condição, e isso se tornou a exata razão pela qual fui aceita e amada. Não apenas pelas clientes, mas por mim mesma.

A história poderia ter sido muito diferente, pois, durante anos, as lojas de varejo, as lojas de departamentos e o QVC tinham me dito *não* e que "não é bem isso que estamos buscando para nós ou para os nossos clientes". Apesar do grande sucesso nas vendas, ainda surgiam infinitas rejeições, sob diversas formas. Assim como a rejeição que enfrentamos na vida pessoal e cotidiana, que sempre acontece, principalmente se nos manifestarmos na nossa vida, nas nossas amizades e nos nossos sonhos.

Vamos revisitar a pergunta com a qual comecei este capítulo: **o que você faria se não tivesse medo de rejeição nem de fracasso?** Vamos abordar esse assunto, está bem?! Porque quando adquire as ferramentas para mudar a relação com a rejeição, você pode aplicá-las em qualquer área da sua vida.

## Mudar a relação com a rejeição

Eis aqui o processo de como mudar a relação com a rejeição na sua vida a partir deste momento. Vou explicar de forma muito simples, mas lembre-se de dar graças a si mesmo. É um tanto demorado desaprender velhos padrões e hábitos. Até hoje, tenho de ficar alerta e colocar essas ferramentas em prática. Acredito que será um esforço para toda a vida, porque é muito fácil voltar a temer a rejeição ou o fracasso, ainda mais se você for a única pessoa em seu grupo de colegas ou familiares que se empenha em ganhar conscientização, mudar velhos padrões e reivindicar o próprio poder diante da rejeição e do fracasso.

## O processo: os quatro Rs para transcender a rejeição

**1. Revelar:** Quando rejeições/fracassos acontecerem, identifique a(s) definição(ões)-padrão atual(is) que você lhes atribui. Ou aquela(s) que usa para se convencer a nem tentar. Muitas vezes, elas são enfraquecedoras e surgem automaticamente, de modo involuntário.

**2. Redefinir:** Crie definições novas e fortalecedoras que serão atribuídas a rejeições/fracassos quando acontecerem ou quando se sentir pressionado a não tentar, por medo de que aconteçam.

**3. Revisitar e reformular:** Revisite e reformule rejeições do passado. Atribua novos significados a rejeições/fracassos passados que ainda pareçam relevantes.

**4. Regozijar-se:** Regozije-se com as rejeições que virão! Elas não intimidam mais! Pense: querida rejeição, você pode ser grande, mas a minha resiliência é maior!

## Revelar

Certo, vamos lá! Vou começar. Durante a maior parte da vida, a minha reação interna a uma rejeição era: "Sim, isso confirma mais uma vez que não sou o bastante. Ou não sou competente. Ou não sou inteligente o suficiente, perspicaz o suficiente, legal o suficiente, engraçada o suficiente ou [preencha a lacuna] o suficiente." Às vezes, parecia até uma versão de como eu sou insuficiente ou não tenho valor.

Bem, agora é a sua vez. Quando alguém o rejeita, ou quando você se expõe e as coisas não acontecem do jeito que imaginava, ou quando tenta e falha, ou quando nunca tenta por medo da rejeição ou do fracasso, qual é a primeira coisa em que você pensa? Imagine esse cenário e sinta-o integralmente. Depois, observe: qual é o primeiro pensamento que passa pela sua cabeça quando você é rejeitado ou falha em alguma coisa, talvez sem nem perceber? Seja muito, muito honesto aqui. Somos só você e eu.

Faça uma anotação mental ou, melhor ainda, escreva o que vier à sua mente. Pode ser útil imaginar um cenário em que esteja sendo rejeitado ou quando fracassa em alguma tentativa. Ao imaginar essa situação, observe o que pensa sobre si mesmo. Essa é a sua *definição atual* de rejeição.

Certa vez, fiz esta pergunta enquanto estava no palco falando para uma multidão de mais de mil pessoas: pedi-lhes que expressassem em voz alta a primeira coisa verdadeira em que costumavam pensar quando eram rejeitados ou fracassavam. As respostas foram tão vulneráveis, cruas e reais que comecei a chorar. E notei que várias pessoas na plateia também estavam chorando. Era uma conferência de negócios! Mas essa questão pegou muitos deles de surpresa, pois nunca a haviam levado em consideração. Era como se houvesse uma horrível trilha sonora tocando em suas mentes todos os dias — e eles nem tinham consciência do impacto disso.

Isso mostra que não importa se você for um experiente diretor-presidente, o chefe de uma equipe, o responsável por uma criança, ou todos os itens acima. Todos nós lidamos com a insegurança.

Como seres humanos, estamos programados para evitar o sofrimento a todo custo. É um mecanismo de sobrevivência. Quando nos sentimos insuficientes, ou sem valor, ou indignos de amor, há uma enorme carga de sofrimento sobre nós. Quando vinculamos todo esse sofrimento à ideia de rejeição ou de fracasso, ficamos relutantes em correr riscos. Ficamos presos e nos apequenamos diante da vida. Se nunca nos expusermos, não correremos o risco de sentir o sofrimento que advém da rejeição ou do fracasso. Se nunca perseguirmos nossos sonhos, não correremos o risco de passar vergonha e desânimo quando eles não se concretizarem. Mas a rejeição e o fracasso só significam tais coisas porque decidimos que assim deve ser. Ora, podemos reverter isso. Assim como reverti a decisão de que a minha rosácea era uma falha constrangedora e, em contrapartida, lhe atribuí um novo significado. Ela era uma dádiva fortalecedora. Eu me ensinei a acreditar nisso.

## Redefinir

Atribuir um novo significado à rejeição e ao fracasso é algo que muda tudo. Você tem a capacidade de decidir que eles não precisam lhe causar sofrimento. Quando atribui um novo significado a essas experiências e acredita nisso, o medo desaparece.

Ao atribuir uma nova definição a cada fracasso e a cada rejeição, você escolhe uma definição que o impede de levar a rejeição para o lado pessoal. Esse é um benefício ENORME. Quando leva a rejeição para o lado pessoal, isso não apenas lhe causa grande sofrimento, mas também complica a relação com a pessoa que o rejeitou, quando, na realidade, pode não ter sido nada pessoal da parte dela. Essa atitude pode ter consequências negativas para sua carreira, sua empresa e seu potencial sucesso.

Na jornada de construção da IT Cosmetics, recebi centenas de rejeições. Para ser sincera, algumas pareciam pessoais e não baseadas na avaliação do produto em si. Ainda assim, optei por nunca levá-las para o lado pessoal. Em vez de ficar na defensiva ou ofendida a cada vez que recebia outra rejeição, algumas vezes da mesma pessoa e em mais de uma ocasião, mudei minha definição de rejeição e fui capaz de não internalizá-las e de responder de uma forma que gerou um novo impulso para a minha empresa.

Mesmo que um varejista me dissesse NÃO, como se quisesse dizer *nem agora nem nunca*, sem uma migalha de incentivo, eu agradecia e enviaria um e-mail no dia seguinte, expressando a minha expectativa de que, um dia, quando ESTIVERMOS em suas lojas, nossos produtos trarão muito valor para seus clientes. Eu comunicava um grau zero de ressentimento e a plena convicção de que, um dia, aquela negativa se tornaria, de fato, um SIM. Na minha mente, decidi acreditar que esse dia chegaria. Quando me rejeitavam novamente, eu fazia o mesmo, todas as vezes. Quando recebia um destaque interessante na imprensa ou lançava um novo produto, lhes enviava um e-mail entusiasmado, lembrando-lhes que, um dia, quando a resposta *fosse* um SIM, minha marca levaria muito valor para suas lojas e seus clientes. Embora algumas daquelas pessoas possam ter pensado que eu era estranha, o que eu estava fazendo plantava sementes dinâmicas, sem que elas se dessem conta disso. Eram pessoas que me rejeitaram várias vezes, algumas por anos. Por fim, consegui transformar cada NÃO em um SIM. Isso mesmo, cada um deles. Consegui transformar a IT Cosmetics em uma das maiores empresas de maquiagem de luxo do país. E só fui capaz de fazer isso porque não tive medo da rejeição, treinei-me para não associar nenhum sofrimento a ela, e nunca a levei para o lado pessoal. Fiz isso criando novas definições de rejeição na minha vida. E, com bastante repetição, consegui acreditar que tais definições eram verdadeiras.

Tenho algumas definições básicas que atribuo às rejeições e aos fracassos que ainda acontecem comigo. Quer se trate de uma ideia de negócios rejeitada por um potencial parceiro, ou de um amigo que não me convida para falar em seu evento, ou de um duro crítico on-line que não conheci. Como prática recomendada e um hábito, quando sou rejeitada ou falho em algo — o que acontece com frequência —, em vez de regressar à minha antiga crença de que isso significa que *não sou suficiente*, eis aqui algumas das minhas maneiras básicas de redefinir significado — e acredito plenamente nelas:

1. A rejeição é a **proteção** de Deus (ou do Universo).
2. Não fui rejeitada. Deus **escondeu deles o meu valor** porque eles não fazem parte do meu destino.
3. A rejeição e o fracasso são vitoriosos! São um lembrete de que sou uma das **corajosas** dispostas a seguir em frente!

Quando algo não acontece do jeito que eu esperava, a minha velha resposta à rejeição surge na minha cabeça: *você não é suficiente*. Eu a capturo em tempo real e me imagino deletando-a. Ou pressionando o botão MUDO. Ou arremessando-a para fora do campo com um taco de beisebol, até que não consiga mais vê-la. Então, eu a substituo por uma dessas definições em que escolhi acreditar. Lembro-me de uma, começo a repeti-la para mim mesma mais alto e a imaginá-la com mais nitidez do que o pensamento negativo que a precedeu. Imagino-a se espalhando pela minha pele como se fosse a verdade. Acredito nela. Quanto mais faço isso, mais se torna um hábito. Quanto mais olho para trás, para as rejeições e os fracassos do passado e como eles se desenvolveram, mais eu sei que essas definições não são um mero pensamento positivo; elas são verdadeiras.

Eis aqui alguns exemplos de como apliquei essas novas definições na minha vida. Observe os padrões e veja se elas também ressoam em você conforme formos mergulhando nas novas definições de rejeição e fracasso, e como aplicá-las para transformar a sua vida.

### A rejeição é a proteção de Deus

Talvez você e eu compartilhemos esse primeiro cenário, que é bastante comum. Pense em alguém que você amou e namorou, e com quem as coisas não terminaram conforme esperava. Repensando a situação, talvez esteja claro que você estaria se acomodando se tivesse continuado naquele relacionamento. Ou talvez aquela pessoa tenha lhe feito *muito* mal. De novo e de novo. Você, seus amigos e familiares sabiam que o relacionamento não era bom, mas continuaram torcendo para que tudo desse certo. Embora a separação possa ter doído na época, quão feliz você está AGORA por não estarem mais juntos? Rejeição é proteção!

Na minha jornada de construção da IT Cosmetics, uma vez um potencial investidor desistiu de investir na empresa. Quando perguntei a razão, ele me respondeu: "Não acho que as mulheres comprarão maquiagem de alguém que se pareça com você, com o seu corpo e o seu peso." Na época, eu precisava muito que aquele potencial investidor nos aceitasse, estávamos quase sem dinheiro, e eu não sabia como a empresa continuaria funcionando. Achei que ele seria a minha tábua de salvação. E a verdade é que estávamos tão perto de fechar as portas que, se ele tivesse acreditado e nos dado uma chance, eu teria lhe vendido a maior parte da minha empresa por um preço baixíssimo. Se ele tivesse feito uma parceria conosco, nos ajudado a sobreviver e nos aconselhado sobre como colocar nossos produtos em todas as lojas varejistas que vinham me rejeitando, eu poderia ter acabado possuindo apenas uma pequena parte da companhia. Bem, rejeição é a proteção de Deus. Como ele não nos disse sim, descobrimos como continuar e obter sucesso de outra maneira. Quando vendi a minha empresa, seis anos depois, eu ainda era a maior acionista.

A propósito, ouvi falar novamente daquele investidor seis anos depois de ele ter me dito aquelas palavras ofensivas. Foi no dia em que vendemos a IT para a L'Oréal. Por serem uma empresa pública, o preço de compra foi divulgado — 1,2 bilhão de dólares, a maior aquisição da L'Oréal nos Estados Unidos até então. O valor foi replicado pela imprensa em todos os lugares, e aquele outrora potencial investidor deve ter visto as manchetes. Naquele dia, ele me procurou e disse: "Parabéns pela negociação com a L'Oréal. Eu estava errado."

Você se lembra do filme *Uma linda mulher*, em que a personagem de Julia Roberts entra em uma loja chique e as vendedoras se recusam a atendê-la? No momento em que aquele homem me ligou para me parabenizar, fiquei com vontade de lhe dizer as mesmas palavras que a personagem do filme diz à atendente quando volta à loja, usando roupas bonitas e com sacolas de outras lojas chiques penduradas no braço. Fiquei com vontade de lhe dizer: "Grande erro... enorme... ENORME... Na verdade, posso lhe dar 1,2 bilhão de razões pelas quais foi um grande erro." Mas não fiz isso. Apenas agradeci a ele. E agradeço a Deus pelas portas abertas e pelas portas fechadas na minha vida, pois aprendi a confiar em ambas. No momento em que aquele potencial investidor me parabenizou, não pude deixar de sorrir e me lembrar que a rejeição é a proteção de Deus.

Às vezes, dependendo do que parece mais aplicável no momento, uso uma variação dessa definição, que também é uma das minhas favoritas. Nesse caso, imagino Deus me dizendo: "Você não foi rejeitada. Escondi deles o seu valor porque eles não fazem parte do seu destino."

*Imagine Deus dizendo: "Você não foi rejeitado. Escondi deles o seu valor porque eles não fazem parte do seu destino."*

Pense em um desgosto pelo qual você passou: um amigo que não o incluiu nem o valorizou; uma pessoa que, por algum motivo, não gostou de você; um contratempo que pareceu intransponível; o emprego que você queria muito, mas não conseguiu; as vezes em que correu riscos e falhou; a pessoa que o traiu e todas as rejeições dolorosas que experimentou. Imagine Deus dizendo agora mesmo: *Você não foi rejeitado. Escondi deles o seu valor porque eles não fazem parte do seu destino.*

Essas foram as palavras que imaginei Deus me dizendo recentemente, quando um amigo traiu a minha confiança e não valorizou a nossa amizade da mesma forma que eu. Quando atribuí esse significado a essa traição específica e acreditei nele, processei a traição e impedi que ela afetasse a minha valorização. Aprender a fazer isso é transformador. Essa, agora, é uma das minhas definições favoritas de todos os tempos, mudou a minha vida e me ajudou a me sentir livre.

**A rejeição é um lembrete de que você é um dos corajosos!**

Muitas vezes, enquanto chorava debaixo de uma coberta, pesquisei no Google e me informei sobre alguns dos meus ídolos e sobre as intermináveis rejeições e fracassos que eles enfrentaram em suas jornadas. O que concluí é que todas as pessoas que já foram corajosas o suficiente para ir atrás de um sonho, para compartilhar seu talento ou dom com o mundo, para construir um negócio, para se tornar formadoras de opinião ou para ajudar a levar a humanidade adiante de alguma forma positiva tiveram de lidar com inúmeras rejeições e fracassos. Todas elas. Elas foram corajosas e dispostas a seguir em frente de qualquer maneira.

Decidi que vou acreditar nesta verdade: sempre que me deparar com uma rejeição ou um fracasso, será um lembrete emocionante de que sou uma dessas pessoas corajosas que estão dispostas a seguir em frente! Não sou como a maioria que vive sentada à margem da vida, com medo de tentar, enquanto critica quem o faz. Eu sou uma das corajosas! E me preparei para sentir alegria todas as vezes em que for rejeitada ou falhar em alguma coisa, para sentir uma gratidão inspiradora, sincera e que preenche a alma. Eu me convenci de que a vitória não está no resultado, está em ser corajosa e aproveitar as oportunidades. E de que cada fracasso é um lembrete dessa vitória.

Pode parecer loucura, mas acredito mesmo nisso. Porque sei que, além de tudo, é verdade. Para mim e para você também. Um brinde ao fato de sermos corajosos, e de estarmos dispostos a ir em frente!

Costumo compartilhar essa lição com os meus filhos, usando palavras que eles entendam. Digo para eles: ***As pessoas que mais têm sucesso são, muitas vezes, as mesmas que mais fracassam. Porque são elas as que mais tentam.***

Existem infindáveis significados novos que você pode atribuir à rejeição e ao fracasso, e que também são verdadeiros. O importante é que sejam reais para você. Eis aqui mais alguns:

- Rejeição é redirecionamento. Ela está me apontando o caminho para algo melhor que está por vir.
- Obrigada, confio que isso esteja acontecendo *por* mim e não *comigo*.
- Obrigada. Sei que isso vai me ajudar a desenvolver resiliência, musculatura e força para carregar o peso dos sucessos futuros, quando vierem.

A questão é a seguinte: quando tem um ideal dentro de você, nem todo mundo vai conseguir entender. Nem mesmo os especialistas. Nem mesmo as pessoas que você respeita. E, muitas vezes, nem mesmo amigos e familiares. Porque Deus não deu o ideal a eles, deu a você. Portanto, não se surpreenda se você se sentir incompreendido ou subestimado, ou se os outros não estiverem entusiasmados com o seu sonho ou com o seu ideal. Ele não escolheu aquelas pessoas, Ele escolheu você. Você é o guardião disso. Você é o guardião do seu próprio potencial. Você é o guardião de suas esperanças e seus sonhos. Não leve para o lado pessoal, ou como se fosse alguma indicação de valor, quando alguém não validar o seu sonho, não o apreciar ou não acreditar nele, ou achar que você não será bem-sucedido. Só você sabe o que sabe. Só você vê o que vê. Só você sente o que sente. Somente você recebeu a transferência divina. Você é o guardião disso. Do quão fortemente deve acreditar nisso. Do quão disposto está a lutar por isso. Do quão persistentemente se reergue toda vez que é derrubado. Você é o guardião. Você é o dono. Você pode tudo, e tudo depende de você.

## Revisitar e reformular

Você pode aplicar suas novas definições de rejeição e fracasso a experiências passadas que ainda lhe pareçam relevantes. Colocar isso em prática me ajudou a fazer as pazes com situações passadas e a me livrar do sofrimento e da mágoa persistentes. Me ajudou a ver de onde venho e a interpretar as coisas pelas quais passei como fortalecedoras, em vez de enfraquecedoras. Mesmo que, hoje, possam parecer injustas ou não fazer sentido. Mesmo que sejam coisas que eu não gostaria que acontecessem novamente comigo nem com outra pessoa. Agora entendo tudo o que passei como coisas que aconteceram POR mim, que me ensinaram lições, que me expuseram a experiências dolorosas que consegui superar, e sou capaz de ajudar outras pessoas porque aprendi como fazê-lo. Não se trata de negar coisas que aconteceram no passado, mas sim de atribuir-lhes um significado que as transforme em paz e fortalecimento.

*As pessoas que mais têm sucesso são, muitas vezes, as mesmas que mais fracassam. Porque são elas as que mais tentam.*

Fui adotada no dia em que nasci, e os pais que me criaram precisavam trabalhar por muitas horas. Eu ficava sozinha depois da escola por longos períodos de tempo, todos os dias. Houve uma época na minha vida adulta em que lutei contra a ideia de ser abandonada. Durante anos, essa ideia se manifestava de maneiras muito dolorosas. Como não queria abandonar ninguém, mantive relacionamentos tóxicos com namorados e amigos, e deixei que me maltratassem. Mais tarde, na condição de chefe, o meu maior ponto fraco era não demitir as pessoas com a rapidez necessária, pois não queria abandoná-las. No entanto, quando decidi mudar a história que contava a mim mesma sobre ter sido abandonada, isso alterou a percepção da minha identidade e fortaleceu a minha própria valorização, o que me levou a tomar decisões mais sábias em todas as áreas da vida.

**Em vez de escolher acreditar que fui rejeitada, escolhi acreditar que fui escolhida.** De propósito! Fui escolhida pela minha mãe biológica para viver — que dádiva! Sinto uma enorme gratidão pela minha mãe biológica ter me carregado e me trazido ao mundo. Sua vida teria sido muito mais fácil se ela decidisse o contrário. Mas ela escolheu. Ela me escolheu. Fui escolhida por meus pais adotivos. Tenho a mais profunda sensação de orquestração divina de que eles me escolheram como o bebê deles. Sinto uma enorme sensação de admiração por ter sido escolhida por Deus para vir a este mundo de propósito. Meus pais biológicos ficaram juntos uma única vez. Depois, nunca mais. Naquele momento, naquele único momento, eu fui concebida. Não acredito que tenha sido um acidente. Não acredito, independentemente das circunstâncias, que a sua concepção também tenha sido um acidente.

Quando decidi fazer essa mudança e perspectiva, minha vida mudou junto. Não apenas acredito, sei que fui escolhida. Essa crença e esse entendimento ajudaram os meus relacionamentos a florescer. As minhas amizades, o meu casamento, as minhas relações profissionais e o meu relacionamento com a família, todos eles. Não sou uma vítima, sou uma vencedora. Deus me escolheu de propósito, com propósito. A minha jornada aconteceu *por* mim; fui escolhida para viver e escolhida para ser escolhida.

Pesquisas mostram que quando as pessoas refletem sobre experiências difíceis e dolorosas com o objetivo de encontrar um significado, ou algo positivo que tenha se derivado disso, elas ficam mais felizes, tomam melhores decisões, dão melhores conselhos e resolvem problemas de forma mais eficaz. Quando comecei a praticar essa ferramenta de mudar o significado que atribuo às coisas, tudo mudou para mim. Não se trata de ver o copo meio cheio, e sim de acreditar que o copo está mesmo meio cheio. Porque nos tornamos aquilo em que acreditamos.

**VALE ANOTAR:** Aplique essas ferramentas agora mesmo: no papel, em um diário ou baixando a planilha gratuita em inglês no site WorthyBook.com/Resources, vamos nos aprofundar nestas questões:

Quais são as definições-padrão de rejeição e fracasso que você conhece neste momento e que gostaria de substituir?

Qual é a sua nova definição de rejeição e fracasso na qual escolherá acreditar sempre que uma dessas duas coisas acontecer? Passe o máximo de tempo possível considerando a ideia e anotando as novas definições.

Que história ou rejeição aconteceu no passado e que você precisa re-escrever hoje para se contar uma história diferente? E comprometa-se a lembrar dessa nova história verdadeira todas as vezes em que pensar naquela experiência passada.

E a pergunta mais empolgante: como você prevê que essas novas definições impactarão a sua vida?

## Regozijar-se

Depois de identificar as novas e fortalecedoras definições de rejeição e fracasso, você começa a temê-los menos. Passa a explorar mais a própria coragem. Quanto mais desenvolver essa prática de aplicar novas definições à sua vida, menos você sabotará as oportunidades e com mais confiança perseguirá ideias, necessidades, esperanças e sonhos. E você pode começar isso hoje, agora mesmo!

Na verdade, talvez hoje seja o dia em que você tomará a decisão de continuar fazendo aquilo de que estava prestes a desistir. Talvez seja o dia em que decida escrever a primeira página do seu livro. Registrar o domínio da sua empresa. Retornar ao aplicativo de namoro. Dizer àquela pessoa especial que gostaria que fossem mais do que só amigos. Lançar um podcast. Perdoar alguém ou pedir que alguém o perdoe. Dizer para aquela pessoa não se dirigir a você dessa maneira. Postar uma selfie sem maquiagem nas redes sociais. Usar um maiô com orgulho, mesmo que seja dentro de casa, na frente do seu parceiro, ou sozinha diante do espelho. Talvez hoje seja o dia em que enviará um e-mail pedindo uma promoção, um aumento de salário ou uma posição de liderança na sua empresa, igreja ou grupo de voluntários. Talvez pegue um pincel novamente e compartilhe a sua arte com os outros. Talvez se mostre como de fato é na próxima reunião de família, sabendo que poderá ser julgado, mas **sendo livre**.

Uma ideia: vamos ser parceiros de rejeição. Vamos ver quem consegue acumular mais. Você é capaz de imaginar quantos sucessos teremos e como nossa vida será incrível ao fazermos isso? Você é valoroso e valioso como é, e o número de rejeições, fracassos e até de triunfos e sucessos não muda isso em nada. Mudar a relação com a rejeição e o fracasso é uma das maiores ferramentas para restaurar uma forte identidade e uma forte crença em si. Ainda que você seja o primeiro no seu grupo de amigos ou familiares a fazer isso, tome hoje mesmo a decisão de atribuir um significado poderoso à rejeição e ao fracasso. Ao fazer isso, a vida muda para melhor, para sempre.

## CAPÍTULO 3

## "Você não é louca, é apenas a primeira"

*O mundo vai perguntar quem você é e, se você não souber, ele mesmo vai lhe dizer.*
— CARL JUNG

"Mãe, pai, pensei em um produto. É uma pedra de estimação. Acho que posso vendê-la e ganhar milhões." Para vocês que são jovens demais para lembrar, a Pet Rock foi lançada em 1975 e se tornou muito popular. O criador, Gary Dahl, ficou milionário. Consegue imaginar as conversas que ele deve ter tido quando a ideia surgiu? Consegue imaginar a desconfiança e as gargalhadas que surgiram em seu caminho?

Ou que tal o momento em que testemunhas se reuniram na praia para assistir aos irmãos Wright em mais uma tentativa de fazer uma máquina voar, depois de centenas de falhas anteriores? Consegue imaginar os nomes pelos quais foram chamados, ou o quanto a genialidade deles foi incompreendida? Ou a pessoa que inventou o Shake Weight, um haltere modificado que oscila, supostamente aumentado sob efeitos dos exercícios? Você deveria ter visto a cara da minha avó quando essa propaganda surgiu, porque... bem, pode parecer muitas outras coisas além de um peso balançando em suas mãos. Quem diria que essa invenção seria um enorme... sucesso? Essas pessoas inovadoras foram todas chamadas de *loucas* em algum momento ao longo do caminho, mas foram apenas as primeiras. E você também é.

Fui chamada de *louca* durante a maior parte da minha vida. Na maior parte das vezes, por pessoas que me amavam e usavam esse adjetivo como um termo carinhoso, porque não sabiam mais o que dizer. Eu era aquela que pensava diferente, com ideias incríveis e bizarras para desafiar ou resolver os problemas do mundo; que sonhava em conhecer lugares distantes e estava disposta a trabalhar onde fosse preciso para realizar esse objetivo; que nunca sentiu que se encaixava, mesmo quando tentava de todas as maneiras; que acreditava que o lugar de onde vim não precisava determinar o lugar para onde iria. Eu desafiava minha família com perguntas como "o que impede pessoas como nós de terem esse mesmo sucesso?". Era motivo de chacota por ser a única pessoa na própria festa de aniversário de 21 anos que não bebia álcool, porque morria de medo de repetir o ciclo geracional do vício.

Depois de anos sendo chamada de *louca*, não pude deixar de começar a me perguntar se eu não era mesmo. Passei a estimular desenfreadamente a minha noção de pertencimento, e fiz tudo o que podia para me sentir menos sozinha e mais suficiente. Acabei reduzindo a intensidade da minha própria luz para fazer com que as pessoas ao meu redor se sentissem confortáveis. Só que passei a me sentir vazia e ainda mais sozinha. Então, aos vinte e poucos anos, mudei de direção e passei algumas décadas superando expectativas, confundindo a aprovação e a celebração externas com amor. Nem o excesso de desempenho nem o brilho ofuscado preenchiam o vazio de *insuficiência* que eu sentia dentro de mim.

Quando as pessoas se referiam a mim como *louca*, eu dizia a mim mesma que, para todos os efeitos, estava apenas sendo mal compreendida. Por dentro, porém, eu me perguntava se elas estavam certas. Por volta dos 20 anos, seguindo todas as regras que o mundo me ditava, planejei me casar antes de estar preparada. Em seguida, comecei a ter ataques de pânico. Entrei em depressão. A minha adoção, juntamente com os divórcios na minha família, significava que, na verdade, eu tinha cinco famílias e, até onde eu sabia, ninguém em nenhuma delas fazia terapia, nem sequer conversava sobre saúde mental. No ambiente onde fui criada, a solução era evitar falar sobre coisas difíceis, enterrá-las bem lá no fundo até que desaparecessem, ou ignorar que elas existiam. Fui a primeira pessoa da família e do meu grupo de colegas a procurar terapia. Entre o plano de saúde que o meu trabalho me proporcionava e as minhas poupanças, eu tentava descobrir um meio de continuar bancando o tratamento, mas estava tão angustiada que não poderia me dar ao luxo de não continuar.

A primeira consulta que tive com a terapeuta mudou para sempre o curso da minha vida. Depois de lhe explicar todas as maneiras pelas quais me sentia diferente e como não conseguia vivenciar o sentimento de pertencimento, também lhe contei que sonhava grande e tinha ideias bizarras, que sentia ter mais potencial do que a pessoa que estava me permitindo ser. Contei que me sentia obrigada a fazer coisas para pertencer, e que estava reduzindo às minhas ambições e até contendo minha personalidade por sentir que havia algo de errado comigo. Estava prestes a me casar com alguém que eu amava, mas estava com medo. Como eu poderia saber se o casamento era a coisa certa, quando já tinha comprovado que ele havia dado errado para tantas pessoas da minha família?

Depois que a terapeuta diagnosticou os meus ataques de pânico e a minha depressão, perguntei-lhe à queima-roupa: "Durante toda a minha vida fui chamada de louca. Ou de diferente. Ou de muito ambiciosa. Ou de estranha. Ou de avoada. Eu sou louca?"

Ela respondeu: "Não, você não é louca. Mas estou muito feliz que esteja aqui." Ela passou a explicar que, quando somos pioneiros no nosso grupo de colegas, familiares ou comunidade a desafiar o *status quo*, isso pode se traduzir em uma sensação de isolamento. Quando somos os pioneiros ou únicos a nos sentir diferentes, podemos nos sentir excluídos. Quando não mudamos quem somos com o objetivo de nos adequar e nos mostramos de forma autêntica, isso pode causar inquietação em outras pessoas que vivem em uma zona de conforto, onde a adaptação é o caminho para a aceitação. Quando somos pioneiros e quebramos a matriz do nosso condicionado sistema de crenças, isso pode vir acompanhado de solidão, estresse e trauma. Em seguida, ela explicou que quando deixamos de nos alinhar com quem somos de verdade para nos encaixar, na verdade passamos a viver divididos. Essa divisão também pode custar muito caro à saúde física e mental.

Tudo aquilo fazia muito sentido. Então me dei conta, como uma lâmpada que aquece instantaneamente e depois explode: *Não sou louca, sou apenas a primeira.*

SENTI ESSE MOMENTO revelador na minha alma, uma verdade que me libertou. Como se o peso do autojulgamento tivesse acabado de ser retirado dos meus ombros pela primeira vez na vida. **Não estou errada, sou apenas a primeira. Não sou ruim, sou apenas a primeira. Não estou falida, sou apenas a primeira. Não sou um erro, sou apenas a primeira. Não perdi o rumo, sou apenas a primeira.**

Eu sou o meu primeiro eu. Você é o seu primeiro você. E se vivermos com coragem e de acordo com a nossa autêntica essência, seremos sempre os pioneiros.

Ao viver a sua vida de forma autêntica, você será pioneiro. Porque só existe um único você em todo o universo. Então, se estiver se perguntando se realmente é o primeiro, sim, você é. Ou, pelo menos, será todos os dias em que for fiel ao seu eu único.

Porque só existe um único você em todo o universo — só há você com os seus pensamentos, com a sua experiência de vida, com o seu DNA, com as suas impressões digitais, com o seu batimento cardíaco único (sim, cada um de nós tem um batimento cardíaco único) e até com a sua impressão da língua individual (sim, cada um de nós também tem uma impressão da língua única!). Por isso, cada pensamento, decisão e ação que você escolhe vem de alguém que é pioneiro.

Atrever-se a viver de forma autêntica como você mesmo pode ser confundido com se sentir estranho, incompreendido, deslocado, solitário ou insuficiente. Quando nos sentimos assim, a maior tentação é nos escondermos e mudarmos quem somos para sentir que nos encaixamos. Na verdade, essa é a estratégia da maior parte das pessoas, que não percebem que só não se adequam por serem pioneiras. Elas acham que precisam mudar quem são ou se mostrar como outra versão de si mesmas para serem amadas. Porém, **ser pioneiro não é o que está errado em você, e sim o que está certo!**

As suas partes e as partes da sua personalidade que não são loucas são apenas as primeiras por serem exclusivamente você.

É preciso coragem para sermos nós mesmos, mas esse é o único caminho para encontrar a genuína liberdade. Isso nos faz correr riscos, mas é a única possibilidade de experimentar o real propósito. É preciso vulnerabilidade para ser quem se é, mas esse é o único lugar no qual você experimentará o amor verdadeiro.

Mostrar-se a esse mundo como TUDO o que você é tem um sabor de liberdade.

As pessoas que ousam ser as primeiras, que aceitam o próprio pioneirismo com coragem, são aquelas que podem mudar para sempre o rumo de suas famílias. São elas que param de bajular e dizem como se sentem de verdade. São elas que param de duvidar da própria singularidade e assumem quem realmente são. São elas que poderão dar exemplos diferentes para os filhos. São elas que podem desafiar as injustiças e libertar a verdade. São elas que podem dizer "quero mais para mim, para a minha família e para o meu mundo" e ousam acreditar que isso é possível. São elas que quebram vícios e ciclos geracionais. Aquelas que dizem: "Isso não faz sentido para mim. Vou desafiar esse sistema de crenças." São elas que ajudam a curar os outros, curando primeiro a si mesmas. São elas que compartilham suas ideias e o que têm a oferecer, independentemente das críticas que possam surgir. São elas que mudam as coisas em suas famílias, como um legado para as próximas gerações. São elas que revolucionam os setores da indústria. São elas que mudam o mundo. Quando percebi essa verdade, isso me ajudou a mudar o significado que atribuía à forma como me sentia em relação a mim mesma. Isso me ajudou a restabelecer a minha identidade. De alguém que não tinha poder algum para alguém que se sentia encorajada. De alguém que tinha vergonha de quem era, para alguém que se sentia liberta por tudo o que é.

*E se aquilo que achava estar errado em você fosse, na verdade, uma das melhores coisas que estão certas?*

## Seja autêntico, mesmo que isso signifique ficar sozinho

Talvez você seja a primeira pessoa na sua família ou grupo de colegas a sonhar grande, a votar ou amar de forma diferente, a ousar correr riscos ou a quebrar um ciclo geracional. Talvez seja o primeiro a desejar uma vida ou um sistema de crenças diferente daquele no qual foi criado. Quando se é o primeiro, pode ser muito tentador sentir que há algo de errado com você. Como se tivesse sido fabricado com algum defeito. Torna-se tentador e, para muitas pessoas, um hábito aparecer nos lugares, no trabalho e até nos relacionamentos, ofuscando sua própria luz e se escondendo de todos.

Viver a vida apenas como parte de quem você é, mas não como tudo o que você é. Ansiamos por pertencimento e tememos ficar sozinhos, mas, muitas vezes, não percebemos que **ficar sozinhos, autenticamente, é menos solitário do que estar com outras pessoas que não têm ideia de quem de fato somos.**

Quantas vezes você sentiu que estava trabalhando demais para tentar se sentir *suficiente*? Se mostrando como a pessoa que achava que os outros queriam que fosse, para obter um selo de aprovação? Se mostrando como o seu "representante", pensando que precisava se transformar nesse representante para ser bem-sucedido? Isso é viver dividido. Separado do seu verdadeiro eu. É algo que pode prejudicar não apenas a sua alegria, mas também suas saúdes física e emocional, bem como a ligação com outras pessoas nas suas relações pessoais e profissionais.

Em um estudo, 40% das pessoas relataram que censuram o que dizem porque temem expressar suas opiniões e criar distância entre elas e as pessoas de quem gostam. Mas expressar opiniões, quando autênticas, cria conexão. A psicóloga Serena Chen, chefe do Departamento de Psicologia da Universidade da Califórnia em Berkeley, define autenticidade desta forma: "É quando as pessoas sentem que podem ser elas mesmas. A pessoa autêntica se sente confortável consigo mesma. [...] Ela é vulnerável. Não tem medo de parecer tola ou de admitir seus erros." Chen acrescenta que a autenticidade está correlacionada com o bem-estar e a satisfação com a vida. Além disso, quando somos autênticos, não afastamos as pessoas. Pelo contrário, ela é útil para criar vínculos e gerar proximidade.

**Precisamos parar de esconder quem somos dos outros e de nós mesmos.**

Se você for como eu e tiver passado a maior parte da vida apenas se mostrando como parte de quem você é, ou da maneira que sabe que os outros querem que se mostre em determinadas situações, então terá muito a desaprender. Existem muitas mentiras que tornam atraente o ato de se esconder, e muitas verdades que fazem com que esse ato pareça justificado. Infelizmente, há muitas maneiras pelas quais o ato de se esconder causa sofrimento na nossa vida.

Embora muitas vezes aprendamos que as coisas que nos tornam diferentes de todas as outras pessoas deveriam ser consertadas ou escondidas, a lição que aprendi em primeira mão, e repetidas vezes, é que o que nos torna autênticos e diferentes são, na verdade, as coisas que deveríamos admitir e expandir ao máximo. Sei que isso vai contra o que a maior parte de nós aprendeu.

**Quando tomamos medidas para desaprender as mentiras, ganhar conscientização das verdades e avaliar o impacto de viver as nossas vidas de maneiras inautênticas, desconectadas, insensíveis, bajuladoras e desalinhadas com quem realmente somos, começamos a jornada para passar do desconhecido ao conhecido. Do invisível ao visível. Do desconectado ao conectado. De duvidar de nós mesmos a confiar em nós mesmos. Do desejo por amor à percepção de que já somos... amor.**

MEU GRANDE AMIGO Ed Mylett, empresário e escritor de sucesso, compartilha uma incrível analogia de negócios e vendas que se aplica à vida, mesmo que você não trabalhe na área de vendas. Ele diz: "As pessoas não precisam acreditar no que você está vendendo, elas precisam acreditar que VOCÊ acredita no que está vendendo." A valorização funciona da mesma maneira. As pessoas não precisam entendê-lo nem crer em você para se conectarem com você. Elas só precisam acreditar que *você* entende a si mesmo e que tem fé em *si*. Se você souber que, no fundo, está demonstrando ser alguém diferente de quem é, então acabará emitindo uma energia que revela não acreditar em você mesmo. Porque você não estará sendo você. Isso significa que não será capaz de sentir uma conexão verdadeira com outra pessoa, porque ela sabe, e sente, que você não é você. Em outras palavras, seja sua mais real versão e saiba que está sendo você mesmo para ter uma genuína conexão com outro ser humano. Você tem de se sentir digno de ser quem é. Caso contrário — independentemente do quão sofisticado, perfeito ou moldado você se apresentar —, sempre sentirá uma desconexão, e os outros também.

Há, ainda, o outro extremo que observamos nas redes sociais como um todo, onde as pessoas revelam coisas chocantes ou vulneráveis de uma forma que não parece crível. Continua sendo uma maneira de esconder quem se é, mas por trás de uma identidade confusa de alguém que compartilha em excesso e "revela tudo". Mostrar-se por completo e revelar quem você é de verdade, com a intenção de conexão e amor é muito diferente de confundir atenção com amor e de tentar revelar coisas na esperança de chamar a atenção. Revelar-se de modo autêntico para estabelecer uma conexão real é muito diferente de estratagemas para chamar a atenção na esperança de que isso leve a um sentimento de validação ou de significado. As pessoas também percebem a sua intenção por trás das coisas — também não se pode falsear nesse aspecto. Às vezes, é possível fazer isso a curto prazo, mas nunca a longo prazo.

**Nos relacionamentos, nos negócios e na vida, embora a autenticidade por si só não garanta automaticamente o sucesso, a inautenticidade garante o fracasso.**

QUANDO VOCÊ SE apresenta como você mesmo, lembrar que *você é o primeiro* pode ser uma ótima ferramenta. Também pode ser uma ótima definição de rejeição. Quando eu estava construindo a minha empresa e inúmeros varejistas de produtos de beleza me diziam que ninguém compraria maquiagem com imagens de mulheres reais, eu reformulava cada rejeição na minha mente — em vez de "este 'não' significa que nunca terei sucesso", dizia a mim mesma "a minha ideia não é ruim, sou apenas a primeira!". Quando, depois de anos ouvindo "não", consegui uma grande chance e aqueles consultores caríssimos me aconselharam a fazer o que quase todas as outras marcas de beleza de sucesso estavam fazendo em vez de arriscar a minha visão original, lembrei a mim mesma que aquilo só lhes parecia arriscado porque eu era a primeira.

Acabei participando de mais de mil programas ao vivo no QVC e, ao longo de oito anos, percebi que pouquíssimas das milhares de marcas e apresentadores que iam ao ar atingiam as metas de vendas necessárias para ser convidados a voltar. Quando analiso o que havia em comum entre os poucos que foram bem-sucedidos, não é que eles tivessem o melhor produto ou a marca mais cobiçada, conhecida ou bem financiada. Não se tratava da qualidade da oferta nem do desconto oferecido. A única coisa que os pouquíssimos a fazerem sucesso ao longo dos anos tinham em comum era a autenticidade ao vender diante das câmeras, e eles eram os mesmos sujeitos no ar, enquanto estavam vendendo ao vivo na TV, e fora do ar, quando ninguém estava olhando. Isso era algo consistente, independentemente da personalidade de cada um, ou até de seu nível de carisma. Não se pode fingir autenticidade, e ela é a única maneira de formar conexões profundas e genuínas, a nível pessoal ou por intermédio de uma tela, com amigos e nos negócios.

Considerando que, na IT Cosmetics, nos mantivemos firmes no nosso rumo — éramos autênticos, inovadores, pioneiros —, isso significou que fomos incompreendidos pelos especialistas da indústria da beleza por muitos anos... até não sermos mais. Isso significou que fomos considerados marginais até começarmos a ser reconhecidos. Significou que fomos considerados estranhos por muitos anos, até sermos copiados inúmeras vezes. Significou que sofremos incontáveis rejeições, até que, de repente, passamos a ser desejados. Significou que estávamos falidos e mal conseguindo nos manter, até começarmos a vender mais do que todos os outros. Significou que fomos subestimados até nos tornarmos imbatíveis. Significou que ouvimos muitas e muitas vezes "sua ideia nunca vai funcionar", até ouvirmos "vocês são o número um no setor".

Existe um "**até**" esperando por você também...

*Nunca tive medo de dançar conforme a música
e estou começando a gostar muito do som que ele produz.*
— TRENT SHELTON

## Reformule a sua individualidade

**E se aquilo que achava estranho, peculiar, único ou *errado* em você fosse, na verdade, uma das mais *certas* em você?** Quando reformula a sua singularidade como algo grandioso, uma força, uma aventura, uma qualificação exclusiva, coragem, uma dádiva nova, você começa a reformular a própria percepção da sua singularidade e começa a associar a própria identidade a essas palavras mais fortalecedoras. É uma potente ferramenta para aumentar não apenas a crença em si, mas também o que considera verdadeiro sobre a sua identidade e o seu valor. Quando muda o significado que atribui à parte da sua singularidade que, anteriormente, poderia tentar esconder, você muda a sua vida.

*Se você se sentir confortável consigo mesmo e se conhecer, vai brilhar
e resplandecer, e as outras pessoas se sentirão atraídas por você.*
— DOLLY PARTON

Se você for como eu, já foi chamado de *estranho*, *esquisito*, *louco* ou [preencha a lacuna]. Caso ainda não tenha sido, poderá ser chamado dessa forma quando começar a se mostrar como é. Tente substituir essas palavras por palavras como *primeiro*, *pioneiro*, *visionário*, *corajoso*, *único* ou *especial*, porque elas realmente começam a impactar quem você acredita que é. Uma das maiores forças na natureza humana e no sistema de crenças é a necessidade de permanecermos coerentes com a nossa própria identidade ou com a forma como nos identificamos. Isso significa que se você acreditar que algo sobre a sua identidade é verdadeiro, o seu cérebro fará uma varredura e destacará provas que reforcem isso. Então, quando rotula a sua singularidade com palavras que enfraquecem o seu poder, você expressa essas palavras e essa identidade na prática; se rotular a sua singularidade ou o seu pioneirismo com palavras como *louco*, *estranho*, *esquisito*, *desagradável*, *rejeitado*, *falido*, *defeituoso*, então você esconderá essa parte de si mesmo a todo custo ou, pior, se identificará com elas e acreditará ser isso. Você formará uma crença negativa e limitadora em torno da sua singularidade. Quando reformula a sua originalidade como algo grandioso, uma força, uma aventura, uma qualificação exclusiva, uma celebração da sua coragem, uma dádiva, reformula também a própria percepção da sua singularidade e começa a associar a sua identidade a essas palavras mais fortalecedoras.

*Se você tiver a sorte de ser diferente, nunca mude.*

— TAYLOR SWIFT

Quando vivemos nos escondendo do nosso pioneirismo e da nossa singularidade, acreditando que isso seja uma coisa negativa, ofuscando a nossa luz, subestimando as nossas habilidades, nos apequenando, confundindo aprovação com amor, ou bajulando pessoas e nos afastando do nosso caminho, corremos o risco de abandonar a nossa verdade e nunca nos tornamos a pessoa que nascemos para ser.

TENHO DUAS PERGUNTAS que só você poderá responder:
Quem você seria se vivesse assumindo seu pioneirismo e tudo o que você é? Quão libertador seria se decidisse vivenciar a sua resposta?

*Retire a sua armadura. Ouse ser vulnerável,
ouse se revelar e ouse ser você mesmo.*

— MARIA SHRIVER

Você, neste momento, à sua maneira, é o primeiro. A única pessoa em todo o universo com as suas impressões digitais, as suas impressões dos dedos dos pés, as suas íris nos olhos. Sim, não existe mais ninguém com essas mesmas coisas. E essas são apenas algumas características externas. As suas características internas únicas e as dos seus pensamentos e das suas emoções são infinitas. Quando você é autêntico, se torna o primeiro. Embora seja tentador se esconder, não se arriscar, se apequenar, ofuscar a própria luz ou se mostrar igual a todo mundo na esperança de ser amado, você não conseguirá experimentar um amor verdadeiro a menos que assuma quem de fato é. Esconder a sua singularidade pode parecer seguro, mas você nunca será capaz de impactar e de servir o mundo da maneira para a qual foi criado.

Existe apenas um único você e sempre existirá apenas um, então não se esconda. Seja a sua melhor versão. Seja o mais vivo você, em toda a sua plenitude. O mais peculiar você. O mais sincero você. O mais tolo você. O mais corajoso você. O mais ousado você. O mais completo e amoroso você. O mais espetacular você. Seja o único, o verdadeiro, o insubstituível você... O PIONEIRO.

**P.S.** Escrevi um poema intitulado "Você não é louco, é só o primeiro", da minha alma para a sua, que adoraria compartilhar com você. Ouça aqui, em inglês, como parte desta experiência de leitura gratuita e imersiva, em WorthyBook.com/Poem, ou escaneie o seguinte QR code para ver o vídeo.

## CAPÍTULO 4

## Há grandeza em você

*O passado não acontecer como você queria não significa
que o futuro não possa ser melhor.*

— ANÔNIMO

TODOS TEMOS GRANDEZA dentro de nós. Parte do desafio da vida é aprender a acreditar nisso por conta própria. Sendo assim, temos de desbloquear essa grandeza e libertá-la, o que não acontecerá até acreditarmos que somos dignos dela. Quando a afugentamos, corremos o risco de duvidar do nosso destino.

**Existem muitas razões pelas quais duvidamos dela**, algumas nos foram ensinadas e outras inventamos. Acreditamos que os outros têm talentos e dons especiais, e nós, não. Acreditamos que o sucesso é algo que acontece com os outros, não com pessoas que cometeram os erros que cometemos, que têm um passado como o nosso, ou que cresceram em um ambiente — família, vizinhança, formação religiosa — desfavorável. **Muitos vivem a vida inteira se afastando da própria verdade, sem nunca se tornarem a pessoa que nasceram para ser.**

Nunca é tarde para reverter isso. Nunca é tarde para um novo começo. Você nunca é jovem ou velho demais para começar. Nunca é tarde para começar a própria jornada rumo à valorização. Nada do que aconteceu na sua vida ou no seu passado o desqualifica para isso. Nunca é tarde para enxergar a sua grandeza e aprender a acolhê-la, assumi-la e compartilhá-la com o mundo. Acredito que fomos criados para isso. O problema é que, muitas vezes, permitimos que erros, infortúnios, contratempos injustos e rótulos do passado nos paralisem e nos impeçam de prosseguir.

Se já ouviram falar de mim, é graças à história do meu negócio bem-sucedido. Ou melhor, por conta da minha história de suportar anos de incontáveis rejeições e contratempos enquanto desenvolvia a IT Cosmetics. Depois de flertar bastante com a falência tentando manter o meu negócio, consegui expandi-lo até que tivesse mais de mil funcionários. A empresa ficou tão grande que desejei ampliar sua missão globalmente, o que exigiu uma equipe muito maior. Foi por isso que, em 2016, a vendi para a L'Oréal. Foi a maior aquisição da história da multinacional francesa nos Estados Unidos. Assim, me tornei a primeira mulher a ocupar o título de CEO de uma marca da L'Oréal em mais de um século de existência. Uma jornada árdua até o sucesso. Só que a jornada ainda mais longa e ainda mais árdua da minha vida, que percorro até hoje, tem a ver com o sentimento de que tenho valor. Uma jornada que me ensinou que o passado e, sobretudo, os erros cometidos, não nos definem. Rótulos, palavras duras que atribuímos a nós mesmos ou direcionadas a nós por outras pessoas não são permanentes. Aprendi que **o lugar de onde viemos não determina para onde vamos. O passado só conseguirá detê-lo se você continuar preso a ele. Aprendi isso porque me senti assim por muito tempo, e só consegui a me libertar depois.**

Vou compartilhar algumas coisas muito pessoais neste capítulo. Eu cheguei a excluí-las e as acrescentei novamente. São coisas que compartilhei apenas com algumas das pessoas mais próximas a mim. São verdades que muitos membros da minha família ficarão conhecendo pela primeira vez neste livro. Mas sei que parte do chamado da minha vida é ajudar os outros a se sentirem *menos sozinhos* e mais *suficientes*. Essa missão é maior do que eu, e maior do que qualquer medo que eu sinta de ser julgada pelo que vou compartilhar. Então, *respire fundo*... Aqui vamos nós.

Fui criada por uma mãe amorosa e trabalhadora, a super-heroína Nina, e um pai alcoólatra, Mike, que me amou o melhor que pôde dentro de suas capacidades. Eu ansiava mais pelo amor do meu pai, porque era o mais difícil de conseguir. Quase todas as manhãs, a única coisa que ele queria ao acordar era uma cerveja. Muitas vezes, eu aguardava ao lado da cama com uma latinha de cerveja na mão, esperando que, se eu lhe desse o que ele queria, ele me retribuiria com o tempo e o amor que eu desejava. Na maior parte das manhãs, ele me agradecia pela cerveja, dizia "bom dia", e a conversa terminava por ali. Em outras ocasiões, eu apreciava quando ele me ensinava a andar de bicicleta ou me levava ao lago local para remarmos juntos em um barco inflável — que, muitas vezes, batia em uma pedra e começava a esvaziar no meio do passeio, e aí tínhamos de remar freneticamente de volta à costa naquele barco inflável quase sem ar. Sempre conseguíamos voltar à terra firme. Mesmo sendo uma garotinha, eu me lembro de sempre saber que, de alguma forma, conseguiríamos nos safar.

À medida que fui crescendo, a escola não me parecia um sacrifício, mas, muitas vezes, eu vivia no meu mundinho, quase sempre sonhando em como conseguir o que eu sentia falta: atenção, validação, valorização. Meus pais se divorciaram quando eu tinha 6 anos e se casaram com outras pessoas. O meu padrasto Dennis e a minha madrasta Laura eram gentis e amorosos. Eu morava com a minha mãe e Dennis, que trabalhavam por horas, sete dias por semana. Ficava muito tempo sozinha e, como mencionei, a minha amiga mais próxima enquanto eu estava crescendo era Oprah, na TV da sala. Ela apresentava histórias de outras pessoas, me ajudando a me sentir menos sozinha. Em uma entrevista que se tornaria famosa com Barbara Walters, Oprah compartilhou, certa vez, como ela sempre soube que *havia nascido para ser grandiosa*. Aquelas palavras tocaram os corações de muitas meninas e mulheres pelo país, pois elas não conseguiam definir com as próprias palavras a percepção de que também haviam nascido para isso — inclusive eu. Aquelas palavras me pareciam verdadeiras. Muitas vezes, me imaginava apresentando um programa tal como Oprah e compartilhando as histórias de outras pessoas com o mundo. Ao mesmo tempo, parecia um sonho muito fora do meu alcance. Eu estava cercada por mensagens que reforçavam como *coisas assim não aconteciam com pessoas como eu*.

NA ADOLESCÊNCIA, COMECEI a andar com uma turma problemática. Não era o tipo valioso de jovens provocadores que fazem a sociedade avançar. Como, de modo geral, os meus pais viviam trabalhando, eu passava muito tempo sozinha em casa e ajudava amigos que não contavam com situações confortáveis em seus respectivos lares. Aos 12 anos, deixei uma amiga que estava namorando um cara muito mais velho guardar as armas dele no sótão da minha casa. Meus pais nunca souberam disso. Então, aos 14 anos, tive o meu primeiro namorado sério, que, com seus amigos, tinha o hábito de roubar carros e revender as peças. Eles observavam um Honda Accord de um ano específico, porque era possível dar partida no carro com uma chave de fenda na ignição. Eu não aprovava aquilo, mas, ainda assim, aproveitava os passeios. Muitas vezes, me via participando de "pegas" com o meu namorado ao volante e com pessoas que eu mal conhecia dentro do carro. Meus pais nunca souberam o que eu fazia quando "estava com os amigos".

Uma tarde, minha sorte virou. O meu namorado, dois adolescentes mais velhos e eu estávamos saindo do estacionamento de um shopping em um carro recém-roubado quando vimos luzes vermelhas e azuis piscando no retrovisor. O carro foi cercado e levantamos as mãos. De uma hora para outra, tudo mudou.

"Saiam do carro!", gritou o policial ao megafone. Com as mãos erguidas para o alto, fomos empurrados contra uma parede, revistados, algemados e colocados na caçamba dos camburões da polícia. Foi a primeira e única vez na minha vida em que fui algemada. Eu chorava enquanto tremia dentro do carro, sentada, sem saber o que viria a seguir. Ao mesmo tempo, fui tomada por uma sensação de pertencimento. Aquela prisão me propiciava a adesão a um clube tácito — o meu novo círculo de amigos acharia aquilo muito legal. Parecia quase uma iniciação à rebeldia, uma legitimação da reputação construída nas ruas, um emblema de mau comportamento. "*Isso é grandioso para eles*", pensei. Então, o medo retornou, me invadindo como uma enxurrada, enquanto eu me perguntava se tinha acabado com o futuro dos meus sonhos. "Será que dariam um programa para Oprah apresentar se ela tivesse ido para a cadeia?", me questionava, com a esperança se esvaindo.

Fui levada para a área de detenção e colocada em uma sala, sozinha. Pela pequena janela, pude avistar uma mesa gigante onde policiais estavam sentados cuidando da papelada. Era um fim de tarde de sexta-feira. As horas se passaram, e só fui ouvir vozes familiares à noite — de minha mãe e de Dennis. Eles tinham ido para me tirar de lá. Eu receava vê-los, temendo a enorme decepção estampada em seus rostos. Minha mãe devia estar chateada. Então, de repente, pela pequena janela retangular, pude vê-los indo embora. "O que está acontecendo?", pensei. "Para onde estão indo? Por que estão indo embora?"

Por fim, descobri que, por ser sexta-feira à noite, eles não conseguiriam me levar para casa. Eu ficaria em um centro de detenção juvenil até segunda-feira, quando poderia comparecer perante um juiz que decidiria sobre o caso. As outras pessoas que estavam no carro foram levadas para instituições separadas, e a única outra menina, de 18 anos, foi para a prisão. Eu estava sozinha. Tinha apenas 14 anos, e por isso fui para o reformatório. A minha mente foi inundada por todas as histórias que tinha ouvido e visto na TV sobre o que acontece nesses lugares.

Fui transferida em uma van da polícia, algemada, para o centro de detenção, onde me pediram para colocar todas as minhas roupas e pertences dentro de um cesto para armazenamento e me deram duas calças e uma camisa, tudo na cor laranja. Fui escoltada até a área do chuveiro, onde fui revistada e, depois, orientada a tomar banho sob supervisão. Eu estava ansiosa, constrangida e apavorada. A água do chuveiro era fria. Segui as instruções dadas e tentei ser forte, mesmo me sentindo impotente. Vesti a roupa, as meias e as sandálias de plástico. Recebi um pente de plástico para o cabelo e fui escoltada até uma cela. O espaço estava superlotado e todas as camas, ocupadas, então me deram um colchão no chão.

Os dois dias seguintes pareceram uma experiência extracorpórea. Rapidamente, descobri de quem eu não deveria me aproximar e como evitar uma briga, ao mesmo tempo que permaneci em alerta máximo, sabendo que um desentendimento poderia eclodir a qualquer momento. Senti o peso de saber que a minha família deveria estar desesperada. Eu estava com vergonha e arrependida. Eu não apenas tinha feito algo *ruim*, como também não conseguia afastar a ideia de que talvez eu *fosse*, de fato, uma pessoa *ruim*.

Enfim, a segunda-feira chegou e fui levada ao tribunal. Fui confiada a um representante legal, mas, até hoje, não me lembro de ter conversado com aquela pessoa previamente. Eu estava preocupada com o que deveria dizer, se precisaria mentir, se os meus amigos estariam no mesmo tribunal, se suas histórias coincidiriam, ou se eu deveria dizer a verdade. Estava receosa com o que aconteceria se eu ficasse presa por muito tempo, com o que eu havia feito da minha vida. Fiquei com medo de ser expulsa do colégio.

Eu não sabia que poderia ter quaisquer direitos e era ignorante a respeito do funcionamento do sistema legal, então deixei que o que tivesse de acontecer, acontecesse. Quando menina, aprendi a não questionar nem desafiar a autoridade, por isso não o fiz. Fiquei diante do juiz me sentindo impotente e com medo. Em segundos, ele decidiu que, como eu não tinha nenhum antecedente criminal e a unidade estava superlotada, eu teria de cumprir horas de serviço comunitário, mas seria solta naquele mesmo dia. Contive as lágrimas e senti uma profunda sensação de alívio. Parecia que um momento de graça havia tocado a minha vida, mas, no íntimo, eu sentia que não o merecia.

Eu GOSTARIA DE dizer que ser solta foi o marco de um recomeço, mas não foi isso o que aconteceu. Fui atraída de volta para o mesmo grupo de amigos no qual me sentia amada, visível e importante. Perdia muitas aulas porque estava trabalhando para economizar dinheiro suficiente e comprar um carro. Quando consegui comprá-lo, eu o usei para ir a vários lugares, menos para o colégio. Fui eleita a "Maior Procrastinadora" no anuário do ensino médio. Isso me magoou bastante, mas era verdade. Eu era inteligente o bastante para conseguir fazer uma fração dos meus trabalhos escolares e, embora muitas vezes atrasasse as tarefas, minhas notas eram altas para obter a média de aprovação necessária — o que escondia a minha turbulência interna.

Entre mudanças de escolas e casas, o meu grupo de amigos acabou se dispersando. Depois de passar por vários empregos, concluir o ensino médio e conseguir um trabalho bem remunerado em uma academia de ginástica, eu morava em um apartamento próprio. A academia onde trabalhava valorizava o desempenho nas vendas mais do que a experiência profissional, e a gerência percebeu que, se eu mostrasse o espaço aos novos clientes potenciais e depois lhes apresentasse as opções de adesão, o meu volume de vendas seria muito maior do que, até mesmo, a experiente equipe de vendas. Eu me conectava com os clientes potenciais em nível pessoal, e logo fui promovida de recepcionista a vendedora. Depois, a gerente de vendas. Aos 18 anos, era a responsável pela gestão de mais de 8 mil clientes, além de liderar uma equipe de vendas formada, principalmente, por homens com idades entre 35 e 65 anos. Não por ter experiência para isso, mas porque as minhas vendas superavam as de todos os outros. Um dos homens da equipe — vamos chamá-lo de Brad — tinha 37 anos, e era o cara mais atraente que já havia me dado atenção. Ele parecia uma celebridade para mim, e muitas mulheres da academia também prestavam atenção nele. Brad sempre namorava várias ao mesmo tempo, mas saber disso não me desanimava. Sem dizer nada, eu perdia o fôlego cada vez que ele passava por mim. Então, um dia, ele manteve um contato visual comigo um pouco mais prolongado do que o normal. Em um instante, eu soube que não éramos mais apenas colegas. Ah, eu era a chefe, embora ele tivesse quase o dobro da minha idade.

*Existe um encanto no proibido que o torna indizivelmente desejável.*

— MARK TWAIN

Brad e eu mantivemos o nosso romance em segredo por causa do trabalho. À medida que os meus sentimentos foram ficando mais fortes, vê-lo ficar com várias mulheres se tornou doloroso. Pedi para sermos um casal monogâmico, mas ele respondeu que não era o estilo dele. Me restou tomar uma decisão: desistir do relacionamento, ou permanecer e desistir de mim. Decidi desistir de mim.

Quando estava com ele, me sentia visível, adorada e querida. Quando estávamos separados, me deixava consumir pela dor de saber que ele estava com outra pessoa.

**Na vida ou nos relacionamentos, nunca atrairemos ou manteremos mais do que aquilo de que acreditamos ser dignos.** Eu não sabia disso na época, ou ainda não entendia. O que eu sabia era que aquela situação não correspondia à grandiosidade que eu sentia ter dentro de mim ou que esperava que surgisse na minha jornada.

Continuei ganhando cada vez mais dinheiro, mas, muitas vezes, me perguntava: "Será que só existe isso? Vou fazer isso para sempre?" Na calada da noite, ficava pensando: "E aquele programa de entrevistas?" Comecei a me interessar em fazer faculdade. Minha mãe queria muito que eu fosse a primeira da família a ir para a faculdade e, naquele momento, com o dinheiro que ganhava na academia, imaginei que, se usasse todas as minhas economias, poderia pagar pelo menos um semestre. Talvez eu pudesse aprender algo sobre a indústria da televisão.

*Na vida ou nos relacionamentos, nunca atrairemos ou manteremos mais do que aquilo de que acreditamos ser dignos.*

Quando comentei com meu pai Mike sobre a ideia da faculdade, ele ficou transtornado. "Você está louca? Veja quanto dinheiro está ganhando. Deveria continuar trabalhando na academia." Na época, eu ganhava mais dinheiro do que ele, que tinha um emprego formal em uma linha de montagem, trabalhando em turnos rotativos. Com mais de 50 anos, trabalhava ali há décadas, e sua filha de 18 anos estava ganhando mais do que ele.

*Devemos parar de pedir indicações de lugares a pessoas que nunca estiveram lá.*
— GLENNON DOYLE

Na agitação diária da academia, me sentia realizada e valorizada porque vendia mais do que todo mundo. Essa validação pode ser facilmente confundida com amor. Entretanto, no silêncio do meu apartamento, não conseguia afastar a sensação de que havia muito mais reservado para mim nesta vida. Decidi confiar na minha intuição. Fiz a inscrição e me matriculei no semestre de verão da faculdade estadual. Larguei o emprego, fiz as malas e decidi me dedicar à minha própria grandiosidade.

Me candidatei a empregos no supermercado e nos restaurantes locais da cidade universitária. Consegui dois empregos de meio período, um cortando carne na delicatéssen do supermercado e outro como garçonete no Denny's, onde trabalhava durante a semana, depois das aulas. Mas eu sentia falta de algo que tinha na academia — eu ainda confundia atenção com amor. E validação externa com amor. E importância com amor. Tive a ideia de dirigir até a cidade mais próxima, a cerca de uma hora e meia de distância da cidade universitária. Passei diante de um grande clube de striptease e decidi entrar. Na época, não entendia que, por não me amar e por não me valorizar, eu tentava encontrar amor apelando para a atenção de qualquer pessoa. Independentemente da intenção daquela atenção.

**Quando não acreditamos que somos suficiente à nossa maneira, atenção começa a parecer amor, valorização começa a parecer sucesso, e validação começa a parecer merecimento.**

Ao entrar no clube de striptease, avistei mais de dez dançarinas e uns trinta clientes sentados às mesas, a maior parte deles sozinho ou com uma dançarina ao lado. O ambiente estava escuro e enfumaçado. Havia um bar e algumas plataformas com luzes e barras. "Deve ser divertido dançar aqui...", pensei. "Acho que conseguiria pagar a faculdade dessa maneira." Mas, sendo uma pessoa introvertida, não tinha coragem para fazer aquilo. Entre os frequentadores do clube, reparei que havia garçonetes, vestindo calça preta e camisa branca, carregando bandejas de bebidas. Chamei uma delas e perguntei há quanto tempo ela trabalhava ali.

— Há alguns anos. As gorjetas são ótimas. Recebemos comissão por cada refrigerante que vendemos. Em um dia bom, ganho algumas centenas de dólares em um único turno — respondeu ela.

— Nossa, e você também dança?

— Não, ainda não, mas quem sabe um dia...

A garçonete me encorajou e me candidatei para trabalhar lá naquele mesmo dia. Fui contratada como garçonete. Deveria comparecer todo dia vestindo uma camisa branca e calça preta, vender bebidas mediante comissão e incentivar os clientes a comprarem mais um drinque para cada dançarina com quem conversassem. As dançarinas também recebiam uma comissão por cada bebida vendida e sempre expressavam para o cliente como estavam sedentas. Aprendi bem rápido as regras do jogo.

PASSEI O MEU primeiro verão na faculdade trabalhando após as aulas no supermercado local e como garçonete no Denny's. Nos fins de semana, ia e voltava de carro até a cidade, trabalhando como garçonete no clube de striptease. Ninguém da minha família aprovaria o que eu estava fazendo, de modo que mantive tudo em segredo. No clube, desenvolvi uma noção de comunidade com as minhas colegas garçonetes e dançarinas. Conheci suas histórias e desenvolvi amor e respeito por muitas delas. Assim como tristeza e angústia por outras.

A maioria afirmava que fazer striptease era algo temporário. No caso de muitas, aquele "temporário" não parecia ter um prazo final. Havia mães solteiras ou provedoras de famílias mistas. Muitas estavam determinadas a quebrar ciclos geracionais de dependência ou abuso, ou tinham grandes esperanças de um futuro melhor para os próprios filhos. Algumas haviam se fechado ou desenvolvido muralhas tão espessas que eu me perguntava que tipo de dor poderia tê-las construído. A maioria era gentil e vulnerável, e fazia o que podia para sobreviver e sustentar a família, as contas e as batalhas diárias. Muitas sonhavam em se tornar enfermeiras, corretoras imobiliárias ou assistentes sociais quando "saíssem de lá". Embora muita gente possa considerar um clube de striptease como algo vergonhoso, desenvolvi um profundo sentimento de respeito e apreço por aquelas mulheres trabalhadoras, inteligentes e fortes, do tipo que encontrei em qualquer local de trabalho ao qual me submeti.

Aprendi que as mulheres julgadas e tidas como párias ou vergonhas são, na verdade, pessoas com grande coração e espírito guerreiro, que, muitas vezes, fazem o melhor que podem, da melhor maneira que sabem. Assim como todos nós. Elas alimentam esperanças em relação aos filhos e anseiam pelo mesmo amor que a gente. Desejam o fim de ciclos geracionais e querem ser bem-sucedidas. Percebi que o ambiente em que elas se encontravam, seja por escolha, seja por necessidade, dificultava a conquista desses objetivos. Aprendi que não eram diferentes das mulheres sentadas ao meu lado nas turmas da faculdade, ou das que serviam mesas comigo no Denny's, ou das que faziam compras no supermercado. **No fundo, todas nós estamos tentando superar o sentimento de *não ser suficiente*; todas nós estamos nos esforçando para desenvolvermos o sentimento de pertencimento e tentando acreditar que somos dignas de amor.**

EU TINHA 19 anos e me sentia perdida. Apesar de estar desenvolvendo empatia e respeito pelas novas amizades que vinha fazendo, ainda cometia erros e fazia escolhas erradas. A minha amizade dentro do clube de striptease com um cliente bonito logo se transformou em um romance fora dele. Ele me contou que um de seus passatempos era colecionar armas de fogo e, em um encontro, me levou a um campo de tiro para me ensinar a atirar. Na primeira vez que disparei uma arma, mesmo usando fones de ouvido, o barulho foi tão alto que repercutiu por todo o meu corpo. Fiquei mais assustada do que interessada.

Quanto mais eu sabia sobre aquele namorado, mais percebia como éramos diferentes. Uma noite, enquanto íamos da cidade para o meu alojamento na faculdade, decidi terminar.

"Não acho que somos certos um para o outro. Acho que deveríamos ser apenas amigos", falei. O semblante dele se fechou e ele passou a encarar a estrada. A energia dentro do carro mudou. Ele ficou muito quieto, e uma sensação de medo tomou conta de mim. No banco de trás, ao alcance do braço, havia várias armas. Dei uma olhada de relance. Percebi que estava sozinha com um homem que eu não conhecia muito bem, em um trecho escuro e bastante desolado da rodovia, faltando quase uma hora para terminar a viagem. "O que há de errado comigo?", pensei. "O que estou fazendo com a minha vida?" Comecei a pedir a Deus para que eu pudesse chegar em segurança ao alojamento. Na época, eu não acreditava em Deus, mas comecei a orar mesmo assim. Assustada, entrei no modo hiperalerta, certificando-me de que a minha porta estava destrancada, caso eu tivesse de abri-la e me jogar para fora. Fiquei conjecturando cenários de resolução de problemas enquanto rezava para que eles não acontecessem. Para o meu alívio, o cara me deixou na frente do alojamento, e nunca mais o vi.

*No silêncio, você sente que muito mais do que isso lhe foi reservado?*

Sem as palavras, a experiência de vida ou o conhecimento para entender o porquê, me vi em uma fase de desalinhamento. De incongruência com a minha alma. A vida que eu estava levando não parecia aquela para a qual vim a este mundo. Eu estava adorando a faculdade, mas procurava amor nos lugares errados. Eu fazia escolhas *erradas* e continuava pensando em mim mesma como uma pessoa ruim e cheia de defeitos. Isso não pareceria muito verdadeiro se eu me permitisse refletir por mais tempo. Mas, se eu namorava caras que mentiam, roubavam e traíam, e ficava com eles apesar de tudo isso, então me achava tão ruim quanto. **Se precisava do amor de outras pessoas, eu não era amável para mim mesma.**

Você já se sentiu assim ou teve experiências semelhantes? Já sentiu como se estivesse aprendendo a mesma lição repetidas vezes? Já sentiu que estava procurando o amor em todos os lugares, exceto dentro de você?

Dois pontos críticos de inflexão, dois momentos cruciais, estavam prestes a mudar o curso das minhas decisões e do meu futuro. Eu estava prestes a descobrir novas maneiras de compreender o amor e a valorização, e a partir dali, eu embarcaria no que se tornaria uma jornada contínua de compreensão da verdadeira natureza de ambos.

Eles começaram a abrir os meus olhos de maneiras novas e transformadoras. O primeiro momento veio quando um grande amigo meu me apresentou à fé e a Deus de uma forma que fez sentido para mim. Comecei a considerar os versículos da Bíblia que dizem: "Você foi feito à Sua imagem", "Você pode todas as coisas em Cristo, que o fortalece", "Deus está dentro dela; ela não cairá", "Deus é amor", e muitos outros ensinamentos que me afirmavam que eu era incondicionalmente amada e valorosa. Meu amigo me levou a uma igreja que acolhia todos os tipos de pessoas, sem julgamento, e naquele dia o sermão que o pastor proferiu me fez chorar. Foi como se a minha alma reconhecesse a verdade de que fui criada com propósito, de propósito e por amor. Por muito tempo, tive mais dúvidas sobre Deus do que sobre a fé em si. Demorou muitos e muitos anos para que aquelas palavras criassem raízes, mas, naquele momento crucial da minha vida, decidi considerar que talvez houvesse uma verdade ali. A minha mente ainda não acreditava nelas, mas a minha alma sim. E aquilo começou a me transformar.

O segundo momento veio na forma de algo muito parecido com um filme de Hollywood. Eu já tinha visto várias vezes um comercial na TV com um cara chamado Tony Robbins, que treinava todo mundo, desde presidentes a atletas olímpicos. Nesse comercial, ele estava vendendo uma fita cassete chamada *Personal Power* [*Poder pessoal*, em tradução livre] sobre como mudar sua vida. Comprei uma e a ouvi. Então, usei o dinheiro das gorjetas que tinha economizado nos meus vários empregos como garçonete para participar de um evento dele ao vivo. Quando entrei pelos fundos da enorme sala, parecia haver 10 mil pessoas lá dentro. Elas estavam todas pulando, gritando e dando risada. Fiquei preocupada, parecia estar entrando em algum tipo de seita. Me sentei em um assento na última fileira da sala, perto da saída, caso precisasse escapar rapidamente. Decidi aguentar firme, já que tinha pago por aquele lugar com o dinheiro das minhas tão suadas gorjetas.

Naquele dia, aprendi o que é uma crença limitadora e como mudá-la. Decidi que o passado e os meus erros não iriam mais ditar como eu me sentia em relação ao potencial futuro. Esses conceitos começaram a mudar a minha vida. O seminário inspirador deu início à minha paixão e ao meu amor pela leitura de livros sobre desenvolvimento, crescimento e psicologia pessoais, e à minha obsessão em compreender como cada um de nós tem o poder de mudar o significado que atribuímos às próprias histórias. À medida que aprendemos a fazer isso, transformamos nossas vidas, o nosso potencial e o nosso futuro no processo.

QUANDO MOMENTOS ASSIM invadem a nossa vida, quase nunca são capazes de alterar padrões arraigados e duradouros que desejaríamos alterar da noite para o dia. Na verdade, para mim, eles foram apenas o primeiro passo. Mas foi um passo em uma nova direção, em um novo caminho. Larguei o meu emprego no clube de striptease. Durante o verão em que trabalhei lá, não cheguei a passar de garçonete a dançarina. A minha trajetória terminou antes mesmo de eu reunir coragem, ou um verdadeiro desejo, de subir ao palco. Passei os anos seguintes trabalhando para entender por que eu confundia atenção, realização e validação externa com amor e valorização. Comecei a acreditar que eu era capaz de curar a minha vida, e que o poder para criar o futuro com que eu sonhava estava dentro de mim. Embora eu não tivesse certeza de como, estava determinada a acreditar que aquilo iria acontecer. E que eu era digna de que aquilo acontecesse.

Tornei-me a primeira pessoa da minha família a se formar numa faculdade. Naquele ano, fui a oradora da turma da Universidade Estadual de Washington, concluindo o curso com 4 de média e me apresentando na cerimônia de graduação. Até então, ou, pelo menos, até a publicação deste livro, ninguém sabia que a oradora da turma havia trabalhado em um clube de striptease. Continuei me dedicando com afinco para acreditar que o meu passado não precisava determinar o meu futuro. Continuei focando o desenvolvimento da minha fé, tanto em mim mesma quanto em Deus. Seria preciso mais uma década até que eu acreditasse que Deus poderia, de fato, existir. Desaprender crenças limitadoras e ter convicção

*Cada contratempo é uma configuração orquestrada pelo Divino para o que estamos destinados a fazer.*

de que sou digna de amor se tornaria minha jornada permanente, que continua até hoje.

Fui tomando várias decisões em que optei por confiar em mim mesma. Me desviei algumas vezes e tive alguns percalços. Ocasionalmente, me pegava repetindo velhos padrões, como arrumar um namorado alcoólatra que não correspondia ao meu amor — se eu tivesse ficado com ele, teria acabado repetindo o ciclo em que fui criada. Ou fazer amizade com pessoas que me machucavam. Em cada uma dessas ocasiões, comecei a reconhecer a situação mais rápido e fiz o que parecia correto para mim. Mais tarde, passei por uma fase de depressão e ansiedade. Tornei-me a primeira pessoa da família a buscar a terapia como prática regular. Continuei pedindo a Deus que concedesse graça à minha vida, mesmo em todos os anos em que duvidei de Sua existência. Ela continuou se manifestando. A escuridão continuou a me tentar, mas, no íntimo, eu sabia que tinha nascido para ser luz.

Após a formatura, levei muito a sério cada emprego que consegui e comecei a desenvolver minhas habilidades de liderança. Explorei diferentes setores na indústria, até uma empresa de tecnologia durante a emocionante expansão das pontocom, onde me destaquei em vendas e continuei progredindo. Fui a primeira pessoa da minha família a ingressar na pós-graduação e obtive meu MBA pela Universidade de Columbia. Comecei a perseguir a minha paixão de contar histórias de outras pessoas escrevendo para o jornal acadêmico.

Acabei investindo no meu sonho de compartilhar histórias alheias com o mundo, assim como a minha heroína de longa data, Oprah. A essa altura, você já deve estar familiarizado com o restante da história: no meio do sonho de trabalhar na televisão com o objetivo de lançar um programa de entrevistas, enfrentei um contratempo: o problema de pele no meu rosto que parecia comprometer a minha carreira na televisão. Tomei um atalho e abri, na sala da minha casa, um negócio próprio que ajudaria outras mulheres que lidavam com problemas de pele a se sentirem vistosas e bonitas. Confiei que cada contratempo era uma configuração orquestrada por Deus para o que eu estava destinada a fazer a seguir.

Nunca havia compartilhado antes essas histórias, mas elas são parte crucial da minha jornada para acreditar que tenho valor e sou suficiente. Uma trajetória que continua se desenrolando a cada dia. Nunca julgue um livro pela capa, e nunca sabemos o que as outras pessoas estão enfrentando, ou as experiências pelas quais passaram até chegar aonde estão no momento. Muitas vezes, não conhecemos as experiências que elas viveram e, talvez, nunca tenham superado. Ou aquelas pelas quais ainda sofrem em segredo.

## Nós nos tornamos aquilo em que acreditamos

Ao compartilhar essas histórias, posso afirmar, de todo o coração e com grande convicção, que nos tornamos aquilo em que acreditamos. E que todas as coisas são possíveis. E que os nossos passos são ordenados. **Os contratempos são, quase sempre, preparativos para o que somos convocados a fazer.** Mesmo que não façam sentido em determinado momento.

**O passado, incluindo as partes que nos constrangem ou nos envergonham, nos torna a pessoa que estamos destinados a ser, com o conjunto de habilidades únicas que só desenvolvemos por causa dele.** Muitas pessoas tentaram analisar por que a IT Cosmetics fez tanto sucesso: nunca teve a ver com os produtos — apesar de eu acreditar nos produtos que criamos. Sempre foi uma questão de conexão com o cliente, o que levou à fidelização e ao amor pela marca. Tentávamos enxergar cada cliente, para entender o que queriam, precisavam e valorizavam. Tentávamos melhorar suas vidas. Não lançamos nenhum produto que não atendesse a esses princípios. Acredito que sem as experiências pelas quais passei, os fracassos, os percalços inesperados e as pessoas de todos os tipos que encontrei ao longo do caminho, eu nunca poderia ter construído um negócio de sucesso que se conectasse com milhões de mulheres. Tive a dádiva de conviver e de conhecer intimamente muitos tipos diferentes de pessoas, e isso me mostrou que a minha amiga que trabalha com entretenimento adulto quer as mesmas coisas que a minha amiga que serve no Denny's, que quer as mesmas coisas que a minha professora com incontáveis diplomas. Depois de ter tido a bênção de conhecer alguns dos formadores de opinião mais emblemáticos do mundo, sei que todos eles também querem o mesmo. Todos nós encontramos realização através do crescimento e da colaboração com os outros. Todos nós queremos nos sentir suficientes e amados. Estamos todos em uma constante busca para acreditar que somos dignos de ambas as coisas.

**A nossa jornada em direção à valorização está sempre acontecendo. É uma viagem para toda a vida que, se permitirmos, continuará se desenrolando todos os dias.**

Depois de vender a empresa fundada na sala da minha casa, dei minha palavra de que seguiria como CEO e a administraria por três anos. Foi o que fiz. Me dediquei e dobramos o tamanho do negócio nos dois primeiros anos após a aquisição. Ser a primeira mulher na história da L'Oréal a ocupar um cargo tão elevado e a superar expectativas e números, contribuindo para o sucesso de uma empresa de capital aberto, era extraordinário. Para a minha cabeça e para o meu ego. Então, tive um pressentimento de que deveria recuar. Fiquei arrasada. Após uma década de trabalho ininterrupto e, muitas vezes, pouco glamoroso para desenvolver um negócio, eu estava começando a ter acesso a coisas sofisticadas: participava das grandes festas do Oscar, andava sobre tapetes vermelhos e era convidada para locais que só tinha visto antes na televisão e no cinema. Mas, quando ia trabalhar com determinado estilista e uma grande e requintada equipe de beleza, me descobria muito mais interessada em suas histórias, dificuldades, triunfos e sonhos do que no privilégio de me beneficiar de seus talentos no meu rosto e no meu corpo. Eu me via no meu enorme e elegante escritório, maior do que muitos apartamentos em que já havia morado, sentindo que aquele era um lar temporário, não o local ao qual eu pertenceria por muito tempo.

Comecei a passar mais tempo absorvendo cada detalhe daquela nova vida e celebrando-o, como se soubesse que se tornaria apenas uma recordação. Levei um tempo para processar esse sentimento e logo tive uma sensação avassaladora de que deveria deixar tudo para trás e usar tudo o que aprendi até aquele momento para servir aos outros. A minha mente queria ficar, se divertir e saborear as coisas fascinantes que o mundo venera. Como as cerimônias de entregas de prêmios, as visitas de celebridades e o extravagante sofá acolchoado estilo Chanel com almofadas incrustadas de pérolas cor-de-rosa no meu escritório de conto de fadas. Contudo, eu já tinha aprendido a lição de que a validação externa não equivale ao amor verdadeiro. Tive de aprender esse ensinamento muitas, muitas e muitas vezes e, em certas ocasiões, ainda continuo aprendendo, mas hoje o meu entendimento é muito melhor. Porque **a validação externa nos faz bem, mas não preenche a alma.**

No outono de 2019, depois de cumprir o meu compromisso com a L'Oréal, me afastei definitivamente da IT Cosmetics, empresa à qual eu havia dedicado mais de uma década da minha vida, me despedindo de uma equipe que eu amava. Foi muito difícil. Eu sabia, porém, que era a coisa correta a se fazer. O meu instinto e a minha alma sabiam que era o mais justo. Eu tinha me empenhado ao máximo na missão de enxergar as mulheres como bonitas e valorosas, e de ajudá-las a se verem dessa forma por meio da empresa que criei. Pude contar com uma equipe incrível que se dedicou por completo a essa missão. Depois que a empresa foi comprada e eu não tomava mais decisões, era hora de confiá-la às mãos dos novos proprietários e me afastar. Decidi acreditar em mim mesma. **Quando tomamos a decisão de confiar em nós mesmos, as coisas acontecem como estão fadadas.**

*Não perguntar o que posso fazer, mas perguntar para que eu fui criado.*
— ETHAN WILLIS

Quando me desliguei da IT Cosmetics, escrevi o meu primeiro livro, *Believe IT*, enquanto comia compulsivamente cereais Lucky Charms e soluçava durante a maior parte do processo de escrita. Doei tudo o que ganhei com os direitos autorais — o que planejo fazer também com este livro. Até o momento, já foram centenas de milhares de dólares e milhões de refeições para as organizações Feeding America e Together Rising. Tenho a honra de financiar a formação de lideranças em centenas de unidades prisionais e abrigos para mulheres nos Estados Unidos. Acredito, de verdade, que o meu chamado para servir está apenas começando.

De presa em uma cela de detenção juvenil a mulher que financia formação de lideranças femininas em mais de cem unidades prisionais do país. De maior procrastinadora no anuário do ensino médio a melhor aluna e oradora na cerimônia de formatura na faculdade — e, mais tarde, eleita oradora da turma na pós-graduação. De garçonete do Denny's — e de servir bebidas

*A validação externa nos faz bem, mas não preenche a alma.* em clube de striptease — a empresária que doa milhões de refeições para quem sofre de insegurança alimentar. De economizar dinheiro de gorjetas para comprar um ingresso na última fila de um evento de Tony Robbins a fazer uma palestra ao lado dele em mais de uma dúzia de eventos, além de tê-lo como palestrante convidado nas minhas apresentações. Tive o meu próprio evento ao vivo, focado em ajudar as pessoas a se sentirem menos sozinhas e mais *suficientes*, com mais de 200 mil espectadores presentes. Apresentei 11 horas e meia de evento ao vivo e o disponibilizei de graça, para que pudesse impactar o maior número de pessoas possível. De assistir a Oprah na minha televisão quando era uma garotinha a lecionar ao lado dela como parte da aula "The Life You Want" e chamá-la não apenas de mentora, mas de amiga. Deixei de ouvir que não me encaixava na indústria da beleza para construir uma das empresas de maior sucesso nessa indústria, em grande parte porque eu *não* me encaixava nela. E, por enxergar as pessoas que a indústria da beleza havia ignorado até então, deixei de estar à beira da falência para ocupar a lista da *Forbes* de Mulheres Empreendedoras Mais Ricas dos Estados Unidos. Deixei de namorar homens que me maltratavam e não retribuíam para ser abençoada e me casar com Paulo, um ser muito bom e de alma generosa e amorosa. Tem sido uma jornada contínua, que teve início depois de mais de três décadas me sentindo sem valor e *insuficiente*. Somente insistindo no esforço para me sentir digna é que consigo atrair, ser atraída e me sentir merecedora de outras pessoas que me querem bem.

O lugar de onde viemos e o lugar onde estamos não determinam para onde vamos. **Onde você está agora na sua história importa menos do que a pessoa que você está se tornando.** Cometi, e ainda cometo, infindáveis erros. Muitas vezes, todos os dias. Só que hoje eu logo os corrijo, me perdoo mais rápido e reflito antes de vinculá-los à minha valorização ou identidade. Acordo entusiasmada e determinada a fazer todas as pessoas se sentirem visíveis e *suficientes*. Mesmo que seja pela primeira vez, ou pela primeira vez em muito tempo. É a missão da minha vida. Sou uma obra em construção nessa jornada. Me sinto honrada por estar envolvida nisso com você. Para mim, é o privilégio de uma vida.

## A graça está ao seu redor

*Quanto mais você reconhece a graça, mais ela aparece.*
— TONY ROBBINS

A graça é real e está presente na nossa vida. Na sua e na minha. Quanto mais a notamos, mais ela há de ser notada. A graça o circunda, está à sua frente e atrás de você, ao seu lado, abaixo e acima de você. Está no sussurro que lhe diz para tomar cuidado e nos momentos em que você se sentiu amado de forma incondicional. Está na proteção que não o deixou se desviar do caminho por muito tempo e que o manteve seguro quando se desviou. Está na borboleta que compartilha a própria beleza com você e no calor dos raios do sol. Está na porta fechada que você tanto tentou abrir, apenas para se sentir grato por isso não ter acontecido.

A minha história poderia ter sido muito, muito diferente. Pense nos momentos de graça na sua vida — um relacionamento que não deu certo (e, mesmo que tenha sido doloroso, agora você está MUITO agradecido por não ter dado certo), o golpe de sorte que surgiu do nada, a pessoa que acreditou em você mesmo sem você ter experiência, o acidente ao qual sobreviveu, o vício do qual se recuperará por toda a vida, o coração que está batendo agora mesmo dentro do seu peito — não importa quantas vezes tenha se partido, ainda está com você —, o dia em que o seu bebê nasceu com saúde, o emprego para o qual foi convidado mesmo sem se sentir qualificado, o estranho que lhe deu um sorriso gentil quando você estava tendo um dia ruim, a respiração com a qual preenche os pulmões neste exato momento e que significa que, sim, você está vivo — tudo isso pode exaltar deslumbramento, fascinação e beleza na jornada.

*Onde você está agora na sua história importa menos do que a pessoa que você está se tornando.*

Onde quer que esteja na história da sua vida, acredito que os dias melhores estão vindo, se você assim o desejar. Todos nós temos uma história e somos autores dela. **Nem sempre podemos escolher os personagens ou as narrativas, mas sempre podemos decidir o significado que atribuímos a**

**cada um deles.** Podemos decidir, como diz minha amiga Robin Roberts, se eles foram a *nossa bagunça* ou se serão a *nossa mensagem*. Podemos decidir se foram a *pior* ou a *melhor coisa* que nos aconteceu, em função do que aprendemos e da resiliência que construímos. Podemos decidir que aquilo de que fomos *vítimas* pode se transformar em *vitória* para nós mesmos e para outros, ajudando-os, em parte, a *superar* as mesmas dores que *já superamos*. **Talvez as coisas das quais vem se envergonhando nem sejam tão constrangedoras assim. Você tem o poder de decidir se deseja isso.** Podemos escolher se transformamos sofrimento em propósito. Podemos enxergar *contratempos* desafiadores como *configurações* para, imbuídos do espírito do serviço e do propósito, usar tudo o que passamos a fim de ajudar os outros a superá-las também. Honre a graça que lhe foi concedida e a transmita para alguém que precise dela.

> *Nem todos podem ser famosos, mas todos podem ser grandes.*
> *Porque a grandiosidade é determinada pelo serviço.*
>
> — MARTIN LUTHER KING JR.

Celebrar momentos graciosos nos lembra da *grandiosidade que é maior do que nós mesmos*. Podemos olhar para trás, repensar nos nossos maiores momentos de sofrimento e perceber que eles sempre aconteceram *por* nós, e não *conosco*. Eles nos guiam pelo caminho ao qual estamos predestinados, e nos ajudam a desenvolver resiliência e força para cumprir o chamado das nossas vidas, lembrando-nos da *grandiosidade que existe dentro de cada um*. Quando usamos tudo o que já enfrentamos para servir, de alguma forma, aos outros — *essa é a grandiosidade que nos define*.

PARTE II

# DESAPRENDER

*As mentiras que nos levam à dúvida e as verdades que despertam nosso valor*

## CAPÍTULO 5

# *A mentira:* Meu peso afeta meu valor

*As pessoas dizem: "A beleza está nos olhos de quem vê."
Para mim, a maior libertação em relação à beleza é perceber
que ela está nos seus olhos.*

— SALMA HAYEK

ESTA SEÇÃO ABORDA as *mentiras* que minam nossa autoconfiança e as *verdades* que despertam nosso valor. Quero começar destacando uma armadilha bem específica na qual muitos de nós caímos: a crença de que o número na balança afeta o quanto valemos e que precisamos alcançar um peso ideal para termos uma vida plena.

Quantos de nós imaginam que, ao atingir o tão desejado peso, teremos uma vida melhor? Iremos a festas, confraternizações. Nadaremos no mar em vez de ficarmos na areia, escondendo nossos corpos. Iremos tirar fotos sem nos esconder atrás do grupo. A mentira de que é preciso ter um peso ideal já lhe custou quanto? Seus relacionamentos foram afetados? E suas ambições, seu tempo e sua alegria? Já deixou de criar memórias ou de ter experiências por isso? Se o seu peso não for uma questão para você, pense no que o *puxa para baixo* e o faz postergar uma vida plena. Acredita que precisa acontecer algo para que possa aproveitar a vida ao máximo? Talvez seja o peso das expectativas dos outros — ou das suas próprias. Ou de crenças limitantes, ou daquela coisa sobre a qual você reclama e nunca aceita ou muda.

Este capítulo não fala de peso físico, e sim de como nós somos envolvidos pela mentira de que precisamos esperar *algo* para viver de modo pleno e para acreditarmos que temos valor. É um grito de libertação dessa temporada de espera.

Crenças limitantes são pensamentos nos quais internalizamos ou estados mentais que nos freiam de alguma forma. Podem ser transmitidas ou aprendidas ao longo do tempo e, às vezes, nem percebemos que as carregamos. Elas compõem nosso **sistema de crenças** (que vamos apelidar de "balela", porque é o que costumam ser), que pode impedir nosso progresso, nos manter estagnados e encher nossa cabeça de insegurança e falta de autoconfiança. Muitas vezes são histórias fantasiosas que contamos a nós mesmos ou que nos são ensinadas pelos outros.

A ideia de que se deve esperar o peso ideal para tirar uma foto, ir a uma confraternização, ter um encontro romântico, usar um biquíni e abrir uma empresa é uma mentira. Uma crença limitante. Uma parte do nosso sistema de crenças que é pura balela.

Um passo importante na sua jornada de construção de um amor-próprio inabalável é tomar consciência dessas ocorrências e aprender estratégias — como as que estamos explorando neste livro — para superá-las ou revertê-las. Identificá-las, vencê-las e substituí-las pode ser difícil, mas também pode ser a sua maior conquista. Uma das minhas ferramentas preferidas é perceber uma crença limitante potencialmente estagnadora e perguntar para a sua alma, o seu saber, a sua intuição, se aquilo é verdade ou não. Veja bem, acredito que a mente pode nos dizer diversas coisas, porém se pararmos e perguntarmos ao que sabemos, teremos respostas muito mais embasadas. Aprendi a confiar na minha alma e na minha sabedoria, em vez de na minha mente. Foi assim que tomei decisões cruciais no trabalho e também que aprendi a parar de esperar o peso ideal para viver.

**Vale anotar:** Para obter um guia de como fortalecer sua intuição e entrar em sintonia com sua sabedoria, acesse WorthyBook.com/Resources (site em inglês).

Um estudo mostra que, quando se trata de autoestima em relação ao corpo, 89% das meninas e mulheres se privam de atividades importantes quando não se sentem bem com a própria aparência — como socializar, se reunir com amigos e familiares e sair de casa. Você já fez isso? Eu já. Na verdade, as questões com meu corpo, que me acompanharam a vida inteira, me custaram mais tempo, energia e momentos de alegria do que aguento recordar.

Não usei biquínis ou maiôs dos vinte e tantos aos quarenta e poucos anos. Eu já tinha criado uma empresa que inspirou milhões de mulheres a acreditarem em si mesmas e transformado minhas crenças sobre a rosácea que eu tinha no rosto, passando a acreditar que essa "falha" era bonita e me dava poder. Ainda assim, não conseguia superar as inseguranças com o meu corpo. Nas fotos em grupo, eu ficava bem no fundo, atrás de todo mundo. Apesar de o meu marido não ligar para isso, sempre fiz questão de deixar as luzes apagadas no quarto. Tive de me esforçar muito para superar as minhas crenças limitantes e permitir que novas crenças se enraizassem o bastante para não me valorizar só depois de ALCANÇAR O PESO ideal.

O que me convenceu a mudar foi a dor de imaginar o custo de manter aquelas convicções aprisionadoras sobre mim mesma a longo prazo. Imaginei as aventuras que recusaria, o tempo que perderia me preocupando se as roupas cabiam ou tinham o caimento certo e os acontecimentos memoráveis que deixaria de ter. Pensei na alegria, na conexão profunda com os outros e nos momentos de que me privaria com meus filhos na piscina. Refleti sobre quanto essa crença limitante já tinha me custado e tive certeza de que não era verdadeira. Essa certeza, aliada ao exemplo de falta de amor-próprio que eu dava à minha filha, Wonder, foram a gota d'água. Quando ela fez 1 ano de idade, nós a levamos à piscina pela primeira vez. Estávamos em um hotel lotado. Apesar da multidão, que incluía pessoas conhecidas, botei um biquíni e fui em frente. Hoje em dia, depois de muito esforço e do uso de diversas ferramentas (que apresento neste livro), literalmente balanço minhas celulites com prazer quando uso um biquíni ou maiô, sabendo que uma mulher talvez as veja e se sinta menos sozinha e mais autoconfiante.

*Cada vez que uma mulher se defende, sem nem perceber que é possível, sem qualquer pretensão, ela defende todas as mulheres.*

— MAYA ANGELOU

Há um lugar no deserto do Arizona no qual adoro passar as férias com o meu marido. Certo dia, enquanto estava na piscina, me concentrei em duas grandes esculturas de tartarugas de bronze que me impactaram. Cada uma tinha cerca de 1,20 metro de largura e quase um metro de altura. Uma delas estava posicionada fora da piscina, a alguns passos de distância, com as patas dianteiras sobre uma pequena pedra, como se nos observasse enquanto nadávamos. A segunda estava em uma pose de puro deleite, sentada sobre as patas traseiras, apoiando todo o peso na cauda, como faria um ser humano ao se sentar com a coluna reta, ligeiramente inclinada para trás, tomando sol. A barriga toda à mostra, aproveitando ao máximo os raios solares, com total autoconfiança sobre o próprio corpo.

Fiquei muito tempo observando as tartarugas, refletindo. Na maior parte da minha vida, as crenças limitantes sobre meu peso me fizeram viver como a tartaruga que estava com as patas dianteiras apoiadas na pedra, próxima o suficiente para ver todo mundo aproveitando e vivendo. A que estava esperando para se juntar à diversão. Passei décadas como aquela tartaruga. Agora, não mais.

*Perdoe-se por acreditar que você é qualquer coisa menos que bela.*

— IYANLA VANZANT

Já a segunda estátua, da tartaruga com a barriga à mostra, se deliciando ao sol, não se esconde, foi feita para mim. E para você também. Toda vez que volto àquele lugar no Arizona, visito a estátua. Levei até grupos de amigos lá. Às vezes, é uma dádiva ter um lembrete visual do custo que as nossas crenças limitantes podem ter e de quem nossa intuição sabe que nascemos para ser. Mesmo quando esse lembrete vem na forma de duas tartarugas.

NOSSOS PENSAMENTOS PODEM nos contar mentiras em voz alta o tempo todo, mas, como eu disse, essa parte do nosso sistema de crenças é balela. Nossa sabedoria sempre conhece a verdade. Uma das minhas práticas diárias é que, quando uma crença limitante e falsa surge, eu a substituo na mesma hora com uma convicção melhor e que sei que é verdadeira. Tomo a decisão de confiar no meu conhecimento, em vez de naquele velho sistema enganoso que tenta ressurgir a qualquer momento e me estagnar. Quanto mais implemento essa prática, mais ela se arraiga, e menos bobeiras brotam na minha cabeça. Isso foi crucial para eu não me importar em alcançar o peso ideal a fim de aproveitar a vida ao máximo.

> *Dica de moda: Use calças que a aceitem como você é.*
> — LIA VALENCIA KEY

Aqui estão alguns exemplos de como essa prática se desenrola no meu cotidiano. Se também tiver pensamentos mentirosos, estas verdades poderão ser bem úteis na hora de substituí-los.

**Seu sistema de crenças diz:** Não use biquíni.
**Sua sabedoria diz:** Aproveite a água molhando seu corpo. Seja grata por poder entrar na água. Você tem pernas fortes e sente a areia por entre os dedos dos pés. Pode sentir o sol na pele e a brisa.

**Seu sistema de crenças diz:** Todo mundo está olhando para você e te julgando.
**Sua sabedoria diz:** A autoconfiança no seu corpo está ajudando outra mulher a também se sentir confiante.

**Seu sistema de crenças diz:** Preste atenção ao seu peso.
**Sua sabedoria diz:** Preste atenção à sua alma.

**Seu sistema de crenças diz:** Essas celulites são horríveis.
**Sua sabedoria diz:** A estrutura celular genética com a qual Deus a projetou é perfeita e não tem qualquer significado além daquele que elaboramos.

**Seu sistema de crenças diz:** Tenha vergonha do seu corpo fora de forma depois de ter gerado filhos.
**Sua sabedoria diz:** Seja um exemplo de como seus filhos devem se sentir em relação ao próprio corpo.

**Seu sistema de crenças diz:** Quando atingir o peso ideal, você vai ser mais bem-sucedida.
**Sua sabedoria diz:** Uma crença falsa sempre a desvalorizará.

**Seu sistema de crenças diz:** Quando entrar em tal tamanho de calça jeans, você terá paz.
**Sua sabedoria diz:** Se uma crença custa a sua paz, ela é cara demais.

**Seu sistema de crenças diz:** Seus filhos nem vão perceber que você não entra na piscina.
**Sua sabedoria diz:** Dê exemplo para que os seus filhos sempre acreditem que merecem se divertir

**Seu sistema de crenças diz:** Você deveria esperar emagrecer para se divertir.
**Sua sabedoria diz:** Divirta-se agora ou seja assombrada pelo arrependimento de ter perdido tantos momentos incríveis.

**Seu sistema de crenças diz:** Quando emagrecer, aquele parente vai parar de julgar você.
**Sua sabedoria diz:** Não espere pela aprovação de ninguém, porque essa pessoa julga a si mesma.

**Seu sistema de crenças diz:** Lembra aquele comentário doloroso que fizeram sobre o seu corpo?
**Sua sabedoria diz:** Pessoas feridas ferem os outros, e aquele comentário não tem nada a ver com você.

**Seu sistema de crenças diz:** Julgue a foto com base na sua aparência.
**Sua sabedoria diz:** Sinta a dádiva do momento capturado na foto.

**Seu sistema de crenças diz:** Você está horrível. Rejeite a chamada de vídeo para o seu amigo não julgar sua aparência.
**Sua sabedoria diz:** Quem julga não é amigo.

**Seu sistema de crenças diz:** Meça a vida com base no número que aparece na balança.
**Sua sabedoria diz:** Meça a vida com base no tanto que você ama.

**Seu sistema de crenças diz:** Sempre haverá outra festa ou confraternização para ir.
**Sua sabedoria diz:** Você nunca poderá viver este dia de novo.

**Seu sistema de crenças diz:** Use aquele salto alto que machuca os pés e fazem as suas pernas parecerem mais finas.
**Sua sabedoria diz:** Está na hora de ficar descalça e correr livremente.

**Seu sistema de crenças diz:** Quando diminuir o tamanho das suas roupas, você será feliz.
**Sua sabedoria diz:** Não importa o que faça, você sempre terá de lidar consigo mesma.

**Seu sistema de crenças diz:** Quando eu emagrecer, ele vai me amar mais.
**Sua sabedoria diz:** A atração vem da troca de energia emocional e química. Tamanho e peso não têm impacto biológico sobre a energia emocional e química.

**Seu sistema de crenças diz:** Disseram que você será muito mais feliz quando perder peso.
**Sua sabedoria diz:** É só o sistema de crenças dessas pessoas mentindo para elas também.

**Seu sistema de crenças diz:** ESPERE, ESPERE, ESPERE, você não está pronta.
**Sua sabedoria diz:** A época de SE PESAR e ESPERAR acabou!

**Não espere o peso ideal.** Para se sentir confiante. Para usar biquíni. Para ir a uma festa. Para abrir uma empresa. Para ter um encontro romântico. Para contar que você quer mais do que amizade. Para se arriscar. Para aprender dança de salão. Para se permitir ser feliz. Para pintar o cabelo da cor que quiser. Para voltar a estudar. Para ter filhos. Para perdoar. Para mudar de carreira. Para se apaixonar. Para andar e exibir suas celulites com gosto. Para se jogar no mundo. Para se olhar no espelho e celebrar a SUA beleza. Para dizer "eu te amo"... para si mesma e para os outros. E **nunca espere o peso ideal para ter consciência do seu VALOR!**

## CAPÍTULO 6

## *A mentira:* Eu só devo aparecer quando estiver feliz

*Não se esqueça: enquanto você está ocupada duvidando de si mesma, outra pessoa está admirando sua força.*

— KRISTEN BUTLER

Pessoa 1: "Por que você não me ligou antes?"

Pessoa 2: "Não queria incomodar ou atrapalhar com os meus problemas. Você já tem afazeres demais para se preocupar com as minhas coisas. Gosto de telefonar quando tenho boas notícias para dar."

Parece familiar?
Na nossa cultura atual, várias informações chegam de todos os lados. Temos os relatos incessantes de devastações, injustiças e tragédias no noticiário e, ao mesmo tempo, placas e camisetas com os dizeres GOOD VIBES ONLY vendem como água. Muitos sofrem em silêncio. Muitos usam camisas GOOD VIBES ONLY.

Essas realidades justapostas também estão presentes na mídia e na internet, em que a atenção é confundida com amor. As redes sociais alimentaram uma onda coletiva de gente que recebe essa atenção por qualquer motivo. O uso dessas ferramentas para mostrar injustiças e propagar causas sociais tem seu valor, mas elas também se tornaram uma maneira de mostrarmos ao mundo quem somos. A tentação de confundir esse novo modo de receber atenção com se sentir *suficiente* tem um preço. As pessoas estão começando a se dividir em dois grupos: ou compartilham infinitos contratempos do dia a dia e ficam sob os holofotes por causa deles, ou exibem como são positivas, fortes e felizes enquanto escondem qualquer coisa que talvez não seja tão inspiradora assim.

Ao perder as chaves, chegar atrasada ao trabalho, queimar o bolo, ficar gripada ou ser tratada com grosseria, contamos para o mundo todo ou mandamos uma mensagem para os amigos? Há muito mais coisas para nos concentrarmos. Se relatarmos sempre o que está errado — porque ganha atenção, que equivale a amor —, em vez de nos sentirmos consolados e apoiados, é bem provável que achemos que nossa vida não anda bem.

Quanto mais nos expomos à negatividade persistente, mais insensíveis ficamos a ela. Corremos o risco de desenvolver uma armadura que nos impeça de nos importarmos com alguém, de agirmos ou ajudarmos quem é de fato vítima de um problema significativo ou de uma injustiça relevante.

Em contrapartida, há um movimento crescente que diz que temos o poder de controlar nossos sentimentos e, portanto, devemos sempre escolher a felicidade. GOOD VIBES ONLY. Como se emoções mais complexas, como a raiva e a tristeza, não fossem igualmente válidas e importantes. Embora muitos pensadores acreditem que podemos aprender a decidir nosso estado de espírito e, assim, escolher ser felizes, a realidade é que a grande maioria da população não tem o privilégio de dispor de tempo, treinamento ou interesse em de fato entender como fazê-lo. Então, em vez disso, sofremos uma pressão cada vez maior para nos apresentarmos com uma energia quase sempre para cima, ou com uma *máscara* positiva, dependendo das circunstâncias.

Se você estiver oscilando entre os dois cenários acima, como muitos de nós estão, é provável que hesite em compartilhar sentimentos, experiências ou problemas, mesmo com quem confia intimamente, porque sente que, se não se está feliz, não deve ser visto de jeito algum. A outra opção é usar a máscara do "está tudo bem". Começamos a acreditar que verdadeiros sentimentos não devem ser divididos, que falar sobre emoções complexas vai deixar os outros tristes ou, pior ainda, nos fará perder o respeito, a aprovação ou o amor deles. Assim, entramos em uma rotina em que acordamos, passamos um café, nos vestimos e desempenhamos o papel de *felizes* o dia inteiro. Essa positividade falsa nos infecta com o fardo de viver uma mentira e também às pessoas à nossa volta com a crença de que elas devem alcançar esse nível de alegria constante.

## Positividade tóxica

Escondemos como nos sentimos de verdade para não corrermos o risco de ficarmos sozinhos, mas acabamos mais solitários do que nunca atrás de uma máscara sorridente.

Os psicólogos chamam isso de "positividade tóxica", ou o ato de rejeitar, suprimir ou evitar emoções negativas. A positividade tóxica invalida a experiência emocional humana autêntica e pode causar trauma, isolamento e uma grande variedade de mecanismos de enfretamento prejudiciais. E é muito comum. Um estudo recente concluiu que mais de 75% das pessoas fingem deliberadamente que estão felizes enquanto ignoram suas verdadeiras emoções. Quando pequena, lembro muitas vezes que, se não estivesse sorrindo, algum adulto na rua ou no mercado me dizia para sorrir. De forma semelhante, muitos meninos são ensinados a ocultar sentimentos por trás de uma máscara de força e estoicismo. Somos repreendidos por descumprirmos o código do condicionamento social e recebemos a aprovação de pais e instituições quando o dominamos. Mais tarde, nós o perpetuamos ao recompensar parceiros em potencial por replicá-lo. Quanto melhor conhecer o código, mais atraente você será. Mais amor receberá. Mais lhe dirão que merece ser amado. É por isso que muitos de nós estão andando por aí se escondendo de todos.

Estudo desenvolvimento pessoal e psicologia humana desde sempre. Acredito que somos capazes de tornar nossa vida mais feliz e plena em parte por meio das coisas em que nos concentramos e às quais dedicamos energia — e que, por isso, ganham força. Isto é, se olharmos nas partes negativas de uma situação, logo o cenário inteiro começa a parecer negativo. Se focamos as partes que podemos mudar ou que são um momento de descoberta ou uma lição, a forma como vivenciamos a situação se transforma. Assim, embora acredite que é importante vivenciar e expressar todas as emoções, não me atenho por muito tempo aos sentimentos que não quero que ganhem força. Quando nos demoramos em um estado de espírito negativo, ele pode se tornar um hábito e, por fim, nossa zona de conforto emocional padrão. É importante tomar consciência de que as coisas que sentimos e vivenciamos são temporárias, e não deixar que elas se tornem nosso principal habitat. Então, tomemos cuidado para passarmos a maior parte do tempo onde mais queremos estar.

## Como você é de verdade

Acredito genuinamente que **somos responsáveis pela energia que levamos a qualquer ambiente**. Também creio que podemos nos permitir vivenciar emoções verdadeiras por completo, mesmo que sejam horríveis, e ainda assim agir de forma amorosa. Quando as nossas intenções se baseiam no amor, isso não significa que não teremos a mesma gama de emoções que qualquer outra pessoa. Quer dizer apenas que as aceitamos, processamos e compartilhamos de maneira a não projetar dor e sofrimento nos outros. Uma das minhas missões de vida é aprender a entender, curar e transformar minha própria dor para não transmiti-la de modo prejudicial às pessoas no meu entorno. No entanto, isso não significa que não a compartilho quando a sinto. Para mim, houve momentos em que teria sido mais fácil continuar me escondendo. **Mas não podemos nos esconder de nós mesmos e nos curarmos ao mesmo tempo.**

Acredito na positividade e que boa parte da vida é composta pelo significado que atribuímos às coisas. O sentido que damos a algo gera emoções em nosso corpo que, por sua vez, criam a vida que temos. Há diversas situações que não fazem sentido nem parecem justas, mas ter fé que a nossa jornada é orquestrada por algo divino nos faz reconhecer que tudo sempre acontece a nosso favor, e não contra nós. Até as coisas que parecem injustas ou que não entendemos naquele momento. **Nossa vida se desencadeia como deveria. O papel que precisamos desempenhar para que isso aconteça é sermos transparentes durante todo o caminho.**

Vivemos em uma sociedade na qual muitas vezes não sabemos o que as pessoas estão *realmente* enfrentando, e vice-versa. Um mundo no qual um perfil de rede social que passou por uma curadoria detalhada pode assegurar a todos de que estamos ótimos e sinalizar que não há necessidade de entrar em contato, como se estivéssemos aos poucos desaprendendo a lição de que não se pode julgar um livro pela capa. É muito fácil esquecer que as redes sociais são muitas vezes apenas a capa, e não o conteúdo que nos diz como alguém está de verdade.

Toda vez que nos mostramos como realmente somos ou dividimos emoções reais com alguém, ainda que negativas, cultivamos mais intimidade nos relacionamentos. É um presente tanto para quem se abre quanto para o ouvinte. Às vezes, não queremos ligar para amigos por medo de incomodá-los com nossos problemas, ou porque não temos assuntos empolgantes ou interessantes — só que, ao fazer isso, os privamos de uma conexão da qual talvez estejam precisando. Da próxima vez que tiver essa sensação, tente enxergar esse contato como a dádiva da conexão que você está oferecendo *também ao seu amigo* quando telefonar! Pode ser que ele precise disso naquele exato momento!

*É impossível nos escondermos de nós mesmos e nos curarmos ao mesmo tempo.*

Tive de me esforçar para melhorar essa conexão até no meu casamento. Em certa época, se meu marido estivesse de mau humor e quisesse conversar comigo, eu dizia para ele voltar quando estivesse melhor. Seguimos assim até que, um dia, percebi que isso estava cultivando uma desconexão. Agora, quando ele se aproxima, faço perguntas melhores. Talvez não sejam as questões mais evoluídas do mundo, mas indago apenas: "Você precisa conversar e se conectar? Ou quer só desabafar?" Dependendo da resposta, digo se tenho capacidade de ouvir naquele momento ou sugiro de conversarmos mais tarde. E ele faz o mesmo comigo. Também prometemos que, quando estamos no papel de ouvinte, vamos perguntar de forma proativa: "Você precisa que eu só escute ou quer que ofereça possíveis soluções?" Essa mudança foi transformadora para nós dois. Pesquisas mostram que **ouvir muitas vezes suga a energia do ouvinte**, então é importante ter a capacidade e o desejo de realmente escutar para se conectar. Ouvir é um superpoder.

Outra tática que passamos a usar no nosso casamento e que coloco em prática quando telefono ou troco mensagens com amigos é a "verificação de capacidade" — uma estratégia que aprendi com uma amiga, a empreendedora criativa e *life coach* Glo Atanmo. Antes de pedir conselhos ou apoio a alguém, ela pergunta se a pessoa consegue ter uma conversa profunda, longa ou que demande energia, atenção e presença naquele momento.

Faz sentido, certo? Agora, no casamento e nas amizades, quando quero ter uma conversa importante, verifico a disponibilidade alheia. Pedi para que amigos e entes queridos façam o mesmo comigo. Assim como é importante saber que não há problemas em desabafar ou expressar sentimentos, é igualmente bom se certificar de que a outra pessoa também saiba e consiga atender à sua necessidade. Quando faço essa verificação com meus amigos, se a resposta for *sim*, mergulhamos logo na conversa. Quando a resposta é *não*, podemos combinar de informar ao outro quando tivermos tempo ou capacidade mental e emocional. Um exemplo de como dizer não? "Eu a valorizo muito, mas hoje estou esgotada. Podemos marcar outro horário para conversar? Vou lhe dar toda a minha atenção, porque quero mesmo estar presente para você." Essa dica estabelece limites e impede que você se sacrifique, se esgote ou traia a si mesmo, enquanto cria tempo e espaço para que alimente a conexão com os outros. Também ajuda as pessoas a valorizarem de forma mais deliberada o tempo e a energia uma da outra.

Verificar a disponibilidade e receber uma confirmação de que o outro está disponível ajuda a estabelecer uma sensação de segurança. É um convite que nos dá espaço para expor nossos sentimentos com coragem e saber que estamos sendo ouvidos de verdade.

Se não sentir segurança em pedir a amigos que façam o mesmo com você antes de iniciar uma conversa, ou se tiver medo de que isso os afaste, uma boa maneira de introduzir o assunto é exemplificar o comportamento antes de solicitar que os outros o adotem. Comece a perguntar às pessoas se elas podem conversar sobre algo importante ou pesado antes de começar a falar.

E, se estiver buscando crescer e aprofundar amizades e relacionamentos, é importante ter como prioridade abrir espaço para ouvir as pessoas. Oferecer tempo e atenção é a forma mais generosa de lembrá-las que você merece reciprocidade.

## Vivendo em alinhamento

Ao mostrar — em uma rede social ou pessoalmente — que está se sentindo de uma forma que não reflete seu real estado de espírito, acaba saindo do caminho da sua verdade. Por mais que tente justificar esse comportamento usando a lógica, seu coração e sua conexão com os outros serão prejudicados. A sensação será de incoerência, insatisfação, vazio, solidão e distanciamento. Quando faz isso com as pessoas em que mais confia, todas essas sensações são multiplicadas.

Viver em alinhamento (de forma coerente) com nossas verdadeiras emoções, mesmo quando elas não são *felizes*, pode afastar algumas pessoas. Mas tudo bem. **Se as pessoas não reagirem bem ao seu verdadeiro eu, então não foram feitas para andarem ao seu lado.** Seria impossível sentir uma conexão real se elas não soubessem quem somos de verdade. Para cultivar o nosso valor, é importante agirmos seguindo a crença de que somos valiosos à nossa maneira. Com sentimentos, temperamentos, necessidades e tudo o mais. Triste ou feliz. Merecemos uma conexão autêntica com os outros e que eles acolham quem realmente somos, assim como acolhemos quem são. **A coerência traz a conexão. A coerência traz a intimidade. A coerência traz liberdade.**

## CAPÍTULO 7

## *A mentira:* Eu não mereço coisa melhor

*Você não permite que novas pessoas lhe deem amor por causa da dor que velhas pessoas lhe causaram?*

— STEVEN FURTICK

"Pessoal, estou queimando *lá embaixo.*" Minha amiga Ella contou esse segredo para nosso grupo de amigas íntimas na mesa do almoço, e a empatia e o silêncio tomaram conta do ambiente.

Antes que conte o que aconteceu, devo revelar mais detalhes dessa amiga incrível na berlinda. (Não, Ella não é um nome verdadeiro, e, sim, recebi permissão para escrever cada palavra deste capítulo. Já estou esclarecendo por que essas questões lhe serão inevitáveis ao ler o que vem a seguir.)

Quando penso na música "Girl on Fire" ["Garota em chamas", em tradução livre], de Alicia Keys, Ella me vem à mente. Não do jeito que você está pensando. Do jeito *mais vitorioso* possível. Ela é muito bem-sucedida na vida profissional, com prêmios, artigos em revistas e uma conta bancária polpuda. É um ícone em sua área de atuação e, tanto por fora quanto por dentro, é o que o mundo chamaria de "pacote completo". É amada e celebrada por muita gente na vida particular e em público. E é um doce. Sabe aquela profissional incrível que lidera de forma gentil? É uma amiga dedicada, que sempre manda pequenos presentes e mensagens carinhosas para demonstrar a importância da pessoa na vida dela. Contudo, o que as pessoas não sabem é que, bem lá no fundo, ela sente que não merece ser amada. Se sente *insuficiente*, que não está nem perto de ser suficiente. Mas consegue esconder isso muito, muito bem.

Anos atrás, quando comecei a me dedicar à tarefa de entender o impacto do trauma na minha vida, descobri que praticamente todo indivíduo já passou por experiências traumáticas. Embora cada uma ocorra de formas e em graus diferentes, como diz Robin Roberts, "não se deve comparar desesperos".

Todos nós já sentimos dor. Sem entrar no trauma com T maiúsculo da infância de Ella, vou apenas dizer que a vida dela foi uma verdadeira jornada de herói, que exigiu identificar o topo da montanha, descobrir como escalar, chegar ao cume e fincar a bandeira da vitória no solo. Ela provou que merece seu lugar ao sol, que merece ser uma líder profissional e desenvolver amizades carinhosas e saudáveis. É para ela que as amigas ligam quando precisam de força e que a família telefona para pedir ajuda. Só que o círculo de amigas íntimas sabe a verdade: ela recorre a vícios em açúcar e trabalho para anestesiar sentimentos e, então, se esconde atrás da história que conta a si própria: que não é suficiente e, portanto, não é digna de ser amada. **Você já conheceu alguém — ou foi esse alguém — que ouve do mundo inteiro que é incrível, mas não consegue acreditar nisso?** Ella é assim.

*Você já conheceu alguém — ou foi esse alguém — que ouve do mundo inteiro que é incrível, mas não consegue acreditar nisso?*

Muitas vezes, ela se envolve em relações românticas não correspondidas. Óbvio que não faz isso de forma consciente. Ela deseja com todas as forças ser correspondida. Foi criada pela avó, que lhe dizia toda vez que passavam de carro pela linha do trem: "Levante os pés e faça um pedido." Mesmo naquela época, Ella sempre pedia um marido. Seu maior sonho é se casar e ter filhos. O maior medo é ficar sozinha para sempre. A maior preocupação é que, estando na faixa dos 40 anos, o tempo parece estar se esgotando. Ela desenvolveu o hábito de abrir o coração para novos homens e ignorar os sinais de alerta que aparecem. Desconsidera a intuição de que alguém está sendo desonesto ou de que a história não está batendo. Por medo de nunca encontrar um homem que a trate melhor ou de voltar a ser solteira, segue com relacionamentos que já passaram muito do ponto saudável, na **esperança de que melhorem.**

Um desses relacionamentos se tornou emocionalmente abusivo, e Ella seguiu na relação por quase dez anos, sempre justificando as atitudes do parceiro e esperando que ele mudasse. Começou a acreditar que ninguém mais a desejaria (ele dizia isso). Passou a se afastar dos amigos, imaginando um lar e um futuro que se adequassem ao parceiro. Conseguia ouvir os sinos da igreja no casamento e ver o rostinho lindo de bebês. Quanto mais encarava aquele homem como parte de seu lar, mais desaparecia dentro da própria alma. Ella tem todo o sucesso que poderia sonhar na profissão, nas finanças e nas amizades, mas seu maior objetivo de vida é encontrar o amor romântico. Um verdadeiro companheiro que a ame de modo incondicional. Sua missão não é a que aparece na imprensa, da menina que superou a pobreza e conquistou uma carreira bem-sucedida. Por muito tempo, ela acreditou que seu propósito era encontrar um amor de contos de fadas, ilimitado e eterno, com um parceiro.

"Pessoal, estou queimando *lá embaixo*. Ele é tão mentiroso, e minha virilha está em chamas." Certo, vejamos como chegamos a este momento, acompanhando a jornada ardente em que Ella embarcou.

Você talvez não se surpreenda em saber que tudo começou com uma fagulha. O perfil dele dizia *viúvo* e *pai de duas meninas*. Ella gostou da foto e deslizou para a direita no aplicativo de relacionamento. Os dois trocaram mensagens e marcaram uma conversa por ligação. Como qualquer romântica incurável, ela não parou de pensar nele e começou a se imaginar como mãe de duas órfãs incríveis e esposa daquele homem, que com certeza era um herói. Será que todos os seus sonhos bateriam à porta com um simples deslizar para a direita?

O celular tocou e, quando a tela acendeu, sentiu o coração acelerar. Ella disse "alô", tentando parecer o mais confiante possível. O homem a cumprimentou com uma voz grave, das que fazem o estômago revirar do melhor jeito. Era charmoso, com um ar de quem tinha a vida em ordem, o que a deixou esperançosa. Contou que a esposa teve câncer e faleceu, que tinha trabalhado na polícia e que agora dividia seus esforços entre uma empresa própria e a criação das filhas gêmeas. Ella também tinha uma irmã gêmea e imaginou que aquilo fosse mais uma prova da narrativa que havia criado — que aquele encontro era obra do destino! A ideia de criar as filhas dele e preencher o vazio na vida das meninas parecia uma dádiva.

Não poderia haver um propósito maior que ser a figura materna de duas garotinhas sem mãe. A fantasia estava criando raízes. A história de amor começava a se desenhar por conta própria.

As conversas pelo telefone levaram a encontros em locais públicos — em geral, jantares em restaurantes. Então eles deram um passo gigantesco: ela o convidou para ir à casa dela. A sala da minha amiga tem móveis e carpete brancos, e ela pede aos visitantes para tirarem os sapatos. A admiração do homem pela decoração e sua disposição em seguir as regras fizeram o coração dela palpitar ainda mais. Assim como o perfume dele. Para Ella, o cheiro era de... futuro marido. Naquele primeiro dia na casa dela, minha amiga se sentou no sofá digno de loja de decoração, e ele se sentou perto dela. Não na poltrona em frente — bem ao lado dela. Com uma calça jeans estilosa, rasgada nos lugares certos, camisa polo e sorriso confiante, o homem esticou um dos braços longos e musculosos e pôs a mão no joelho dela enquanto conversavam. Quando ele fez isso, Ella quase esqueceu o que estava falando. Palavras das quais ela não se recorda mais foram ditas, enquanto o pensamento "Por favor, me beije, por favor, me beije" se repetia na cabeça. Ela não queria dar o primeiro passo, queria se sentir desejada. E aí aconteceu. Ele se inclinou e encostou os lábios nos dela, o que levou a um beijo daqueles. Ella sentiu o corpo inteiro se inundar de calor e esperança. Não conseguiu evitar — se apaixonou na mesma hora. O homem não tentou nada além de um beijo naquele dia. Era um cavalheiro, e suas palavras de admiração a fizeram se sentir MUITO desejada — e essa sensação é MUITO boa.

À medida em que eles iam ficando mais próximos, Ella descobriu que os horários de trabalho dele eram atípicos. Ele havia desenvolvido um produto de limpeza industrial e, em geral, trabalhava de madrugada com a equipe, limpando escritórios com o produto. Quanto mais minha amiga perguntava sobre a empresa e os horários, mais confusa ficava. Sabe quando alguém responde a uma pergunta, mas você sente que não entende a resposta? Ela não queria pressioná-lo demais, já que ainda estavam se conhecendo. Foi quando os sinais de alerta começaram a surgir.

Quando Ella telefonava à noite, o homem não atendia. "Se ele é o dono da empresa, por que não pode atender o telefone?", pensava. Ele dizia que era muito difícil falar ao celular no trabalho. Apesar de a mente aceitar essa explicação, a intuição de Ella apitava. Ainda não tinha ido à casa dele e também achava isso um pouco estranho. Nas poucas vezes em que planejaram uma visita, ele mudou os planos na última hora. Então, certo dia, os dois combinaram de se encontrarem, mas o sujeito não apareceu. Na verdade, desapareceu da face da Terra. Ela não conseguiu falar com ele por dias. Quando ele enfim fez contato, disse que tinha sofrido um acidente de moto e estava no hospital.

— Qual hospital?! Onde?! Vou visitá-lo agora mesmo — disse Ella ao receber a notícia.

Ele logo mudou a história e disse que, na verdade, estava no pronto-socorro.

— A ambulância levou você até a emergência? Alguém te levou? — indagou ela.

— Um amigo — respondeu ele.

Em seguida, mandou uma foto de uma moto no acostamento da rodovia. Mas Ella não viu qualquer sinal de batida. Seu sexto sentido começou a apitar no volume máximo.

Ela não sabia como preencher o abismo enorme entre a zona de conforto do passado — que seria ignorar todos os sinais de alerta e criar justificativas — e a sua nova sabedoria e o seu comprometimento com a crença de que era digna de amor. Esse abismo é um lugar assustador, pode parecer que estamos em uma corda bamba entre o que mais tememos e o que mais desejamos. No caso da minha amiga, entre o medo de ficar sozinha para sempre e a sabedoria de que merece um amor sincero e verdadeiro. Entre o que podemos obter imediatamente e o que sabemos que merecemos.

Ella não estava pronta para perder o futuro em potencial que tinha visualizado antes do primeiro encontro com aquele homem, então ignorou a voz da própria sensatez. Sabia que ele estava mentindo. A antiga Ella, que se sentia confortável quando as pessoas mentiam, queria agir como no passado e fingir que acreditava nele, desconsiderando a voz interior que lhe apontava a incômoda verdade. Continuou saindo com ele. Continuou transando quando se encontravam — e não vou fazer a recatada aqui —, e de acordo com Ella, o sexo era INCRÍVEL. Não apenas maravilhoso do tipo "vou escrever no meu diário sobre a transa de hoje". Incrível de perder o chão, se perguntar "por onde você andou minha vida toda?", "como sabe que encostar aqui causa isso?", dizer "você deveria abrir uma escola de sexo"!

Enquanto esses encontros íntimos fabulosos se acumulavam, as histórias que ele contava seguiam sem fazer sentido. Ella começou a investigar o passado dele um pouco mais a fundo, na esperança de encontrar consistências que provassem que não havia motivos para se preocupar. Por causa de sua ótima carreira e de suas conexões, minha amiga sabe como descobrir coisas sobre as pessoas e conhece quem possa investigá-las. Decidiu presumir a inocência até que pudesse provar o contrário, então seguiu com ele enquanto fazia suas averiguações.

Vivendo à base de orgasmos e romantismo incurável, após alguns meses, Ella tornou o namoro oficial e os dois decidiram se relacionar apenas um com o outro. Deletaram os perfis de aplicativos de relacionamento e, em seguida, resolveram dar mais um passo na direção da confiança, parando de usar camisinha. Aí veio a gota d'água que entornou o caldo — ou melhor, a fagulha que gerou o incêndio.

Adoro o jeito com que Oprah descreve como nossa intuição sempre fala conosco. No começo, costuma ser um sussurro. Se a ignorarmos, ela vem como uma pancada na cabeça. Em seguida, um tijolo. Então, se continuarmos a ignorá-la, ela se torna um muro de tijolos inteiro desabando sobre nós. O muro estava prestes a cair na minha amiga... de uma vez só!

No dia seguinte à primeira transa sem camisinha, ela começou a sentir uma queimação incessante. Pensou que talvez fosse algo temporário, mas não foi o caso. Outro dia se passou, e a situação só piorou.

Ella tinha a esperança de que fosse uma candidíase ou infecção urinária, mas sabia que nunca tinha sentido aquilo antes. Foi ao ginecologista, que a examinou e colheu material para testes. Aí o telefone tocou. Não era uma infecção urinária, não era candidíase. Era uma infecção sexualmente transmissível. O novo namorado não estava sendo monogâmico. "Por isso ele é tão bom no sexo... Deve estar transando PRA CARAMBA", pensou.

Ella ficou muito chateada. Sentiu-se traída — e não está sozinha nessa. Mais da metade dos estadunidenses vão contrair uma infecção ou doença sexualmente transmissível ao longo da vida. Na verdade, estudos mostram que um a cada quatro adolescentes as contraem todo ano, e uma a cada duas pessoas as terão antes dos 25 anos. Para muita gente, pode ser motivo para sofrer em silêncio. Ninguém fala disso, porque é muito constrangedor. Assim, muitas vezes evitamos o assunto e o enterramos bem fundo, deixando-o criar raízes na nossa identidade sem amor-próprio. Se for o seu caso, quero que entenda uma coisa: VOCÊ TEM VALOR EXATAMENTE COMO É. TEM BELEZA. TEM PERFEIÇÃO. MERECE AMOR. Independentemente dos acontecimentos e das experiências que gostaríamos de apagar, das decisões que consideramos erros, das escolhas que outros fizeram e que nos magoaram. O nosso VALOR não depende disso. Essas coisas fazem parte dos altos e baixos da vida, e não pretendo diminuir a dor que podem causar, mas é essencial ter certeza de que ELAS NÃO DEFINEM QUEM SOMOS. SÓ NÓS MESMOS E DEUS PODEMOS DEFINI-LO.

O que eu sei, sem sombra de dúvida, e torço para que todos saibam, é: se este for o seu caso, hoje foi o último dia em que você se envergonhou. Hoje foi o último dia em que se rejeitou. Foi o último dia em que se diminuiu. Foi o último dia em que pensou ter algum problema. Hoje é um novo dia. Um dia em que você escapa das mentiras e se apodera da sua verdade. Um dia em que sai da mente e entra na alma. Porque a nossa alma sabe, e Deus sabe, que somos perfeitos, belos, valiosos, redimidos e restaurados. Que somos uma força do amor, que é viva, imparável, poderosa. E que nada — ninguém, nenhum lugar, nenhum erro do passado, nenhum sucesso, nenhum alto, nenhum baixo, nenhuma IST — pode mudar o fato de que somos completos e inerentemente VALIOSOS!

Sempre achamos que mais ninguém passa por essas experiências, porque ninguém fala sobre elas.

*Seu valor é determinado por você.*
*Você não precisa que ninguém lhe diga quem você é.*

— BEYONCÉ

O ginecologista receitou um antibiótico a Ella, que se livrou da queimação em alguns dias, mas passou a sentir uma dor ainda maior com o conto de fadas que virou pesadelo. Por meio de investigações extensas, descobriu que ele de fato tinha duas filhas, mas não havia qualquer registro da esposa — supostamente falecida. "Será que ele seria tão baixo a ponto de mentir que era viúvo?", pensou ela. No entanto, apesar de não encontrar provas de que a mulher tinha morrido, também não conseguiu achar evidências do contrário.

Ainda assim, e com a infecção que contraiu dele, Ella CONTINUOU tentada a achar que poderia haver uma justificativa para tudo aquilo. De fora, é muito fácil ver o desenrolar da história e gritar "NÃÃÃOOO", mas também é fácil ser a pessoa que deseja tanto o amor que decide ignorar a própria sabedoria.

Aí entra a frase de abertura deste capítulo, e a importância das amizades. Elas vão nos lembrar QUEM somos e o nosso valor nos dias em que estivermos tentados a esquecer.

Quando Ella terminou a história, ficamos boquiabertas ao vermos nossa amiga linda, inteligente, forte, guerreira, com um coração de ouro, duvidar do próprio valor em voz alta.

— Sei que a situação ficou um pouco ruim, mas talvez ele tenha uma explicação — disse.

— O QUÊ?!?!?! NÃÃÃOOOOOOOOOOOOO!!! — gritamos todas nós depois de ouvirmos aquilo.

Ele era um MENTIROSO que transmitiu uma IST para ela!

— NÃÃÃÃOOOOOO!!!

Ella anseia pelo amor mais profundo e estava dedicando aquele amor a alguém que não dava nada em troca. Esse era o padrão dela, e todas nós sabíamos que ela havia avançado muito para rompê-lo. Tinha desviado do rumo e precisava voltar aos trilhos. E foi o que fez. Com um empurrãozinho de suas amigas.

Depois de MUITOS lembretes de quem era de verdade, Ella decidiu terminar o relacionamento. Como não queria perder tempo, resolveu contar logo ao namorado.

— Só preciso ficar firme e não atender às ligações dele. Talvez devesse mudar o nome dele para MENTIROSO no meu telefone, para nunca esquecer — disse.

Uma das amigas à mesa pediu o celular de Ella, foi para os contatos e mudou o campo cargo/empresa abaixo do nome dele para MENTIROSO MENTIROSO PERIQUITA EM FOGO. Ella começou a rir, e todas nos unimos à gargalhada. Em seguida, enquanto passávamos o telefone de uma em uma para darmos risada do novo cargo do ex, vimos o rosto dele pela primeira vez. Silêncio.

— Aaahhh, nossa, ele é tão gato... — soltou uma de nossas amigas.

— Certo... A infecção foi muito ruim? — perguntou outra, meio que brincando, chorando de tanto rir.

Sim, o Mentiroso Mentiroso esquentava as coisas de mais de uma forma. Os gracejos bobos continuaram, porque às vezes o melhor remédio para uma amiga que está sofrendo é uma boa risada.

Ella terminou a relação por telefone. Disse que merecia muito mais do que alguém que mentia e que torcia para que ele pensasse no exemplo que estava dando às filhas. Depois disso, nunca mais falou com o cara.

Se você já se permitiu ser tratado dessa forma, sabe que terminar tudo de uma vez nem sempre é fácil. O motivo que nos move a mudar velhos padrões, o nosso *porquê*, precisa ser tão forte que nos ajude a resistir a não voltar a repetir comportamentos antigos.

No passado, antes de decidir se amar e só manter por perto pessoas que merecem seu amor, Ella teria continuado com o Mentiroso, assim como permaneceu em muitos relacionamentos tóxicos e nada saudáveis, perdendo tempo e esperança. Ela teria seguido em frente apesar das mentiras, ignorando a própria intuição e dizendo a si mesma que podia mudá-lo. Em dado momento, acreditou na balela que muita gente já contou para si mesmo: que ele mudaria por ela.

Com muita terapia e esforço, Ella amadureceu. Passou a ver que a verdadeira jornada do herói, a maior batalha de todas, seria dar todo aquele amor incondicional primeiro a si mesma, antes que pudesse dividi-lo com alguém.

*Se você não acreditar que merece se amar incondicionalmente, é impossível encontrar, dar, receber ou acreditar que merece o amor incondicional de outra pessoa. Não podemos dar o que não temos.*

— MARIANNE WILLIAMSON

A beleza está na revelação dessa sabedoria. Como diz uma das minhas citações preferidas da dra. Maya Angelou: "Faça o melhor possível até saber mais e, quando souber mais, faça ainda melhor." Ella não é mais prisioneira da gaiola que tinha construído para si mesma, na qual havia uma placa dizendo: "Entre se vai me machucar, porque essa é a sensação mais confortável para mim. Aviso: se entrar com boas intenções, talvez eu não o enxergue como um possível parceiro romântico." Agora ela está na missão pessoal de construir e acolher o próprio valor. De identificar mais cedo quando alguém a trata de forma inferior à que ela merece. De decidir que é digna de *receber* o mesmo nível de amor que *dá*, e não *menos*, só porque no passado já acreditou que *era menos*. Ela decidiu que merece ser amada como é. Não quando emagrecer. Não quando se tornar menos ambiciosa. Não quando se diminuir ou ocultar a própria inteligência para ter uma conversa. Não quando diminuir suas exigências e der chances a pessoas que não se alinham aos seus valores. Não quando pensar "talvez eu me satisfaça com uma amizade colorida", mesmo quando seu coração deseja mais. Agora, Ella ultrapassou a barreira da sabedoria.

## Sua zona de conforto emocional

Todos nós temos um forte desejo humano de ter o máximo de certeza possível na vida. Certeza é conforto. Comecei este capítulo com as palavras de Steven Furtick: "Você não permite que novas pessoas lhe deem amor por causa da dor que velhas pessoas lhe causaram?" Quero incentivar você a refletir sobre essa pergunta na sua vida atual. Às vezes, quando não deixamos que novas pessoas nos amem — seja uma possível amizade saudável, seja um relacionamento íntimo —, o motivo é que nos ferimos no passado e temos medo de nos magoarmos de novo. Ninguém, porém, fala da razão mais prevalente. É porque nossa *zona de conforto emocional* padrão, aprendida e condicionada, faz com que seja mais confortável *permanecer* em relações ou buscá-las com o tipo de pessoa que nos é familiar — isto é, pessoas novas que nos tratem tão mal quanto as do nosso passado. Somos atraídos pelo que é conhecido. **Como seres humanos, não fomos projetados para a felicidade, e sim para ficarmos confortáveis.** Somos programados para procurar o que já conhecemos. **Ainda que pensemos que queremos ser felizes, nosso subconsciente nos leva a fazer todo o possível para voltarmos ao que é confortável, a um lugar que reflita da forma mais precisa nosso senso de valor.** Chegamos até a sabotar um relacionamento que pode ser bom para voltar a uma relação que nos dê mais sensação de conforto, mesmo que seja com alguém que nos decepciona ou nos trata mal.

Ella se sentia confortável com parceiros que não a tratavam bem. Quando ser tratada como *inferior* casa com uma visão de nós mesmas como *inferiores*, somos atraídas por esse tipo de relacionamento. Por valentões que nos magoarão. A psicóloga clínica Suzanne Lachmann aponta que "nada interfere mais na habilidade de ter um relacionamento autêntico e recíproco do que a baixa autoestima. Se você não consegue acreditar que é bom o bastante, como crer que um parceiro amoroso possa escolher você?". Quando estamos presos nessa crença, mesmo conhecendo uma pessoa que nos adore e trate bem, não nos sentimos atraídos por ela e a classificamos automaticamente como uma amizade. Quando a dor, a rejeição e o sentimento de insuficiência são familiares e confortáveis, podemos ser atraídos de forma subconsciente por alguém que nos trará esse conforto conhecido. Quando seu valor foi ferido no passado, pode ser confortável procurar pessoas que, inevitavelmente, vão alimentar sentimentos de desvalorização em você. Sair da zona de conforto pode parecer arriscado. Mostrar nosso eu verdadeiro e proclamar em alto e bom som para nós mesmos "Eu mereço ser amada como sou" parece muito incerto. No início, se abrir para novas pessoas, que podem ser diferentes daquelas do passado, é desconfortável. Consciência, coragem e enfrentamento da incerteza são armas para começar a quebrar velhos padrões, redefinir o que parece familiar e, enfim, chegar à liberdade.

ELLA ESTÁ NESTA nova jornada agora. A verdadeira "jornada do herói" da vida dela. Também está construindo sua fé, e ora todos os dias para que Deus "acelere um pouco" o processo para trazer o parceiro com quem ela está destinada a ficar. Assim como ocorre com todas as estradas recém-traçadas, quase nunca é uma linha reta. É cheia de solavancos, zigue-zagues, obstáculos, desvios e bifurcações erradas.

Com uma visão inabalável da vida linda e verdadeira que merece, Ella continua a se valorizar cada dia mais. Agora, quando vê sinais de alerta em um possível parceiro, não se justifica por ele. Ainda assim, todos os dias, tem dificuldade de não priorizar as necessidades dos outros (funcionários, clientes, imprensa, amigos ou família) antes das dela. No entanto, sabe e acredita que é digna de muito mais e está focada em reforçar sua nova história sobre o que merece, até que essa nova história se torne confortável.

Ella agora sabe que não pode mudar os outros. Promete a si mesma que vai ouvir a **própria intuição e ser guiada por ela**. E não vai

*O segredo para conseguir o que quer é aprender a acreditar que você merece o que quer.*

mais descumprir essa promessa. Está se amando cada dia um pouco mais. Está decidida a cada dia confiar em si mesma. E tem funcionado. Então, hoje, quando penso na música "Girl on Fire", penso na minha amiga Ella. Não desse jeito que você está pensando. Do jeito *mais vitorioso, imparável* e *triunfante* possível.

À medida em que nos esforçamos para aumentarmos o nosso senso de valor, a nossa zona de conforto emocional e os traços que nos atraem em amizades e relacionamentos também vão evoluir. A parte mais importante deste processo, a base de tudo, é o valor próprio. É assim que a jornada, a sabedoria e a transformação florescem — um passo de cada vez. Um lembrete de cada vez. Uma decisão de parar de se esconder de cada vez. **O segredo para conseguir o que quer é aprender a acreditar que você merece o que quer.**

Há pouco tempo, quando me reuni com aquele mesmo grupo de amigas, perguntei a Ella se o nome do ex continuava Mentiroso Mentiroso no celular. Fazia tempo que ela não atendia aos telefonemas dele, ligava ou olhava o contato salvo. Ela abriu a agenda e começou a rir na mesma hora. Então mostrou o celular para todas nós. "Mentiroso Mentiroso Periquita em Fogo" continuava sendo o cargo dele, mas ela também havia trocado o primeiro nome por seis palavras em maiúsculas: Não ligue para o Mentiroso infeccioso. Todas à mesa riram até chorar, fizeram piadas bobas e deixaram de lado qualquer indício de maturidade. Veja bem, terapia, desenvolvimento pessoal e práticas de amor-próprio são importantes, mas às vezes precisamos fazer o que tem de ser feito — como mudar o contato na agenda do celular para garantir que nunca vamos nos esquecer. Foi aí que percebemos outra coisa. Ella tinha programado um toque de celular especial para ele. Havia baixado um som chamado "latido", para que, além do novo nome, o telefone latisse como um cachorro se o ex tentasse ligar. Funcionou! Ela não fala com ele desde então e não se sentiu tentada a entrar em contato.

E, caso você esteja se perguntando sobre como Ella anda, ela está indo a encontros e, pela primeira vez na vida, se sente completa. Não está mais abandonando a si própria ou deixando de lado possíveis parceiros que a tratam bem. Está determinada a não se acomodar com alguém que não a ame de forma tão intensa e pura quanto ela ama. E eu acredito que ela vai encontrar a pessoa certa. Minha amiga Ella está pegando fogo!

## CAPÍTULO 8

## *A mentira:* Não tenho nada de especial a oferecer

*Ajudar os outros a encarar as próprias falhas é fácil.*
*O difícil é ajudá-los a encarar a própria beleza estonteante.*

— DESCONHECIDO

"**T**ODAS AS BOAS ideias já têm dono. Por que me esforçar para concretizar a minha? Alguém já deve ter feito isso."

"Por que ele se interessaria por mim? Não tenho nada de especial. Tantas outras mulheres são mais atraentes e têm menos problemas emocionais que eu."

"Não vou correr atrás dos meus sonhos porque outras pessoas podem realizá-los melhor que eu."

"Não tenho nada incrível ou novo para oferecer ao mundo."

Para com essa m*rda! Desculpe o palavrão, vovó, não consegui me conter... Mas isso é uma idiotice completa. Ouço frases como essas de inúmeras pessoas, em especial de meninas e mulheres, todos os dias.

Todas essas afirmações são mentirosas, mas eu também acreditei nelas por muito tempo. Até que vi, repetidas vezes, que não são verdadeiras. A não ser que você acredite nelas. Aí elas continuam não sendo verdade, mas se tornam verdade para você. Ainda assim, são mentiras! Tá bom, vou me acalmar.

Quando penso nas ideias incríveis, no amor que pode ser compartilhado, nos dons e nas dádivas que nunca chegam ao mundo por acreditarmos nessas mentiras, fico com raiva e entusiasmada ao mesmo tempo. Porque o mundo precisa de novas ideias, pensamentos, vozes, dons, amores, amizades e dádivas. Agora mais do que nunca. Então vamos abordar uma das falácias mais comuns que fazem você duvidar da sua capacidade de concretizar essas coisas: o fato de outra pessoa já ter feito aquilo, ou ser melhor ou mais atraente de alguma forma, significa que você não deve correr atrás do que quer.

*Se colocar seu verdadeiro eu na sua ideia, no seu dom ou na sua contribuição para o mundo, é impossível que alguém já tenha feito igual.*

Lembre-se de que você é único. Não existe mais ninguém que pense, sinta ou crie do mesmo jeito. Portanto, **se colocar seu verdadeiro eu na sua ideia, no seu dom ou na sua contribuição para o mundo, é impossível que alguém já tenha feito igual.** Se concretizar sua visão, criar seu negócio, oferecer seu amor, escrever seu livro, compartilhar seus pensamentos ou lançar seu produto de forma autêntica, será algo inédito. Original. Novo. Único. E ninguém mais pode realizá-lo como você. É simplesmente impossível. Ponto final.

Entender e acreditar nisso é essencial para pararmos de nos esconder, acolhermos o valor dos nossos talentos, nossas ideias, nossos dons, nossa arte, nossos pensamentos, nossa voz, nossas metas e nossos sonhos, e decidirmos expressá-los. **Não tente se convencer de que não é a pessoa que nasceu para ser. Não é bom olhar para trás e dizer "Eu deveria ter feito isso", "Eu poderia ter feito aquilo" ou "Eu queria ter realizado tal coisa".**

Quando lancei a IT Cosmetics na sala da minha casa, teria sido fácil dizer a mim mesma que aquilo nunca daria certo porque já existiam milhares de empresas vendendo maquiagem. A ideia já tinha sido executada. E era verdade que havia milhares de empresas vendendo maquiagem, mas, se eu não tentasse, nunca saberia se minhas ideias poderiam dar certo.

Imagine se uma pessoa procurando um parceiro romântico decide não entrar no aplicativo de relacionamento, não contar aos outros que está solteira e não sair de casa para socializar, tudo porque já existem muitas pessoas muito mais [preencha a lacuna] buscando o amor. O que vai acontecer? O resultado é não encontrar o relacionamento que deseja. Se hesitarmos antes de entrar em um espaço ou em um grupo de amigos, pensando que não temos valor suficiente para estarmos ali, acabamos chegando com essa energia de dúvida e perdemos a oportunidade de estabelecermos conexões reais. **Só podemos receber dos outros o tipo de amor e aceitação que damos a nós mesmos.** Se um chef de cozinha decide não abrir seu restaurante dos sonhos porque já existem outros restaurantes, ele pode perder a chance de ser descoberto por uma vizinhança que iria adorar as suas receitas de família. Mesmo nas coisas mais específicas, quase sempre haverá outra pessoa que já fez aquilo. Então, por que tantos restaurantes com o mesmo tipo de comida fazem sucesso? Por que tantas empresas de maquiagem dão certo? Por que tantas pessoas que não se enquadram nos padrões sociais de $x$, $y$ ou $z$ têm relacionamentos cheios de amor? Por que tantas comédias românticas com a trama de sempre atraem milhões de espectadores? Por que tantos livros sobre assuntos semelhantes vendem bem todo ano? Porque sempre há espaço para o modo único como cada pessoa faz algo, para o ingrediente secreto que somente a sua alma pode acrescentar, para a qualidade.

Participei de um debate recente com a equipe de uma editora, em que todos tinham uma opinião sobre a questão: ainda existem pensamentos novos no mundo? Sim, as pessoas continuam criando o tempo todo. Quando falamos de mente, alma e humanidade, há mesmo pensamentos inéditos? Ou existem apenas mensageiros originais que transmitem esses pensamentos de maneira única? Tive a bênção de ser influenciada por muitos mentores, alguns dos quais nunca encontrei. Vários pensadores, pesquisadores, especialistas em autoajuda, guias espirituais, escritores, pastores e criadores que carregam uma bagagem enorme de lições de vida e sabedoria. Quando leio seus livros, recebo seus conselhos ou ouço suas mensagens, quase todos os conceitos remetem a textos religiosos, espirituais ou psicológicos do passado. Quase sempre têm raízes nestes. Isso não faz com que nenhum desses pensadores seja menos eficaz ou tenha menos impacto na humanidade e no mundo.

Se a sua ideia for de fato inédita, talvez precise considerar se não é cedo demais para ela. Na minha empresa, fui a primeira a lançar novidades realmente inéditas, que não tiveram sucesso porque o mercado não estava preparado para elas. Anos depois, observei outras pessoas serem muito bem-sucedidas lançando o mesmo conceito. Mas é claro que há muitas situações em que ser o primeiro a lançar uma novidade dá muito certo!

É óbvio que se você conseguir lançar uma ideia que já foi executada, melhorando a qualidade dela, suas chances de ter sucesso serão maiores! Sempre há espaço para aprimorar um produto, uma ideia ou uma oferta que já exista. **Mas nenhuma das duas opções — ser a primeira ou fazer de um jeito melhor — é um requisito para que uma ideia seja bem-sucedida.** Quando você a executa de forma autêntica, com suas próprias emoções, interpretação, visão e abordagem, ela se torna uma novidade para o mundo. E você nunca saberá como essa ideia será recebida se não tomar a decisão de parar de se esconder e dividi-la.

Nos anos que passei desenvolvendo a IT Cosmetics, minha intenção sempre foi criar produtos que fossem melhores do que aqueles que já estavam disponíveis e posicioná-los por meio de um marketing que ajudasse as consumidoras a se sentirem vistas, valiosas e *suficientes*. Em qualquer área, criar um produto melhor do que os que já existem é difícil. Muitas vezes, requer tempo, tentativas fracassadas no processo de desenvolvimento e uma recusa a se contentar com uma versão que não corresponda à sua visão. Ainda que fôssemos pressionados por parceiros varejistas que pediam novos produtos, nunca lançamos algo no qual não acreditássemos ser melhor do que as opções já existentes no mercado. Por isso, por muitos anos não oferecemos um dos itens de maquiagem mais populares: blush. Em geral, ele tem um tom pêssego, cor-de-rosa ou roxo e costuma ser usado para realçar a cor natural das bochechas. Milhares de empresas o vendem, e por mais que minha equipe de químicos tentasse, eu não sentia que as fórmulas que estávamos criando eram de fato melhores que as muitas já existentes. Então, mantive minha promessa e, ano após ano, não lançamos blush. Até que, um dia, um Cheetos mudou tudo. Isso mesmo, um Cheetos, aquele salgadinho laranja que é vendido no mercado. Vou explicar.

O processo de desenvolvimento de produtos na minha empresa era bem intenso e nada tradicional. Eu orava em busca de novas ideias que iriam melhorar de fato a vida das minhas clientes. Fazia praticamente tudo para tentar concretizar esses produtos. Além de ouvir e aprender com o máximo de clientes que podia, eu também fazia muitos retiros de desenvolvimento de produtos com minha equipe em um espaço acima de vórtices energéticos no Arizona, onde cristais que limpam e atraem energias revestiam o hotel e as salas de reunião. Não que eu não confiasse o suficiente em Deus e na minha sabedoria, mas pensava que, se Deus também criou vórtices energéticos e cristais, por que não aproveitar?

Em um desses retiros, minha equipe e eu estávamos fluindo de um jeito incrível. Ideias para os dois anos seguintes surgiram de maneira natural a semana inteira, e no último dia da reunião decidimos nos concentrar no blush. Todo mundo compartilhou ideias, mas nada dava certo. Quando arrumamos as malas e nos encaminhamos para o aeroporto, parecia que nossas consumidoras precisariam esperar mais um ano pelo nosso blush.

*Só podemos receber dos outros o tipo de amor e aceitação que damos a nós mesmos.*

Já de volta à minha cidade, no carro com meu marido, eu estava comendo um pacote de Cheetos enquanto contava que ainda não tínhamos conseguido uma ideia inovadora para um blush. Olhei para meus dedos manchados de laranja e comecei a lamber o farelo de cada um. Paulo estava dirigindo, mas vi que olhou para as minhas mãos, que continuavam manchadas. Quando eu estava prestes a falar para não me julgar, ele fez uma expressão de quem tinha acabado de ter uma ideia genial. E tinha mesmo!

— Que tal um blush de longa duração em pó? Isso ainda não existe! Se Cheetos pode manchar a pele, então é possível criar um blush assim!

Em vez de me julgar por lamber o farelo dos dedos, ele estava ligando os pontos de um conceito brilhante. "Quem diria que um Cheetos poderia gerar uma excelente ideia de produto de beleza?"

Um grande problema com as opções de blush no mercado é que elas não duram. Você aplica o pó nas bochechas e ele desbota em algumas horas. Existem blushes de longa duração que solucionam a questão da duração, mas são todos líquidos ou cremes complicados de aplicar, então não vendem bem. Mas eu nunca tinha ouvido falar de um blush de longa duração em pó. "Se o Cheetos tem um elemento em pó que mancha, mas é seguro para comer, então meu marido está certo", pensei. "É possível criar um blush de longa duração em pó!"

Era uma ideia maravilhosa, e falei isso para ele. Em seguida, fiz uma oração para agradecer pela dádiva.

Contei logo a novidade para a equipe, que ficou tão empolgada quanto eu. Conseguimos!

Começamos o processo de desenvolvimento do produto com dois dos nossos laboratórios e suas equipes de químicos. Naquele momento, ainda éramos relativamente pequenos se comparados a muitas das marcas mais conhecidas. Passamos mais de um ano no desenvolvimento e rejeitamos inúmeras fórmulas até que um dia *voilà*! Corremos atrás, idealizamos e criamos o primeiro blush de longa duração em pó!

Era a hora da parte divertida: lançar o produto no mundo. Esse processo começa com o envio de amostras para toda a imprensa especializada no assunto. Para que um produto apareça em uma revista tradicional, o que era como ganhar na loteria na época, os veículos precisavam receber a amostra de quatro a cinco meses antes da data de publicação. Enviamos para todas as revistas, e houve muita empolgação. Ficamos sabendo que nosso blush era finalista de um dos maiores prêmios editoriais do setor. Eu nem conseguia acreditar. Mas, ao mesmo tempo, acreditava. Nosso blush merecia, porque era inovador de verdade. Como éramos uma empresa pequena, receber aquela imensa honraria e o espaço na imprensa que isso abriria parecia um sonho se tornando realidade.

Meses se passaram, e os planos de marketing foram firmados. Estávamos nos aproximando da janela de sessenta dias antes do lançamento quando recebi um telefonema. Não tínhamos ganhado o cobiçado prêmio.

— Como assim, por quê? — perguntei à nossa equipe de relações-públicas.

— A editora-chefe da revista disse que outra marca está fabricando o mesmo produto. E o lançamento deles vai ser antes do seu. Como vocês estão produzindo a mesma coisa, a revista não pode dar o prêmio a nenhuma das duas empresas.

Fiquei inconsolável e pensei comigo mesma: "Como é possível que outra empresa esteja desenvolvendo a mesma ideia ao mesmo tempo? Não tem como."

Então, descobri que tem como, sim.

Um dos nossos laboratórios parceiros tinha mostrado nossa ideia e nossa fórmula a uma marca bem maior. O laboratório ganhava dinheiro com cada unidade encomendada. Ou seja, quando aquela marca maior lançasse o seu (isto é, o NOSSO) blush de longa duração em pó para sua imensa base de clientes e vasta gama de distribuidores varejistas, o laboratório ganharia muito mais dinheiro do que seria possível com o nosso lançamento.

Era correto? Não. Era errado e antiético? Sim. Eu poderia ter processado o laboratório? Sim. Tinha dinheiro para uma ação judicial? Não.

Então, em vez disso, chorei. Temi que, como alguém ia lançar NOSSA ideia primeiro, não teríamos sucesso. Pior ainda: que eu parecesse uma imitadora. Mesmo a ideia sendo NOSSA! Fiquei arrasada. Me senti traída pelo fabricante e muito desanimada. Sabia como era raro e especial ter ideias originais, e o fato de a nossa ter sido dada a outra pessoa era péssimo. Se já roubaram uma ideia sua no trabalho, ou usaram o nome de bebê que você escolheu, ou lhe passaram a perna de algum jeito, sabe que no começo pode parecer um golpe inesperado ou uma traição. Pode até fazê-lo questionar se deveria mudar ou cancelar a ideia à qual **você** deu origem.

Decidimos que a melhor estratégia de negócios era seguir com o produto. O fabricante deu prioridade ao lançamento da grande marca e, enquanto ainda estávamos no processo de embalagem, o blush da concorrente chegou às lojas de todo o país. As vendas foram boas, mas nada extraordinário. Então lançamos nosso blush e vendeu incrivelmente bem. Descobri mais tarde, por relatórios do setor, que minha empresa tinha vendido mais unidades do produto do que a marca maior. Nosso marketing era diferente, com uma mensagem autêntica. Embora um produto idêntico já estivesse no mercado, parecia que as consumidoras tinham sido atraídas pela nossa campanha. Portanto, no fim das contas, as pessoas compraram o que gerou mais conexão com elas, e não o produto por si só. Foi uma enorme lição que aprendi e que vi desenrolar várias vezes desde então. Não importa se alguém já lançou sua ideia — neste caso, literalmente — porque ninguém pode executá-la como você.

Vivenciei e vi inúmeros outros exemplos disso na vida, em relacionamentos e nos negócios. É fácil pensar que não temos nada de especial a oferecer. Nos rejeitamos antes de permitir que qualquer outra pessoa o faça.

**Da próxima vez que se sentir tentado a questionar se tem algo de especial a oferecer na vida, nos negócios, em relacionamentos, no amor e nas suas contribuições de ideias, talentos, sentimentos e dons para o mundo, lembre-se disto: na verdade, você tem o ingrediente secreto que ninguém mais no universo consegue acessar e aproveitar. Só você possui a coisa mais especial possível a oferecer: você.**

# CAPÍTULO 9

## *A mentira:* Preciso agradar a *eles* para *me* amar

*Se você viver para agradar aos outros,
todos o amarão exceto você mesmo.*
— PAULO COELHO

"Ei, rolinhos de canela, parem de me encarar. Não estou vendo vocês." Tentei projetar uma mensagem subliminar para os suculentos rolinhos de canela, com a cobertura derretendo, que tinham acabado de sair do forno e estavam na bancada da minha cozinha. Quer dizer, eu não sabia que a cobertura estava derretendo porque *não* estava olhando para ela. Se eu fizesse contato visual com a cobertura, ou pior, com a espiral central, eles me derrotariam. Seria um grande problema, porque eu queria receber a aprovação da minha sogra. Ela estava sentada a uns três metros de mim, e tentei com uma força de vontade heroica me concentrar apenas no brócolis, na salada e nas frutas que também estavam na bancada. "Não me tente, rolinho... Sabe que vou passar o dia todo pensando em você... Sei que sabe que é amor à primeira vista, mas não posso ser leal ao nosso romance agora. Estou comprometida com o brócolis. E eu nem o amo. Na verdade, não sinto nada quando estou com ele. Mas, neste exato momento, tenho de fazer o que é preciso. Vou guardar para sempre com carinho o nosso amor que quase aconteceu. É melhor ter amado e perdido do que nunca ter amado."

Isso aconteceu no Natal, uma época em que costumo receber as minhas famílias durante dias. Todos nos reunimos, compartilhamos receitas passadas de geração em geração, abrimos presentes e aproveitamos a companhia uns dos outros. A família do meu marido sempre se junta a nós, assim como vários amigos, alguns dos quais não têm parentes e que se tornaram a família que escolhemos. Nossa casa se enche de todas as maravilhas nostálgicas natalinas, com uma mesa dedicada a doces e biscoitos com os nomes dos convidados, várias caixas da bala preferida da minha mãe e infinitas bebidas de todo tipo. Minha sogra, Vivi, é um ímã de netos e faz questão de usar camisetas com os desenhos animados preferidos da minha filha, Wonder, e do meu filho, Wilder. Ela também tem um estilo de vida incrivelmente disciplinado e saudável. Fico maravilhada. Vivi costuma comer as mesmas coisas todos os dias nas refeições, tipo salmão e brócolis, e quase nunca consome alimentos processados ou açúcar. Pratica exercícios todos os dias e está em uma forma incrível. Eu... não.

Superar as dúvidas sobre meu corpo tem sido um dos meus maiores desafios, no qual já avancei muito, mas que continuarei enfrentando a vida toda. **Minha missão mudou muito: antes, eu queria ter certa *aparência* e agora quero me *sentir* de determinada forma.** Ao me esforçar para fortalecer minha autoestima, enfim cheguei ao ponto em que não deixo mais meu peso determinar como me sinto em relação a mim mesma. Sinto de verdade que tenho valor, não importa meu tamanho. Se você passou por algo semelhante, sabe como é difícil conquistar essa vitória. Significa que não me preocupo mais quando quero desfrutar de alimentos deliciosos e, às vezes, até pouco saudáveis. Mas esta história não é sobre isso, e sim sobre tentar agradar os outros. Nesse caso, eu tinha uma pessoa para agradar: a minha sogra.

Sempre que meu marido come coisas que não são saudáveis na frente dela, por uma preocupação maternal bem-intencionada, Vivi fala muito sobre como ele deveria se abster. Paulo tem uma grande vantagem nisso: não se importa. Isso não o incomoda nem um pouco. Ele deixa o conselho entrar por um ouvido e sair pelo outro e continua comendo o que quer. Quando como algo que não é saudável na frente da minha sogra, ela nunca diz nada — fica em silêncio. Mas é óbvio que está me vendo, e acabo me preocupando com essa provável desaprovação. Anseio pela aprovação dela mais do que pelos rolinhos de canela. Então hoje é brócolis. Hoje, eu me escondo. Não falo o que quero. Não me sinto livre para fazer escolhas próprias. Minha tendência a agradar às pessoas, profundamente enraizada, assume o controle. **Naquele momento, quero mais ser amada do que ser eu mesma.**

O comportamento de tentar agradar a todos costuma ser descrito como um esforço para satisfazer os outros de modo a ganhar a aprovação deles ou evitar conflitos e críticas, tudo isso enquanto você sacrifica desejos e necessidades próprios. Sabe quando pedimos desculpas demais, prestamos muita atenção ao que os outros pensam e temos dificuldades de impor limites? É isso.

Entre os muitos problemas desse comportamento, estão: negligenciar a si mesmo; tomar para si mais estresse, cansaço e ressentimento; acolher o sentimento de fracasso constante, pois é impossível agradar a todos; e viver de forma não autêntica, o que afeta todos os aspectos da saúde, dos relacionamentos e da vida.

Pesquisas mostram que mais de 50% das mulheres e mais de 40% dos homens relatam tentar agradar a todos. Essa compulsão aparece em muitos aspectos da vida. Mais de 70% das mulheres afirmam tomar medidas extremas para evitar conflitos, e quase 70% dão prioridade às necessidades dos outros em detrimento das próprias.

Aprender a parar de agradar os outros pode começar com pequenos passos, entre eles ouvir nossa voz interior, nos comprometermos a falar o que pensamos, identificar nossas prioridades, estabelecer limites, dizer mais "não", lembrar que é impossível agradar a todos, passar mais tempo sozinhos, assumir com nós mesmos o compromisso de priorizar nossas necessidades e fortalecer nossa autoestima.

*Acho que não preciso de canelas malhadas.*
*Ficaria satisfeita com bolinhos de canela.*
— ELLEN DEGENERES

Certo, de volta ao rolinho de canela, que continuava me mandando doces mensagens silenciosas pelo ar. Passou meia hora, depois uma hora. Parei de pensar na vontade de comer um rolinho de canela e comecei a refletir sobre o motivo para não o comer. Por que, como uma mulher adulta e experiente, eu ainda não estava vivendo de acordo com o que sabia? Essas crenças profundas que criam caminhos neurais em nosso cérebro não são brincadeira, e, se não formos firmes em nossa jornada para mudá-los, é muito fácil voltar aos velhos hábitos. Eu queria o amor da minha sogra, e o único jeito que ela tinha de fazer isso para que eu o recebesse por completo era me dar esse amor por quem eu sou de verdade. Se ela o desse à pessoa que eu estava fingindo ser, eu não conseguiria senti-lo e recebê-lo de qualquer forma. **Se era realmente amor que eu desejava, minha única alternativa era ser eu mesma. Mesmo que ela não me aprovasse.**

Resolvi comer o rolinho de canela.

Ao fazer contato visual com o doce, senti no meu interior a intensidade de dois amantes secretos se encontrando a portas fechadas e se lançando aos braços um do outro. Mas, por fora, fingi normalidade. Estendi meu braço pela bancada, peguei a espátula, levantei a dádiva dos céus e a posicionei no meu pedestal — quero dizer, prato. Um rio quente de cobertura pegajosa de canela e cream cheese amanteigado se esticou pelo prato, como o barbante de uma pipa. Confiante, peguei um garfo e... Dei. Uma. Mordida.

Naquele exato momento, minha sogra fez contato visual comigo. Sorrindo de orelha a orelha, ela começou a falar sobre como estava animada por estar ali com os netos. Fiquei confusa. Ela não tinha percebido minha desobediência? Onde estava o silêncio desaprovador que eu havia previsto? Nunca veio. Vivi continuou a falar sobre como estava surpresa com a compreensão de leitura de Wonder e o senso de humor aguçado de Wilder. Percebi que ela não estava nem aí para o fato de eu comer um rolinho de canela. Me dei conta de que estava projetando minhas inseguranças nela e que isso estava impedindo que estabelecêssemos uma conexão mais próxima. Tudo enquanto o calor sedutor do rolinho de canela diminuía.

Eu me perguntei quantas outras vezes havia interpretado mal uma situação. Há um ditado famoso de Anaïs Nin: "Não vemos as coisas como *elas* são, as vemos como *nós* somos." Em outras palavras, carregamos crenças, experiências, traumas, inseguranças e preconceitos próprios para cada situação, ainda que pensemos que a estamos encarando de maneira objetiva. O resultado é que **acabamos perdendo um tempo valioso com medo de coisas que nunca existiram e que nunca acontecerão de fato. Desperdiçamos muita vida nos preocupando com o que os outros pensam de nós, apesar de** eles nem estarem pensando na gente. **Então tentamos agradar as pessoas com base em pensamentos que projetamos nos outros e em suposições que fazemos sobre o que garantiria a aprovação deles.** Muitas vezes a outra pessoa, sem saber, está fazendo o mesmo conosco, duplicando o muro de desconexão, tudo com a intenção de dar e receber amor. A única parte disso que podemos controlar é a bagagem que carregamos para a situação. A única solução é estarmos mais conscientes dela, tendo coragem para abandonar o desejo de agradar os outros e mostrar quem realmente somos, mesmo que isso exija força e vulnerabilidade.

No caso do rolinho de canela, se minha sogra tivesse reprovado minha escolha de comê-lo ou me julgado, *ainda assim* a situação nos aproximaria de alguma forma. Porque **até uma reação negativa é melhor do que a barreira de desconexão que surge quando se é inautêntico.** A troca de energia teria sido real, mesmo que não fosse positiva.

Neste momento, o rolinho de canela é quem eu sou. Não sou o brócolis. Quero ser o brócolis. Quero muito. Tenho grandes objetivos de brócolis na vida. Metas que incluem me tornar vegana sem recorrer a um pacote de Oreo em todas as refeições. (Sim, Oreo é vegano. Sim, você pode se tornar um vegano muito, muito pouco saudável caso se dedique bastante.) Mas, neste exato momento, não sou o brócolis.

Se você for de rolinho de canela, coma o rolinho de canela. E se for a sua hora de se tornar o brócolis, coma o brócolis. Seja você quem for, não subestime ou esconda sua vitória do brócolis para tentar agradar os rolinhos de canela. Seja o brócolis, por completo.

**VALE ANOTAR:** Para um guia grátis de como parar de tentar agradar os outros, acesse WorthyBook.com/Resources (site em inglês).

# CAPÍTULO 10

## *A mentira:* Se eu me destacar, serei excluída

*Não tente se diminuir para o mundo.*
*O mundo é que deve tentar alcançar você.*

— BEYONCÉ

DESDE A INFÂNCIA, aprendemos um código: "Se me destacar, posso ser excluída." Não é o tipo de exclusão como a que meu marido sofreu em um evento de luta livre ~~encenada~~, no qual achou que seria divertido se juntar aos lutadores de verdade e jogar a própria cadeira no ringue. Sim, isso aconteceu. Sim, ele foi escolhido para fora do evento. Sim, ainda assim me casei com ele. Observação: até hoje ele se orgulha da atuação e alega que jogar a cadeira "fez sentido na hora".

Enfim, aprendemos que, se formos muito independentes ou chamarmos atenção demais, corremos o risco de perder o amor e a aceitação das outras pessoas. Aprendemos a nos conectar por meio de problemas e a tomar decisões com base no consenso do grupo, e não no que nossa intuição diz. Aprendemos que não podemos ficar sozinhas. Que, se formos inteligentes demais, não seremos benquistas ou desejadas pelo sexo oposto. Que precisamos ser estratégicas quando tentamos nos encaixar em um grupo, porque, **se nos destacarmos, podemos ser excluídas. E, se formos excelentes, podemos ser criticadas.**

Seria fácil dizer que essas coisas são tolices infantis. No entanto, essas crenças condicionadas sobre normas de gênero continuam sendo padrões profundamente enraizados na vida adulta. Quando não as reconhecemos ou as desaprendemos, elas nos mantêm retraídas e escondidas. Não nos tornamos autoconfiantes e ficamos insatisfeitas.

Minha amiga Danielle foi criada em Londres e se orgulhava de nunca perder um dia de aula, não importava o que acontecesse. Desde os 10 anos, ano após ano, ela ia para a escola mesmo quando estava doente. Certa vez, teve uma intoxicação alimentar e se recusou a deixar que isso arruinasse seu histórico perfeito de presença. Então, ela foi à escola, apesar de ter de correr para o banheiro várias vezes, passando o maior constrangimento. Quando virou adolescente, começou a perceber que as áreas em que se destacava nem sempre eram valorizadas pelos colegas. Ela passou a sentir pressão social para se destacar menos e conseguir se encaixar no grupo. Aos 14, quando estava prestes a ganhar um prêmio por não ter faltado uma única aula durante anos, ela sabotou tudo para não virar chacota. Fingiu estar doente para não ganhar o prêmio, apesar de tanto esforço. Jogou tudo fora porque temia ser condenada ao ostracismo social ao se destacar por uma grande conquista. Felizmente, as coisas mudaram. Hoje, por meio de sua comunidade on-line, ela ajuda todos os dias milhões de mulheres no mundo inteiro com a missão de inspirá-las a correrem atrás de suas ambições mais ousadas.

## Presas nas normas sociais

Desde que o mundo é mundo, aprendemos a sacrificar nosso sucesso para agradar aos outros.

Quais são as primeiras coisas que vêm à sua mente quando descrevo uma mulher como "muito ambiciosa"? Você acha que ela é calorosa ou fria? Como imagina que ela se veste? Que tipo de mãe deve ser? Acha que gostaria dela? Ela se encaixaria no seu grupo de amigos?

E quando descrevo um homem como "muito ambicioso"? Mesmas perguntas: você acha que ele é caloroso ou frio? Como imagina que ele se veste? Que tipo de pai deve ser? Acha que gostaria dele? Ele se encaixaria no seu grupo de amigos?

Décadas de estudos, entre eles pesquisas recentes no campo das ciências sociais, concluíram que, se um homem é bem-sucedido, as pessoas gostam mais dele. Por outro lado, se uma mulher tiver sucesso, não costumam gostar muito dela.

Como seres humanos, seja qual for o nosso gênero, temos um medo profundo de não bastarmos e, por isso, não sermos amados. Portanto, se perpetuamos normas de gênero que indicam esse tipo de coisa, o que acha que vai acontecer? E o que já acontece? O que acontece há gerações? Nós levamos a vida nos escondendo, reprimindo ideias, ambições e dons que poderíamos oferecer ao mundo, e nos diminuindo, porque desejamos ser amadas. Receber amor por fingir ser outra pessoa, ou por ser menos do que é na realidade, não é satisfatório. Só podemos nos sentir amados de verdade se formos verdadeiros.

Os homens costumam ser criados com uma pressão absurda e julgamentos sociais esmagadores. A sociedade lhes ensina que o sucesso profissional vai determinar o valor deles. Por isso, sacrificam paixões, ideias, talentos e dons para se esconderem atrás de uma profissão aprovada pelo mundo — e, muitas vezes, pela família. É comum que aprendam que são o trabalho. Caso não tenham uma carreira boa o suficiente, com um salário alto, então deve haver algo de errado com eles. Os homens também aprendem a se esconder, a viver de forma incoerente com a sua real essência e com o que desejam de fato.

Essas máscaras que aprendemos a usar também afetam como enxergamos e julgamos os outros. Quando dois candidatos — um homem e uma mulher — concorrem a qualquer cargo político, a cobertura da imprensa tem diferenças drásticas. Se prestarmos atenção, até os comentários à mesa de jantar da maior parte das famílias também têm origem em convicções muito enraizadas sobre os comportamentos nos quais cada gênero deve se encaixar. É muito mais comum que comentários depreciativos e focados na aparência sejam feitos sobre mulheres.

Isso também se aplica ao campo profissional, em especial quando uma mulher tem ou aspira a uma posição de liderança. Quando ela toma uma decisão firme no trabalho, faz uma escolha ou dá instruções à equipe, muitas vezes é chamada de agressiva, fria e desagradável. Quando um homem faz a mesma coisa, é encarado como confiante e visionário. É comum que líderes do sexo feminino recebam do chefe ou do RH comentários de que "não trabalham bem em equipe", são "políticas" ou "competitivas demais". Com avaliações desse tipo, somos levadas a recuar, nos afastar e diminuir nosso potencial. Pelo fato de termos aprendido desde pequenas a não confiarmos em nós mesmas, comentários desse tipo parecem críticas e podem ser confundidos com a verdade. Eles nos levam a pensar que, para avançarmos, as mulheres precisam ter uma abordagem menos decidida — só que isso pode prejudicar nosso potencial.

Alguns estudos mostram que, no campo profissional, muitas vezes os homens são promovidos com base no potencial futuro. Para nós, as promoções costumam ser baseadas em feitos passados. Portanto, é comum não sermos promovidas antes de provarmos que somos capazes. Já os homens avançam na carreira se houver confiança de que conseguirão dar conta do recado.

Aplicamos esses mesmos padrões em outras áreas da vida. Nós mulheres consideramos que não temos potencial para nos candidatarmos a uma vaga. Nos concentramos nos motivos pelos quais não merecemos as coisas — lembre-se: aquilo em que nos concentramos se torna nossa realidade.

Outra lição aprendida é que precisamos ser acolhedoras acima de tudo. Logo, quando uma mulher é competente, ela não parece gentil. Caso seja muito amável, é vista como mais gentil do que competente — coisa que também aprendemos, de forma subconsciente, a não ver como um problema. Porque, lembre-se: a inteligência e o sucesso fazem com que gostem menos de nós. Depois de nos contorcermos para caber nessas normas culturais, somos aprovadas, mas não nos sentimos realizadas. Aprovadas, mas cheias de anseios. Aprovadas, mas em agonia. Aprovadas, mas com raiva. Aprovadas, mas vazias. Aprovadas, mas sentindo que somos indignas de amor. Aprovadas, mas nos escondendo. Aprovadas, mas nos sentindo sem valor.

**Ficamos tão boas em nos escondermos que alcançamos um objetivo sempre temido: desaparecemos.** Em vez de nos escondermos, começamos a nos sentir invisíveis. Para as pessoas à volta, para o mundo e, o que é mais devastador, para nós mesmas. Começamos a sentir que não temos importância.

Nos iludimos dizendo que essa sensação se deve ao fato de estarmos velhas ou não sermos mais atraentes. São as mentiras de sempre, que evoluíram para versões ligeiramente modificadas.

A verdade é que **nos escondemos de nós mesmas por tanto tempo que nos tornamos invisíveis.**

A boa notícia é que não é tarde demais para mudar isso.

## De invisível a visível

*Não encolha quem você é para caber
em espaços pequenos demais para o seu destino.*

— DESCONHECIDO

Quando foi a última vez que você parou para se perguntar: "Como estou me sentindo de verdade? O que desejo?" Que deixou que alguém visse quem você realmente é? Que se viu de fato? Que se impôs, usou sua voz e deu sua opinião sem hesitar, sem questionar se valeria a pena compartilhá-la?

Às vezes, nem percebemos o que está acontecendo, apenas não nos sentimos vivas, conectadas ou realizadas. Reconhecer que estamos nos escondendo e nos desconectando de nossa verdadeira essência é transformador. Pense na sua vida: quando parou de levantar a mão? Quando começou a perceber que, quando se encolhia, as pessoas ao seu redor se sentiam mais confortáveis? Quando parou de confiar na sua intuição, de saber o que de fato deseja e quem realmente é?

O primeiro passo para deixar de ser invisível é querer isso. O passo seguinte é tomar a decisão de, aos poucos, parar de reprimir o seu brilho e fazer pouco caso dele. Comece a se enxergar e permitir que os outros o vejam. Compartilhe seus verdadeiros sentimentos, desejos e opiniões. Acredite que é digno de todas essas coisas.

*Não é tarde demais. Você não está velha demais.
Dias melhores estão por vir.*

— MALLY RONCAL

Se acredita que é tarde demais, garanto que não é! O momento certo é agora. Nunca é tarde para aumentar a autoestima, dar um passo à frente, falar abertamente, aprender a amar seu verdadeiro eu e ir atrás do que deseja na vida. Mudar é desafiador. Traz incertezas, especialmente sobre a reação dos outros. Entretanto, destrua a crença falsa de que se diminuir fará com que você seja amada. Perceba que só é possível encontrar amor e pertencimento reais sendo exatamente quem você é — e tudo o que isso inclui. Essas duas pequenas mudanças podem transformar de forma profunda todas as áreas da sua vida e aumentar sua autorrealização.

Pense por um segundo: de que formas você tem se escondido dos outros, diminuído os seus talentos, se contido e deixado de dividir seus dons com o mundo? É por medo de que eles não bastem? Você teme se destacar e deixar as pessoas desconfortáveis? Ou tem medo de que elas possam até torcer contra você?

## Você é digna de ser vista

Agora, vamos partir para a ação juntas. Pense em como começar a viver de forma mais autêntica a partir de hoje. Qual passo você se compromete a dar agora mesmo para deixar de se esconder e acreditar no seu valor? Escrever a primeira palavra do seu livro? Descansar e se comprometer a ter consciência de que merece fazer isso sem culpa? Usar roupas com cores vibrantes? Expressar suas opiniões, estabelecer limites ou contar como se sente de verdade? Registrar o domínio da sua empresa? Ligar para certa pessoa e dizer que a perdoa, não porque o que ela fez foi correto, mas para que você se sinta livre? Compartilhar uma ideia amanhã no trabalho? Usar um short, mesmo que não ache suas pernas bonitas? Voltar ao aplicativo de relacionamentos? Começar a mostrar sua arte para o mundo, ou talvez nas redes sociais? Pense no passo que dará hoje para deixar de se esconder. Diga em voz alta! Proclame! Seja ~~homem~~ mulher! Dê esse passo. **Você é digna de ser tudo o que é!**

> *Nosso medo mais profundo não é a inadequação. É nosso próprio poder ilimitado. É nossa luz, e não nossa sombra, que mais nos amedronta. Nos perguntamos: "Quem sou eu para ser brilhante, linda, talentosa, fabulosa?" Na verdade, quem é você para não ser essas coisas? Você é uma filha de Deus. Se diminuir não contribui com o mundo. Não há nada de iluminado em se rebaixar para que os outros não se sintam inseguros. Fomos todos feitos para brilhar, como as crianças brilham. Nascemos para manifestar a glória de Deus que existe em nós. Ela não existe apenas em alguns de nós;*

*está em todos. Quando permitimos que a nossa luz brilhe, outras pessoas percebem que podem fazer o mesmo. Conforme nos libertamos do medo, a nossa presença automaticamente liberta os outros.*

— MARIANNE WILLIAMSON

Quando li pela primeira vez essa famosa citação de Marianne Williamson sobre temer o nosso poder e a nossa luz, tinha vinte e poucos anos e não a compreendi por completo nem fui tocada por ela. Agora, na faixa dos 40, eu a entendo. Eu vivi isso. Talvez você também tenha vivido.

Se esse for o caso, pode ser que hoje seja o dia em que você vai resolver não mais se rebaixar para deixar os outros mais confortáveis. Não vai mais diminuir sua luz e evitar seu brilho intenso. **Talvez hoje seja o dia em que você vai decidir — com um pensamento, um passo, uma palavra, uma ação de cada vez — se libertar dos seus medos de ver, reconhecer e acolher seu poder, sua beleza e seu *valor*, destacando-se por ser seu verdadeiro eu.**

## CAPÍTULO 11

# *A mentira:* Sou uma impostora e não me basto

*Aquilo que você teme estabelece os limites da sua liberdade.*
— ERWIN RAPHAEL MCMANUS

—Eu tinha a fantasia de que um homem ia parar o carro do meu lado na rua e me resgatar... tipo no filme *Uma Linda Mulher*, sabe? — disse minha amiga Lara, acanhada.

Nosso grupo de amigas tinha se reunido para almoçar, e ficamos surpresas com a revelação.

—Você? Não pode ser — comentou Jenna.

— Ah, depois de ver aquele filme, também fiquei sonhando com isso — admiti, principalmente para que Lara soubesse que não era a única a pensar naquilo. — Queria que o cara escalasse o prédio por mim, com guarda-chuva e tudo... Queria até o vestido azul e branco!

— Bem, eu me casei com um pai em tempo integral e não o trocaria por nada, mas temos de admitir que toda mulher se imaginou vivendo aquela história toda depois do filme — opinou Julia.

Todas riram e concordaram.

— Olha, sem querer criticar ninguém, mas se o sujeito tiver um carrão daqueles, toda aquela grana e for bom de cama, pode parar do meu lado na rua e me resgatar a hora que quiser — disse Lanna, arrancando risadas da mesa toda.

Lara nos cortou.

— Não, meninas, eu tinha mesmo essa meta. Igual no filme, eu queria que um cara incrível me encontrasse. Eu ia me enquadrar no mundo dele e íamos viver felizes para sempre. Era um objetivo real para mim. Corri atrás disso e tentei usar a força do pensamento para que se realizasse.

— Você está falando sério? — indagou Jenna, uma vez que não dava para imaginar Lara, um pilar da própria família e bem-sucedida no mundo corporativo, desejando alguém para resgatá-la.

Ouvindo todo o burburinho, pensei em como o caminho dela teria sido diferente se uma das suas tentativas de ser "resgatada" para viver feliz para sempre tivesse se tornado realidade.

DESDE PEQUENAS, APRENDEMOS com livros e filmes que precisamos de outra pessoa para nos resgatar e nos completar. A fada madrinha transformando a Cinderela em princesa e o príncipe se casando com ela e a levando para morar no castelo; o lenhador salvando a Chapeuzinho Vermelho do lobo; o príncipe escalando o cabelo da Rapunzel para resgatá-la do cativeiro na torre; a Branca de Neve e a Bela Adormecida, ambas salvas pelo beijo de "amor verdadeiro"; ou os inúmeros outros exemplos com os quais aprendemos que só quando outra pessoa chegar poderemos ser completas e felizes. Nos ensinam que, sozinhas, não temos o necessário, então podemos sentar e esperar a chegada de um salvador ou procurá-lo desesperadamente. Aprendemos, ainda meninas, que não podemos confiar em nós mesmas e no que já temos dentro de nós. Aí nos tornamos mulheres adultas sem confiança. Somos ensinadas desde pequenas a acreditar que, mesmo que não tomemos atitudes ou façamos escolhas por conta própria, tudo vai dar certo porque outra pessoa com mais conhecimento vai nos salvar e, então, não precisaremos mais viver escondidas. Aprendemos na infância a ser doces e discretas e a dar aos outros o crédito pelo nosso sucesso quando, enfim, graças a eles, nos tornamos vivas e florescemos para o nosso futuro brilhante.

NA FASE ADULTA, essa narrativa de que não nos bastamos por conta própria pode aparecer sob a forma da síndrome do impostor, definida pelo dicionário Oxford como a incapacidade persistente de acreditar que nosso sucesso é merecido ou foi conquistado de forma legítima como resultado de nosso esforço ou nossas habilidades. Pesquisas mostram que 75% das mulheres em cargos executivos passaram por essa síndrome na carreira. Mesmo em situações em que a nossa experiência ultrapassa as qualificações necessárias, muitas vezes nos sentimos como impostoras, seja começando em um novo emprego ou dando vazão a nosso talento natural. Buscamos confirmações externas de que somos suficientes, procuramos alguém que consideramos mais qualificado para validar as nossas ideias e desejamos um parceiro romântico que afirme o nosso valor.

Se ainda não tivermos encontrado essa pessoa, ou não tivermos sido "resgatadas", não nos achamos completas. Então, partimos em uma busca incessante pelo amor, sem perceber que nós mesmas somos amor. Não sabemos que, antes de procurar por um parceiro romântico para a vida toda, precisamos aprender a nos amar.

Lamentamos e relembramos amores passados que "perdemos", contando a nós mesmas a história de que somos incompletas e não temos mais amor em nossa vida, porque não percebemos que já somos amor. Analisamos de forma positiva um amor perdido, ainda que a nossa intuição saiba que não era saudável, e pensamos que aquele "deveria ter sido" o homem da nossa vida. Não nos damos conta de que, como diz meu amigo Matthew Hussey, *life coach* e autor best-seller, se "devesse ter sido, então teria sido". É normal e parte da nossa natureza querer companheirismo, conexão e pertencimento. **Desejar essas coisas é diferente de sentir que precisamos de outra pessoa para sermos completas ou amadas.**

## Confiando em si mesma

Para além da fantasia de precisarmos de um príncipe para nos salvar, também imaginamos que um mentor vai nos resgatar no campo profissional. Muitas vezes, mulheres ambiciosas contam a si próprias a mentira de que, se tivessem um grande mentor, saberiam o que fazer e como fazer. Claro que os mentores podem ser fantásticos, assim como tenho certeza de que os príncipes da vida real o são. Mas não é neles que encontramos o nosso poder ou a nossa grandeza.

Acredito no poder da mentoria. Sinto muita alegria e satisfação em orientar os outros, e valorizo e aprecio demais os mentores que entraram e continuam na minha vida. Entretanto, é importante perceber que a sua magia está em VOCÊ. Sejam mentores, sejam parceiros românticos, você não depende de outra pessoa para ser motivada, valiosa ou digna. Levei muitos anos para aprender essa lição e incorporá-la totalmente. Afinal, passei a maior parte dos meus vinte e poucos anos esperando em segredo que Richard Gere parasse o carro do meu lado a qualquer momento. Mas, no final do filme, foi a personagem de Julia Roberts que se salvou por conta própria e inspirou o personagem dele a se salvar também. Em vez de esperar que as respostas apareçam sob a forma do Príncipe Encantado, de um mentor ou de qualquer outra pessoa, temos de ter autoconfiança e acreditar nos nossos instintos e na nossa experiência. **Quando aprender a confiar em si mesma e na sua intuição, você não vai mais sentir que é uma impostora ou que precisa da intuição dos outros para guiá-la.**

**VALE ANOTAR:** Para mais recursos sobre como reforçar sua intuição, acesse WorthyBook.com/Resources (site em inglês).

Uma mentoria, um grande círculo de amigos, de familiares ou de colegas leais, e até dados e informações, podem ser úteis na tomada de decisão. No entanto, quando nos apoiamos exclusivamente em qualquer um deles ou em todos, isso pode atrapalhar no desenvolvimento da nossa autoconfiança, nos mantendo presas à síndrome do impostor, sentindo que outra pessoa sabe o que fazer e como fazer, e que, por conta própria, não estamos qualificadas para nem uma coisa nem outra.

Valorizo muito os conselhos que recebo dos meus mentores e, mesmo assim, tomo várias decisões que vão contra o que dizem. Eles sabem disso. Quando não sigo um conselho, conto que o meu instinto está dizendo outra coisa e que vou confiar nele. Passo todos os conselhos que recebo — de mentores ou de outras pessoas — pelo filtro do meu próprio saber ou pela minha intuição. Muitas vezes, faço orações pedindo clareza sobre o assunto. Nesse processo de filtragem, tenho um pressentimento que me diz se um conselho é ou não adequado para mim e se, apesar de ser ótimo para outros, não me serve naquele momento. O meu trabalho é me tornar cada vez melhor em ouvir e confiar nessa sabedoria.

Desenvolver a intuição e aprender a se aquietar o suficiente para ouvir o que você já sabe são habilidades que passamos a vida inteira aprimorando. Tal como os músculos, elas se tornam mais fortes e adquirem memória muscular a cada utilização. É inevitável confiarmos em nosso instinto às vezes e parecer que cometemos um erro, mas acredito que a intuição nunca falha. O resultado pode não ser o que desejávamos e parecer muito errado. Tenho fé, de verdade, que cada desilusão traz uma lição que precisamos aprender ou reaprender para aumentar a força e a resiliência necessárias para chegarmos ao nosso destino.

**Quando confiamos no nosso instinto e dá "errado", na verdade ele não se enganou. Ele nunca se engana. Só gera um resultado que não queríamos e uma lição que precisávamos aprender.**

DESENVOLVER A SUA intuição e aprender a confiar em si mesma é muito importante para todas as áreas da vida. Contudo, é ainda mais essencial se você for alguém que gosta de pedir conselhos ou que procura por mentores. Lembre-se: os mentores podem apoiar e *enriquecer* suas experiências, mas não *completam quem você é*, pois já tem tudo de que precisa dentro de si mesma! Otimize os conselhos e a experiência dos outros para a sua vida ao passá-los pelo filtro da sua intuição. De fato, é a única forma de saber se algo é adequado para você.

Ah, algumas dicas rápidas que achei muito eficazes na hora de encontrar mentores. Nos anos de crescimento da minha primeira empresa, tive a sorte de ter muitos mentores fantásticos. Nenhum deles entrou na minha vida por acaso. Fui atrás de todos. Em muitos casos, passei anos enviando recados, e-mails e atualizações do meu negócio antes de obter uma resposta, quanto mais um encontro de 15 minutos para um café. Eu fazia uma coisa de forma muito intencional para tentar conseguir a mentoria deles: me perguntei "O que imagino que eles precisam?" e "Como lhes posso ser útil?". Foi transformador. Quando queremos um mentor, é fácil pensar que não podemos suprir qualquer necessidade dele, e quase sempre isso não é verdade.

Nos muitos anos em que eu mal tinha um centavo sobrando, perguntava aos mentores se podia levar um café ou um almoço para eles. Fazia questão de dizer que os conselhos que me dessem não se limitariam a mim — que tinha a intenção de compartilhá-los com o maior número possível de mulheres no futuro. Todas as pessoas, incluindo os mentores, se sentem realizadas

*Quando confiamos no nosso instinto e dá "errado", na verdade ele não se enganou. Ele nunca se engana. Só gera uma lição que precisávamos aprender.*

quando têm impacto e contribuem para um bem maior. Prometi que usaria o tempo que me dessem para multiplicar o impacto do trabalho deles. Que lhes seria útil de todas as formas possíveis, fosse mandando uma citação inspiradora ou um vídeo de dança ou canto engraçado para garantir algumas risadas em dias ruins. Eu oferecia todas as formas em que podia agregar valor às vidas deles (sempre de graça, porque não tinha dinheiro, e mais tarde, ainda de graça, porque aprendi que as coisas gratuitas são as únicas que os mentores desejam e não recebem). Eles raramente aceitavam essas ofertas, mas quase sempre acabavam dizendo que, sim, podiam me dar uma mentoria. Porque sabiam que eu compreendia um princípio: **quando temos empatia e sabemos a importância de acrescentar algo à vida dos *outros*, e não apenas de pedir que nos ajudem, é muito mais provável que nos tornemos bem-sucedidos.**

Além disso, quando estiver prestes a entrar em contato com um mentor, prepare-se de antemão. Se ele tiver um livro, leia-o. O mentor é a energia contagiante, mas você pode fazer a maior parte do verdadeiro trabalho lendo o que ele escreve, assistindo a seus vídeos ou pesquisando.

## Você é VIP na sua vida

Este ano, após dar uma palestra de uma hora, fiquei no palco tirando fotos com algumas pessoas da plateia. Nesse evento específico, todos que haviam comprado um ingresso VIP — cerca de 10% do público — tinham direito a uma foto com cada palestrante. No dia seguinte, recebi uma mensagem no Instagram de uma mulher que não estava nesse grupo. O nome dela é Abbey.

"Só queria agradecer pela mensagem que você compartilhou no evento. Eu e minha filha Grace, de 18 anos, fomos até lá para vê-la. Somos do Iowa. Sou mãe solo dela e de outra garota de 15 anos. Elas eram órfãs da República Centro-Africana até Deus nos unir há cinco anos. Uma resposta às orações de três almas. Grace sonha em ter o próprio negócio e se dedica muito, quer se sentir merecedora disso. Ela tem clareza e conhece a própria missão. Neste exato momento, está criando vídeos para concretizá-la. Ela não pôde conhecer você pessoalmente porque não éramos VIP no evento e, como ainda ela não está preparada para enxergar a rejeição como uma proteção de Deus [uma referência à palestra], ficou muito decepcionada. Acredito que ela vai crescer e prosperar no futuro, para que possa entrar na fila VIP e agradecer a você cara à cara. Obrigada por incluir Deus na sua mensagem, eu não consigo imaginar uma mentora melhor para minhas filhas. Você é importante para nós, de verdade... [emoji de coração]."

Comecei a chorar. Enquanto lia essa mensagem no Instagram, sentia a força e o caráter daquela mulher. Essa mãe solo, Abbey, é a VIP da própria vida. Ela não precisava de um ingresso VIP. Sua confiança em si mesma e nas filhas era o melhor exemplo de mentoria que poderiam ter. Em uma única mensagem, sem qualquer pedido, Abbey fez as coisas que mencionei mais cedo e que acredito serem essenciais. Ela não tentou seguir por um caminho fácil nem pediu nada. Apenas contou como a filha se dedicava ao próprio sonho — brincos, roupas, bolsas, pulseiras, porta-copos e mais itens de crochê — naquele momento, e como sempre a incentivava. Também compreendia a importância de contribuir com os outros, como na mensagem que me enviou para dizer que minha palestra foi vista, ouvida e valorizada por ela e pela filha. Contar aquilo para mim era contribuir comigo. O tipo de contribuição mais valiosa. Abbey tem a confiança de que ela e as filhas vão descobrir o próprio caminho e acreditar em si mesmas e em sua fé. Enviou a mensagem sem pedir absolutamente nada — somente com a intenção de compartilhar a experiência que teve e agradecer.

Fiquei sentada na minha sala, chorando, imaginando a filha dela, cheia de sonhos e esperanças, fazendo vídeos para divulgar o próprio negócio. Na mesma hora, fui até o perfil de Abbey no Instagram e procurei o link para a empresa da menina. Encontrei! A minha primeira ação foi, claro, comprar presentes de Natal! Sim, me esbaldei e comprei adoráveis porta-copos de crochê em formato de girassol para a minha irmã. Depois, comprei os de carinha sorridente para mim. Fiquei maravilhada com os brincos e as bolsas, e muito satisfeita com as minhas compras.

Em seguida, mandei uma resposta para Abbey. Aqui está um trecho:

"Olá, Abbey, muito obrigada pela mensagem! A única fila VIP que realmente importa é a de Deus, e você, Grace e sua outra filha com certeza estão nela!!! E Grace está na segunda fila VIP mais importante, a da fantástica mãe dela, que tirou um tempo para me escrever uma linda mensagem! Obrigada!!! Acabei de comprar alguns presentes de Natal no site da Grace. Além disso, aqui está o meu endereço de e-mail, pois gostaria de dar de presente a você e suas filhas ingressos VIP para o meu próximo evento. Muito amor e, mais uma vez, obrigada pela sua mensagem! Jamie."

A resposta comovente de Abbey continha mais informações sobre a história da filha e da adoção. Ela é a VIP e a heroína da própria vida. Com o exemplo que dá, ela mostra às meninas a como fazerem o mesmo.

ALGUMAS PESSOAS BUSCAM um parceiro para salvá-las. Outras têm esperança de que um mentor o faça. Em ambos os casos, esperamos outra pessoa para realizar os nossos sonhos. Resista ao ímpeto de cair na armadilha que aprendemos nos contos de fadas infantis e perpetuamos na vida adulta: a crença de que, sozinhas, só somos capazes de feitos pequenos e de que precisamos esperar que alguém surja para nos resgatar e nos dar o necessário para vivermos plenamente. O Príncipe Encantado, um mentor incrível ou um bilhete de loteria premiado são sonhos empolgantes, e podem ser incríveis adições à nossa vida, mas você sempre terá de lidar consigo mesma. Mesmo em um relacionamento, você ainda SE carrega. Mesmo com uma mentoria, você ainda contribui com quem VOCÊ é. **Sua própria sabedoria é mais poderosa do que qualquer conselho alheio.**

Devemos tomar uma atitude agora e confiar em nós mesmos. **Estarmos abertos a sofrer derrotas, e não nos abater, falhar, aprender e crescer é mais importante do que esperar a chegada de alguém que lhe dirá qual passo dar em seguida.** Não precisamos ser salvos por ninguém. Neste exato momento, já temos dentro de nós o poder e tudo de que precisamos para viver a expressão mais verdadeira e sublime de nós mesmos. Príncipes, mentores, bilhetes premiados e surpresas felizes são presentes ao longo da aventura. Mas não são ingressos VIP que lhe dão acesso a uma sala mágica na qual todas as respostas lhe aguardam.

**Sua sabedoria é o ingresso VIP. Cultive-a. Sua máxima dedicação e a sua resiliência são o caminho. Desbrave-o. Sua alma é a sala mágica. Habite-a e confie nela. Você não precisa de um ingresso VIP quando percebe que você *é* VIP. Não precisa que outra pessoa te resgate, porque você *se* resgata.**

## CAPÍTULO 12

## *A mentira:* Se eu revelar quem sou de verdade, não receberei amor

*Você pode enfrentar a sua história e aceitar a sua verdade
ou viver fora dela, lutando pela sua dignidade.*

— BRENÉ BROWN

"Parabéns pra você, nesta data querida, muitas felicidades, muitos anos de vida. A Oprah é tudo ou nada? Tuuu-doo", cantei com toda a alegria da minha alma, tão afinada quanto possível. Então apertei um botão no celular.

— Você mandou isso para ela? — perguntou Paulo, pensando que aquilo era uma pegadinha.

— Acabei de enviar uma mensagem de áudio para ela.

— Tá brincando, né?

— Não, acabei de mandar, de verdade.

Ele ficou de queixo caído, tentando esconder o olhar de preocupação e reprovação. Durante toda a minha vida, minha família fez questão de cantar "Parabéns pra você" a plenos pulmões nos aniversários. Todos dão tudo de si, e quase todo mundo é desafinado. O resultado final pode acabar parecendo um bando de hienas misturado com uma orquestra infantil no primeiro dia de aula. É de doer os ouvidos, mas cheio de amor. É nosso costume. Então, dou continuidade a essa tradição com os amigos e familiares que amo (para a sorte deles, hahaha).

— Você mandou mesmo? — indagou ele, de novo.

— Mandei — respondi com confiança, embora estivesse começando a repensar aquela decisão.

— Você sabe que a Oprah acabou de entrevistar a Adele e gravou ao vivo no show dela, né?

Certo, ele tinha razão, mas eu não queria ceder.

— Se eu quero construir uma amizade verdadeira com a Oprah, preciso mostrar quem sou de verdade — argumentei.

— Sim, mas... logo no início. — Ele brincou, rápido no gatilho.

Já ABORDAMOS A mentira de sentirmos que temos de agradar aos outros para termos valor. Isso significa fazer coisas e ser quem achamos que os outros querem. Mas há uma reviravolta nessa mentira que é importante discutir: o temor de que, se formos nós mesmos, singulares, peculiares e autênticos, talvez não sejamos amados.

**O medo de que as pessoas não nos amem se revelarmos quem somos de verdade é inerente ao ser humano.** Se você teme — seja perto de amigos, parceiros românticos, colegas, familiares ou até com filhos — que as pessoas não vão amá-lo tanto se conhecerem seu verdadeiro eu, não está sozinho nessa.

Muitas pesquisas mostram que comportamentos inautênticos e até perfeccionistas se desenvolvem na infância, quando aprendemos a desconsiderar desejos e necessidades, e nos dedicamos a atender às expectativas e demandas dos outros para nos sentirmos pertencentes a um grupo. Aprendemos a esconder as partes de nós que não são apreciadas e a destacar as que recebem elogios. Damos continuidade a esses padrões na vida adulta. O problema é que eles trazem sentimentos de vazio e desconexão, e acabamos não recebendo amor da forma que gostaríamos.

O dicionário Merriam-Webster define autêntico como "fiel à própria personalidade, espírito ou caráter; não falso". Pesquisas mostram que, quando se sentem aceitas e amadas por seu eu real, as crianças sentem alegria e confiança. Caso contrário, ficam deprimidas e inseguras. Um estudo concluiu que 25% das meninas afirmam que não se consideram bonitas o suficiente em fotos sem edição e que tiram em média 14 selfies para tentarem chegar à aparência perfeita antes de escolherem uma para publicar. Esse é um desafio do novo mundo da alta tecnologia que cada vez mais se incorpora ao nosso cotidiano.

Temos uma profunda necessidade de ser amados por quem realmente somos, por todas as partes de nós, e não por uma versão de quem deveríamos ser. Mostrar-se de forma inautêntica para conseguir amor é, na verdade, um ato fútil, porque nunca poderemos obter um amor genuíno dessa maneira. Mesmo assim, continuamos tentando, dia após dia — tomando um café para fofocar, sorrindo para os outros, filtrando nosso perfil em sites de relacionamento.

Algumas pessoas fazem o que os psicólogos chamam de *homofilia*, isto é, buscar a companhia de indivíduos que são como nós. Muita gente mira em um grupo de amigos (lembre-se das crianças populares ou legais da escola) e, então, precisa transformar o próprio comportamento para tentar se encaixar e ser aceita. A maior parte das pessoas que faz isso segue esse padrão a vida inteira, manifestando-o em um vício em agradar aos outros, em perfeccionismo, em se moldar de acordo com o que acredita que o parceiro quer, em se mostrar como os pais ou os professores desejam, em desempenhar o papel que acham que os filhos vão considerar uma "boa mãe" ou um "bom pai", em fofocar para se encaixar em um grupo de amigas durante um café. Esse desejo de amor e pertencimento é tão profundo que muitas vezes vamos contra nossos valores e nossa personalidade apenas para obtermos a aceitação dos outros. Estudos mostram, contudo, que, apesar de nos ajudarem a ganhar popularidade, essas táticas acabam diminuindo a felicidade, porque vivemos em desalinhamento com a nossa essência.

Escondemos partes de nós e mostramos ao mundo uma versão editada e reprimida. Às vezes, isso pode ser necessário para segurança e proteção em situações perigosas. Mas, quando se trata dos nossos objetivos mais cobiçados nos relacionamentos, no amor e na vida, o nosso ato de disfarçar o verdadeiro eu não é tão sutil ou bem-sucedido quanto imaginamos. Aparecemos dia após dia segurando uma placa gigante que diz "Topo me esconder por amor" — uma propaganda que nunca funciona e só atrai pessoas com uma placa igual. Em uma amizade ou um casamento no qual você ou a outra pessoa apresentam uma versão modificada de quem são, a relação quase sempre carece da profundidade de uma conexão emocional autêntica, parecendo insatisfatória ou incompleta.

Mais uma vez, sentimentos verdadeiros de amor e pertencimento só podem advir de sermos amados com base em quem somos. Não dá para obtê-los se você mudar sua natureza. Quando é concedido ao seu eu inautêntico, o amor não é registrado nem computado como tal dentro de você.

## A *Vogue* e minhas botas de trilha

Não gosto de malhar. Na verdade, tenho horror à academia. Nos últimos anos, tentei mudar essa mentalidade. O caminho em direção a aceitar meu valor incluiu a superação de muitas dúvidas sobre mim mesma e meu corpo. Queria que a história fosse outra, mas a verdade é que durante a maior parte da minha vida me concentrei em malhar para perder peso, nunca para alcançar saúde física e mental, vitalidade ou bem-estar.

Há alguns anos, depois de passar vários dias no hospital cuidando da minha mãe, percebi a dádiva que era ainda ter mobilidade. Eu podia andar, correr ou pular quando quisesse, e minha mãe, Nina, por mais que desejasse, não conseguia mais. Ela foi minha super-heroína a vida inteira. Foi devastador vê-la em uma cama de hospital, sabendo que, na opinião de diversos médicos, ela não iria melhorar. Isso, porém, me fez renovar o meu apreço pelo dom da saúde e da mobilidade. Todos os dias, ao fazer minha caminhada matinal, comecei a dizer para mim mesma: "**Não é que precise fazer isso, eu POSSO fazer isso.**" Decidi encarar aquelas caminhadas matinais como um presente. **Essa dica pode ser aplicada a quase todas as áreas da vida.**

No final de 2022, me inscrevi em uma viagem de uma semana para um retiro de trilhas e bem-estar com alguns amigos para me concentrar na saúde e na vitalidade. Havia uns vinte participantes; metade estava lá para perder peso e a outra queria recuperar a saúde ou apenas se desafiar. Seguíamos uma dieta vegana rigorosa e, toda manhã, éramos levados bem cedo para trilhas nas montanhas, onde fazíamos uma caminhada de quatro horas todo dia. À tarde, havia aula de ginástica, na qual era feita uma chamada para registrar nossa presença.

Quando cheguei ao local, percebi que havia uma área ao ar livre para "cuidados com os pés", onde guias de trilha nos ajudavam a aplicar várias gosmas, gel e curativos nos pés todas as manhãs, antes da caminhada. A princípio, me pareceu um exagero, mas acabei percebendo que não era. No segundo dia, todo mundo estava cheio de bolhas e feridas nos calcanhares e dedos dos pés. Caminhar quatro horas quando não se está acostumado a fazer trilhas não é brincadeira. Nesse dia, o nosso grupo de vinte pessoas se reuniu em torno de uma única mesa de jantar, e dava para ver a dor se instalando enquanto nos perguntávamos no que tínhamos nos metido.

A coisa não foi ficando mais fácil com o passar do tempo. No terceiro dia da viagem, minha amiga Lia, eu e mais dois homens ficamos para trás do grupo, lutando para subir uma colina. Algumas horas depois, já cobertos de terra, nos concentramos para não torcer nossos tornozelos nas pedras instáveis, agarrados aos bastões de caminhada como se fossem cintos de segurança. Nós quatro paramos para beber água e apreciar a vista. Começamos a conversar, nos unir e rir. Descobri que os dois homens, Edward e Alec, eram casados. Estavam lá para comemorar o aniversário de casamento. Os sapatos de Edward estavam machucando tanto que Alec trocou de calçado com ele. Eu estava com roupa esportiva comprada em uma loja de esportes sofisticada, porque achei que ela poderia, de alguma forma, me transformar em uma trilheira séria. O porém era que uma peça não combinava com a outra e todo dia, passadas umas duas horas, eu já estava toda coberta de terra e encharcada de suor. Edward e Alec estavam incrivelmente elegantes, mas nem o estilo deles sobrevivia à poeira e à transpiração.

Lia e eu éramos mais lentas do que a maioria das pessoas — nós duas admitimos e até celebramos esse fato. Decidimos ser *totalmente* vagarosas, porque era o melhor que podíamos fazer para não correr o risco de sofrer uma lesão. Todos os dias, depois de caminhar por quatro horas, ficávamos tão entusiasmadas quando tudo terminava que pulávamos de alegria e começávamos a rebolar para comemorar! (Explicarei como aprimoramos nosso rebolado mais adiante neste livro... Vovó, não precisa ler esse capítulo.)

Apesar da exaustão física, a paisagem e o ar fresco eram incríveis. A natureza é medicinal, e a dádiva de estar cercada por ela não me passava despercebida.

Alec era um trilheiro muito mais ambicioso do que eu, Edward e Lia. Quando viu que o parceiro tinha duas novas amigas para lhe fazer companhia, se juntou ao grupo mais avançado. Virou praxe Edward, Lia e eu ficarmos na retaguarda, muitas vezes pelo menos meia hora mais lentos do que a frente do pelotão, e nos dedicamos ao máximo.

A PARTE MAIS especial dessa experiência foi que não havia sinal de celular nas montanhas. Então, durante quatro horas, éramos apenas eu, Edward e Lia, presentes uns com os outros. Adorei o fato de não sabermos — nem procurarmos saber — qual era a profissão um do outro. Não batíamos papo furado nem tínhamos conversas superficiais. Primeiro, falamos sobre nossa dor física e sobre como deveríamos estar malucos para nos inscrever em um negócio daqueles. Depois, as conversas se voltaram para a família, as experiências de vida e as dificuldades que havíamos superado. Parecia um presente passar tempo concentrada em meu novo amigo Edward e em minha amiga Lia. No penúltimo dia da viagem, eu estava tão exausta que quase não tomei banho. Achei que era impossível ficar com uma aparência ainda pior. Foi uma luta gerar a energia necessária quando tudo que eu queria era desabar na cama. Mas tomei banho, observando o suor e a poeira da montanha escorrerem pelo ralo por vários minutos (para a alegria das outras pessoas).

Naquela noite, me arrastei para o jantar e me sentei ao lado de Edward e Lia. Minhas almas gêmeas de trilha.

— O que você faz da vida? — perguntou uma mulher do outro lado da mesa.

— Trabalho com moda — respondeu ele.

— Sério? O que você faz exatamente?

Percebi que ele não queria compartilhar aquela informação, mas não sabia por quê. Achei que Edward só queria não pensar em trabalho.

— Sou editor-chefe da *Vogue* britânica — respondeu ele, depois de alguns segundos.

— Nossa! É sério? — disse ela. — Sei quem você é! Ai, meu Deus, que incrível. E você está sentado aqui com a gente!

Olhei para Lia, depois para Edward. Então olhei para as roupas que estava vestindo.

— Estou tão feliz por não saber disso até agora — comentei, rindo.

Já ouvi pessoas dizerem "Não repare na minha maquiagem!", achando que vou prestar atenção nisso por ter fundado uma empresa nesse setor, só que nunca noto a maquiagem de ninguém porque, durante anos, ela me lembrava trabalho. De forma semelhante, é provável que um dentista não queira analisar seus dentes em uma festa. No jantar do retiro, optei por manter a crença — possivelmente por autopreservação — de que Edward não se importava com o que eu estava vestindo. Porque entre o meu suor, a poeira e as roupas de trilha que não combinavam, eu não estava à altura da *Vogue*.

Em nosso último dia, Edward, Lia e eu voltamos à nossa posição na retaguarda do grupo de caminhada. Todos os dias, cantávamos: "É tão bom estarmos juntos outra vez". Convergir com eles a cada manhã começou a me dar uma sensação de conforto familiar. Conversamos sobre um monte de coisas e, em dado momento, pesquisei o nome de Edward do Google e comecei a gritar quando ele apareceu na capa de uma edição da revista *Time* e em um monte de fotos na primeira fileira de desfiles de moda globais. Ele perguntou o que eu fazia da vida e contei a história da IT Cosmetics. Lia falou sobre a construção de sua marca de joias e bolsas, a Valencia Key™. Edward relatou toda a sua odisseia, de modelo a funcionário de editora, e como acabou se tornando editor-chefe da principal revista de moda do mundo. Fiquei sabendo que seu primeiro livro, *A Visible Man* [*Um homem visível*, em tradução livre], seria lançado ainda naquele mês, nos Estados Unidos.

Mantivemos contato após o fim do retiro, e Edward convidou Lia, eu e nossa amiga Jacquie (que também estava na viagem, mas fazia as trilhas muito à nossa frente, com seu look *fit* e sem suar muito) para o lançamento do seu livro em Hollywood. Ao chegar lá, vi inúmeras celebridades e supermodelos reunidas ao redor dele. Edward estava vestido de forma impecável e, embora a iluminação da festa fosse baixa, não tirou os óculos escuros nem por um segundo. Estava glamoroso e muito diferente de apenas alguns dias antes, quando estávamos todos cobertos de poeira e suor. Muitos dos principais nomes das passarelas mundiais compareceram ao evento. Me identifico com Cindy Crawford e a filha — a supermodelo Kaia Gerber — por sermos empreendedoras. Lia, Jacquie e eu nos divertimos muito vendo Edward ser celebrado e sentimos uma alegria genuína por termos tido a oportunidade de conhecê-lo de maneira profunda. Várias vezes, após encerrar uma conversa com outro convidado da festa, ele passava por nós e nos dava um abraço apertado, como faço quando Paulo ou meus amigos mais próximos e familiares estão na plateia de um evento em que vou palestrar. A profundidade da conexão era gratificante.

Edward, Alec, Lia e eu continuamos amigos, e às vezes me pergunto: se eu soubesse que ele era o editor-chefe da *Vogue* britânica quando o conheci, teríamos desenvolvido uma amizade tão íntima? Será que eu teria caído na tentação de tentar ser mais "interessante", "descolada" ou "inteirada"? Ou teria dito a mim mesma que, como todo mundo quer algo dele o tempo todo, eu deveria dar espaço e não puxar conversa? Aí eu não teria me mostrado de forma autêntica. E se Edward soubesse que eu trabalhava na indústria da beleza, ou que talvez tivéssemos amigos em comum, é possível que ele não tivesse sido capaz de se mostrar tão vulnerável, exausto, suado e cansado, além de não revelar seu verdadeiro eu. Gosto de pensar que nós dois teríamos resistido a tudo isso e estabelecido uma conexão profunda de qualquer maneira. Mas o que sei sem sombra de dúvida é que, por não termos pretensões, medos ou anseios por aceitação, e por nos conectarmos com o verdadeiro eu um do outro, criamos uma amizade profunda e duradoura.

## Revele o real

As pessoas conhecem você pelo que faz ou por quem é? Você deixa sua profissão encobrir sua essência? A sua percepção sobre o trabalho dos outros faz com que talvez nem tente se aproximar deles? A história que se conta sobre ser "apenas" uma [preencha o espaço em branco] — dona de casa, pessoa sem diploma universitário ou iniciante na carreira — leva você a se mostrar de forma diferente ou mais tímida para outras pessoas? Acredita em uma narrativa de que é jovem, velho, alto ou baixo demais; de que não veio do lugar ou da família certa; de que não frequentou a melhor faculdade ou tem a melhor experiência? Permite que essa narrativa acabe interferindo na forma como se apresenta e se relaciona? É muito fácil pensar que estamos nos protegendo ou fazendo com que os outros gostem mais de nós, quando na realidade estamos impedindo que eles nos conheçam de verdade e impossibilitando a nós mesmos de nos sentirmos conectados e reconhecidos.

Você sufoca a conexão humana quando se mostra de forma parcial ou se apresenta como alguém diferente do seu eu autêntico. Se esconder em partes ou por inteiro cria uma barreira de desconexão que pode fazer você se sentir solidão. A sociedade está passando por um momento no qual a solidão está no auge. Os sentimentos de desconexão andam em alta.

E essa alienação só vai aumentar com a rápida evolução da tecnologia e da inteligência artificial.

Achamos que precisamos nos apresentar como uma versão editada de nós mesmos para sermos dignos de amor, mas a verdade é o oposto disso. Se não agirmos como nós mesmos, é impossível termos um amor mais profundo e verdadeiro. Para mim, desaprender essa velha mentira e ganhar coragem para mostrar meu eu real, mesmo quando me sinto insuficiente, é uma missão de vida que pratico diariamente — a cada risco, a cada momento genuíno, a cada música cantada a plenos pulmões para um amigo.

Quanto à Oprah, me ouvir cantando não a assustou, graças a Deus. Espero que ela tenha me achado autêntica. Porque ela sabe, melhor do que qualquer pessoa, que **o caminho para o amor e a conexão é revelar a realidade**. Mesmo quando essa realidade é uma versão desafinada de "Parabéns pra você".

## CAPÍTULO 13

## *A mentira:* Rótulos são permanentes

*Se falar de forma gentil com as plantas as ajuda a crescer, imagine o que falar de forma gentil com as pessoas pode fazer.*

— ANÔNIMO

Nos escondemos atrás de rótulos e por causa deles. Rótulos que alguém nos deu uma vez e que permitimos que se fixassem, que nos demos e que, agora, com a tecnologia, podem ser oferecidos até on-line por desconhecidos. Quando crianças, zombam de nós, implicam conosco ou nos dizem por que somos inadequados. Parentes nos rotulam de determinada forma. Alguém nos dá um apelido que gruda para sempre na mente. Um ex nos leva a acreditar em um estereótipo, e o nosso anseio por amor permite que esse estereótipo crie raízes em nós. Palavras que dizemos a nós mesmos toda vez que nos olhamos no espelho. Rótulos sobre os quais ruminamos, como uma trilha sonora, toda vez que as coisas não dão certo. Motoristas de aplicativo que nos atribuem notas como passageiros. Várias redes sociais que nos dão um selo para indicar que outra pessoa nos considerou válidos. Emojis nos comentários das nossas publicações que indicam como os outros estão rotulando nossas reflexões ou nossa arte. O número de seguidores e de curtidas calculam publicamente nossa *popularidade*. **Ficou muito fácil obter o rótulo de** BEM-SUCEDIDO **ou** FELIZ **com nossas personas on-line, enquanto sabemos que, na vida real, sentimos que nosso rótulo é** FRACASSADO **ou** SOLITÁRIO. É fácil confundir rótulos falsos com a realidade e, se não tomarmos cuidado, deixamos que influenciem nossa noção de identidade. Os rótulos que se fixaram com sua permissão e nos quais você acredita têm um impacto profundo na sua vida. **Decidir removê-los e escolher novos que estejam à altura do seu valor é transformador.**

## Como os rótulos se enraízam

**Todos os aspectos da vida dependem de sentido, histórias e, muitas vezes, rótulos que lhes damos.** Com repetições e reforços suficientes, começamos a acreditar que eles são de verdade. Por exemplo, se alguém me disser "Jamie, você não é muito inteligente" e eu deixar que esse comentário crie raízes em mim, pensando nele sem parar, vou começar a perceber toda vez que alguma situação reforçar a crença de que não sou inteligente. O sentido que damos a algo pode se transformar em uma certeza, mesmo que seja sobre nós mesmos. O sistema de ativação reticular (SAR) do nosso cérebro multiplica a velocidade com que isso ocorre.

Nosso SAR é como um enorme filtro pelo qual passam mais de 99% dos estímulos do nosso entorno, nos ajudando a focar o que é importante para nós. Neste exato momento, por exemplo, há milhões de estímulos à sua volta: o cheiro e o tom da luz no ambiente, a sensação de toque em qualquer parte do seu corpo, a textura e a cor das paredes. O SAR está bloqueando a maior parte deles para que você possa se concentrar no que realmente importa, ou no que considera relevante. Portanto, agora, você talvez só esteja reparando na página deste livro ou em um desejo de comer biscoito de chocolate, sem prestar atenção às milhões de outras possibilidades ao redor, porque esse sistema está filtrando tudo, exceto o que lhe pareceu importante. Ele faz isso para nos ajudar a sobreviver.

Um exemplo clássico que costumo usar para descrever o SAR vem do processo de fabricação de carros. Se comprar um Honda azul, nos meses seguintes vai começar a ver Hondas azuis por toda parte. Eles sempre estiveram ali, mas você nunca reparou, porque não lhe pareciam relevantes. Agora, o seu SAR chama a atenção toda vez que você cruza com um Honda azul na rua.

A mesma coisa acontece quando acreditamos em um rótulo e deixamos que ele crie raízes. Pegue o exemplo do "não sou inteligente". O meu SAR reforçaria essa crença, encontrando evidências dela no meu entorno e as destacando. Toda vez que eu cometesse um erro, esse sistema chamaria a minha atenção, lembrando: "Você não é inteligente." Quando eu não soubesse a resposta de algo, que alguém discordasse de mim em um comentário on-line ou que eu questionasse se deveria compartilhar uma ideia, o meu SAR me lembraria: "Você não é inteligente o bastante." Se eu dissesse algo perspicaz, isso não seria registrado como um grande feito. Mas os erros? O sistema os ampliaria de forma intensa. Quando nos damos conta, esses rótulos negativos se tornam crenças enraizadas. Depois de serem repetidos muitas vezes, passam a integrar a nossa identidade. Aquilo em que nos concentramos se multiplica. O SAR garante que isso ocorra.

De forma semelhante, se você decidir pôr um rótulo positivo em si mesmo, ou se outra pessoa o fizer, ele vai se enraizar depois de várias repetições, se tornar uma crença e se fixar à sua identidade. Esses dois cenários são importantes porque, lembre-se, nos tornamos aquilo em que acreditamos.

## O poder dos rótulos

Os rótulos são poderosos. Quando acreditamos naqueles que nos empoderam, eles podem nos ajudar a moldar de forma positiva a nossa identidade e o nosso amor-próprio. Um ótimo exemplo disso ocorreu com meu amigo Ed, que já mencionei antes. Quando ele era criança, houve um momento decisivo em que rótulos lhe foram dados. Ed passou por dificuldades em casa com um pai alcoólatra e, na escola, sofria com o julgamento por ser muito magro. Os colegas zombavam dele, chamando-o de "Ed Espaguete". A professora da primeira série, Srta. Smith, sabia que ele tinha baixa autoestima. Ed acredita que ela bolou um plano que mudou a sua vida para sempre. Certo dia, na aula, os alunos estavam fazendo uma prova para passar de ano quando um homem entrou na sala e se dirigiu à professora.

— Srta. Smith, precisamos saber quem é seu aluno mais inteligente e queremos usar a prova dele para representar a turma.

— É o Eddy Mylett. Está vendo ele ali? Eu o escolheria como o mais inteligente — respondeu ela, sabendo que o menino conseguia ouvi-la.

Escutar aquilo fez com que ele ficasse emocionado e com um sorriso de orelha a orelha. Ed lembra que pensou: "Ela me escolheu, eu sou o mais inteligente."

— Certo, Eddy Mylett — anunciou o homem —, preciso que me acompanhe.

Em seguida, ele levou o garotinho a uma sala especial, em que alunos talentosos estavam fazendo uma prova. Ed não enxergava o próprio valor, mas naquele dia uma professora que acreditava no seu potencial fez com que ele se sentisse não apenas inteligente, mas especial e valorizado. Ela se dispôs a destacá-lo em meio a um grupo de crianças e a declarar que ele era o mais talentoso da turma. Ed permitiu que aquele rótulo se enraizasse. Em certos dias, aquelas palavras da professora eram tudo o que ele tinha de positivo para pensar. Ele as vestia mentalmente com orgulho. Ed cresceu determinado a quebrar ciclos geracionais de vício na família e a crer que pertencia a ambientes cheios de outras pessoas excepcionalmente inteligentes e talentosas. Foi muito bem-sucedido nos negócios e hoje, com seu podcast *The Ed Mylett Show*, suas redes sociais e seus livros, inspira milhões de pessoas todos os dias a acreditarem em si mesmas. Ed pensou na Srta. Smith milhares de vezes ao longo dos anos e acredita que ela planejou que o homem aparecesse na sala de aula para plantar aquelas sementes poderosas. Agora, ele passa a vida ajudando os outros a também confiarem no próprio potencial.

Em *Let Me Tell You about You* [*Vou falar uma coisa sobre você*, em tradução livre], livro no qual ele estava trabalhando ao mesmo tempo que eu escrevia este aqui, Ed compartilha uma ferramenta poderosa relacionada a rótulos e identidade. Ela foi inspirada no que sua professora primária ensinou décadas atrás. Todos os dias, Ed diz aos filhos "Vou falar uma coisa sobre você..." e prossegue com palavras de incentivo e rótulos positivos para que criem raízes de amor-próprio. Por exemplo, todo dia ele diz à filha Bella coisas como: "Minha querida, vou falar uma coisa sobre você. Você é inteligente, bondosa, generosa e tem os meus olhos. Confio em você, amo você."

Há pouco tempo, Ed visitou a filha no alojamento da faculdade. Quando estava de saída, o grupo de amigos dela apareceu. Ele foi se despedir e uma das colegas gritou: "Você não vai falar nada sobre ela antes de ir?" Ed começou a chorar. Percebeu que fazer aquilo diariamente para Bella, mesmo quando ela revirava os olhos ou não reconhecia como era importante, tinha se enraizado. Ela valorizava tanto aquele ato que tinha contado para os amigos. Ed segurou as mãos da filha, disse "Bella, vou falar uma coisa sobre você..." e enunciou palavras verdadeiras sobre a beleza e o poder dela. A história de Ed me inspirou a fazer isso com meus filhos todos os dias.

## Rótulos que nos enfraquecem

O contrário também é verdade e, infelizmente, comum. Quando as pessoas ao nosso redor nos dão rótulos negativos, muitas vezes eles se fixam por décadas.

Quando familiares ou amigos bem-intencionados nos dão apelidos por implicância, não fazem ideia de como é fácil se enraizarem. Ao nos darmos conta, já internalizamos o que ouvimos e que associamos a nós mesmos — o que é ainda mais comum. Passamos a acreditar que esses qualificativos nos definem. Pensamos que todas as pessoas também os percebem em nós. Esses rótulos são apenas palavras — no melhor dos casos, desatualizadas e, no pior, completamente mentirosas —, mas têm o poder de nos dar a sensação de não termos valor e de querer desaparecer.

A mentira: *Eu sou os meus rótulos*. A verdade: *Seus rótulos não são permanentes. Eles são temporários e você pode substituir aqueles que a enfraquecem e são falsos por rótulos verdadeiros e fortalecedores que trabalhem a seu favor!*

Fui concebida durante um encontro casual entre duas pessoas que nunca mais ficaram juntas. Fui mantida em segredo antes de ser colocada para adoção no dia em que nasci. Eu poderia me sentir tentada a enxergar a minha história com rótulos como INDESEJADA, SEGREDO, ERRO OU ABANDONADA... mas sei que Deus nunca me deixou. Escolho acreditar, e creio com todo o meu ser, que Ele me marcou com os rótulos mais grandiosos, especiais e bonitos do mundo: DESEJADA, MAIS QUE SUFICIENTE, MENINA PRECIOSA, AGUARDADA, QUALIFICADA, VALIOSA. Imagino um carimbo enorme na minha testa que diz ESCOLHIDA. Sei que Ele carimbou cada um de nós com essas mesmas palavras. E que esses rótulos são verdadeiros.

Mas essa crença sobre mim mesma não surgiu da noite para o dia. Foi um esforço contínuo para aprender a substituir velhos rótulos por novos qualificadores nos quais acredito. Novos rótulos que eu sabia que eram necessários para me fazerem sentir pertencente como filha, amiga, mãe, parceira romântica, CEO, e até para aceitar o formato e o tamanho do meu corpo.

Que rótulos falsos você se deu e ainda está carregando por aí? Talvez sejam coisas como INSUFICIENTE, DESQUALIFICADO, MÃE/PAI RUIM, COMETEU ERROS DEMAIS, ABANDONADO, FRACASSADO. Tenho uma notícia: são mentiras e, além disso, não são permanentes. Qualquer rótulo que você, alguém da sua infância, um parente ou uma pessoa desagradável tenham colocado em você é como um Post-it. Pode parecer que está grudado, mas na verdade tem um adesivo bem fraco — é removível. Talvez hoje seja o dia em que você vai arrancar esses velhos rótulos que impedem o seu progresso, que o fazem se esconder.

## Novos rótulos

Quais são os rótulos você permitiu que se fixassem e criassem raízes? Atrás de quais adjetivos você está se escondendo? Quero convidá-lo para fazer um exercício cujo objetivo é ajudar a trazer consciência e, então, fortalecimento. O único requisito é ser sincero consigo mesmo. É um exercício sobre verdade e reflexão. Está vendo as três colunas a seguir? Se quiser mais espaço, pode recriar esta tabela no seu diário, em uma folha de papel ou no seu computador.

| Rótulo enfraquecedor | Qual foi o custo de acreditar nesse rótulo? Qual foi o impacto dele na sua vida? | Rótulo substituto fortalecedor |
|---|---|---|
|  |  |  |
|  |  |  |
|  |  |  |

| Rótulo enfraquecedor | Qual foi o custo de acreditar nesse rótulo? Qual foi o impacto dele na sua vida? | Rótulo substituto fortalecedor |
|---|---|---|
|  |  |  |
|  |  |  |
|  |  |  |
|  |  |  |
|  |  |  |
|  |  |  |

**VALE ANOTAR:** Você também pode acessar essa tabela de forma gratuita em WorthyBook.com/Resources (site em inglês) e imprimi-la.

Na primeira coluna, escreva os rótulos enfraquecedores que deu a si mesmo. Os falsos, que talvez nunca tenha contado para ninguém, mas nos quais acredita. Os dolorosos, que você ou outra pessoa criaram, e que são mentiras nas quais é tentado a crer. Talvez sejam rótulos como FRACASSADO, IMPOSSÍVEL DE SER AMADO, DESQUALIFICADO, SEM GRAÇA, COVARDE, NADA ATRAENTE, VELHO DEMAIS, JOVEM DEMAIS, INDIGNO, PROBLEMÁTICO, REJEITADO, HESITANTE, BURRO. Pode ser útil pensar nos rótulos relativos a cada parte da sua vida, como personalidade, nível de realização, idade, capacidade, corpo, potencial e passado.

A coluna do meio talvez seja a tarefa mais difícil, mas pode ser a mais importante. Ao lado de cada rótulo, escreva qual foi o custo de acreditar naquilo. Como acreditar em tal rótulo prejudicou seus relacionamentos? Sua alegria? Se aprofunde nessa exploração. Por exemplo, será que o rótulo não apenas lhe custou uma coisa, mas também a confiança de voltar a tentar? E se tiver custado sua voz em um relacionamento, será que isso virou uma bola de neve e você deixou de se expressar também nas amizades? O que cada rótulo lhe custou além disso, como sua forma de se fazer presente ou de dar exemplos para as pessoas com quem mais se importa? Preencher essa coluna pode levar vários minutos, ou até dias — acredite em mim.

Quando fiz esse exercício pela primeira vez, minha vida mudou. Percebi que alguns dos meus rótulos negativos tinham me levado ao sentimento de *inferioridade* e a, em dado momento, crer que *era* inferior. Descobri que os rótulos mais dolorosos que carrego são aqueles que dei a mim mesma.

É revelador refletir sobre o custo que cada um deles teve na nossa vida. Eles nos impediram de correr atrás dos nossos sonhos? Permanecemos em um relacionamento nada saudável por causa deles? Permitimos que algum amigos nos maltratasse? Deixamos de nos expressar? Paramos de nos olhar no espelho? Perdemos a alegria e o gosto pela vida? Evitamos compartilhar ideias? Paramos de usar roupa de banho em público? Ficamos num canto da festa e nunca vamos para a pista de dança? Se nos rotulamos como SEM VALOR, o que isso nos custou?

Por fim, na terceira coluna, escreva um rótulo positivo para substituir o enfraquecedor. Algo que *sabe* que é verdade sobre si mesmo. Algo que *Deus* diria sobre você. Ou que um amigo falaria. Algo que sente na sua alma que é verdade. Por exemplo, se o velho rótulo for NADA ATRAENTE, o novo pode ser FEITO À IMAGEM DELE, ou LINDO. Se for IMPOSSÍVEL DE SER AMADO, o novo pode ser DIGNO DE AMOR, INCONDICIONALMENTE AMÁVEL, ou FEITO DE AMOR COM AMOR. Se for INCAPAZ ou DEFEITUOSO, o novo pode ser VITORIOSO ou RESILIENTE. Se for MÃE/PAI RUIM, o novo pode ser MÃE/PAI AMÁVEL. O novo rótulo é a verdade sobre quem você é. É o seu eu real, o EU com o qual você nasceu, antes que o mundo, o vício em agradar, o ódio, a dor, o julgamento e a dúvida lhe ensinassem quem ser.

NÃO PODEMOS IGNORAR e enterrar as histórias profundas que contamos a nós mesmos sobre identidade e valor, porque elas continuarão a aparecer, cada vez mais barulhentas. Quando as reconhecemos, elas começam a perder força e percebemos que não são verdadeiras — sabemos isso na nossa alma. Quando deixamos de crer nelas, elas se apequenam. A autoridade que têm sobre a nossa vida vai diminuindo.

Vou dar algumas dicas sobre *reformular raciocínios*, ou substituir velhos rótulos enfraquecedores por novas crenças verdadeiras. Uma teoria diz que você tem 17 segundos para interceptar um pensamos negativo e substituí-lo por um positivo antes que ele crie raízes. No seu cotidiano, quando aquele velho rótulo vier à mente, perceba-o na hora, intercepte-o e substitua-o por sua nova crença verdadeira, sentindo a verdade dela. Faça isso com a maior frequência possível, até não precisar mais deste lembrete. Até que se torne um hábito.

Outro exercício útil é escrever todos os velhos rótulos em notas adesivas ou pedaços de papel. Então, queime-os ou rasgue-os e jogue os papéis no lixo, para que desapareçam para sempre.

Anote os novos rótulos fortalecedores no seu diário da gratidão ou em notas adesivas que devem ser coladas nos lugares que você mais vê durante o dia, como no monitor do computador, no guarda-roupa, no celular ou no carro. Escreva-os no espelho do banheiro para vê-los toda manhã ao escovar os dentes. Anote-os como se fossem verdades absolutas. Exemplo: "Tenho valor"; "Sou uma mãe amorosa"; "Sou inteligente"; "Sou engraçado"; "Sou bonita".

Reforce-os de maneiras criativas até que se fixem. Torne um deles a sua palavra do ano. Estabeleça uma ou duas novas crenças como lembretes diários no seu celular para rememorá-los sempre que o alarme tocar e você olhar para a tela. Escreva-os com caneta permanente nas etiquetas das suas peças de roupa preferidas. Só você os verá quando for se vestir. Deixe uma lista deles na sua mesa de trabalho. Se quiser tomar medidas mais extremas, compre uma pulseira ou faça uma tatuagem com seu novo rótulo mais fortalecedor. Você vai perceber que, quanto mais reforçar palavras positivas, mais as verá em toda parte, porque seu SAR se certificará disso. Se publicar nas redes sociais uma foto de como faz para se lembrar dos seus novos rótulos, seja em uma nota adesiva no espelho ou até com uma tatuagem, me marque. Vou repostá-la para inspirar outras pessoas a decidirem acreditar em rótulos novos! Lembretes visuais são ferramentas poderosas, e você pode usar este livro como um deles. Quando terminar de ler, coloque-o em um local onde o verá todos os dias para se lembrar das suas lições, ferramentas e conclusões preferidas e, o mais importante: do seu valor. Pode ser na mesinha de centro, na bancada do banheiro ou na mesa de trabalho. Estudos mostram que lembretes visuais podem fazer uma grande diferença na realização de objetivos.

RÓTULOS ENFRAQUECEDORES PODEM pesar, como se você estivesse usando distintivos de mentiras por todo o corpo. Removê-los de forma permanente dá uma sensação de verdade e liberdade. Tomar para si crenças fortalecedoras e reais nos dá energia, como se com vento sob nossas asas.

Eles são inventados e podem ser desinventados, removidos de nossa vida. **Somos os autores da nossa identidade. Somos os protagonistas da história da nossa vida, e a descrição dos nossos personagens depende só de nós mesmos. Acredito que uma das habilidades mais importantes de todas é dominar a arte de nos comunicarmos com nós mesmos. Ao mudarmos nossa história e nossos rótulos, mudamos nossa vida.**

# PARTE III

# TRANSFORMAR

A jornada do eu: construir um valor inabalável
e um amor-próprio incondicional

# CAPÍTULO 14

## O segredo da realização: o amor-próprio é o multiplicador

*Às vezes, o próximo nível na vida não é uma conquista, é o alinhamento.*

— BRENDON BURCHARD

NESTE EXATO MOMENTO, você diria que está realizado? Ou sente que tem algo faltando? Talvez não saiba o quê, mas se vê pensando em coisas como: "Isto é tudo?"; "Achei que, a esta altura, com tudo o que já conquistei, me sentiria feliz, mas não"; "Agradeço por muita coisa, vou dizer para todos que tenho tudo de que preciso, mas não consigo me livrar desse anseio por algo mais. Independentemente do quanto obtenha ou construa, nada satisfaz esse anseio"; "Devo ser egoísta por ainda não me sentir realizado com tudo o que tenho". Este capítulo pode ajudá-lo a desvendar por que não nos sentimos realizados e o que fazer a respeito.

A próxima dica mudou de maneira profunda a minha vida, e estou muito animada para compartilhá-la com você. Ela me ajudou a entender por que eu ainda me sentia vazia, mesmo tendo alcançado tantas metas, e a seguir em frente a toda velocidade no caminho para a verdadeira satisfação. Aperte os cintos, porque vai parecer que voltamos à sala de aula por um instante. Mas não se preocupe, estou com você! Este capítulo vai parecer um pouco sério, mas estamos aqui para construir o nosso verdadeiro amor-próprio. Haverá coisas muito divertidas depois. Então, vamos ficar na sala de aula por algumas páginas, mas estarei sentada na cadeira mais próxima. Posso até compartilhar minhas anotações e guardar seu lugar se precisar ir ao banheiro ou lanchar. A professora é a sua sabedoria, a sua alma — a melhor mestra que existe. E, quando o sino tocar no fim da aula, podemos ser colegas de estudo depois, nesta linda jornada da vida. Vamos?

## Os quatro segredos para a satisfação

Apesar de sabermos que o **valor que damos a nós mesmos** é um requisito indispensável para a verdadeira realização, um amor-próprio fortalecido não é o suficiente para termos os maiores sentimentos de realização e felicidade na vida. Há alguns componentes essenciais. Para se sentir satisfeito, também é necessário **autoconfiança**, **crescimento** e **contribuição**. Já falamos bastante sobre **amor-próprio** e **autoconfiança**. Para a realização absoluta, **crescimento** e **contribuição** também são cruciais.

A necessidade de **crescimento** é suprida de várias formas, como começar um novo hobby, ler um livro, fazer terapia, assumir um novo desafio ou trabalhar de forma constante para nutrir uma paixão já existente. Nos sentimos alegres e vivos quando estamos crescendo, e a maior parte do crescimento na vida vem de atividades, tanto internas quanto externas, que aprimoram nossas habilidades, competências, traços e, inevitavelmente, autoconfiança.

Para obter sucesso, felicidade e realização, você também precisa da sensação de **contribuição**. Contribuir para os outros, uma causa ou algo maior e mais abrangente que você. Pesquisas mostram que indivíduos que fazem trabalho voluntário são mais satisfeitos com a vida e relatam ter mais saúde física e mental. A necessidade de contribuir pode ser suprida de várias formas: desde mostrar a uma pessoa que você a enxerga e se importa com ela, até ajudar aos outros com doações de tempo, dinheiro ou ideias.

**Autoconfiança**, **crescimento** e **contribuição** são necessidades humanas fundamentais para a felicidade, a realização, o sentido e a alegria. Eu poderia escrever um livro inteiro sobre cada um desses temas, mas o foco aqui é a relação deles com o sentimento de autovalorização.

## Decifrando o código: a equação da verdadeira realização

Com base em uma montanha de estudos sobre amor-próprio, autoconfiança, crescimento e contribuição; pesquisas no mundo real sob a forma de inúmeras interações, histórias e experiências com as milhares de mulheres que se tornaram parte da minha jornada na IT Cosmetics; e mentorias com um grupo de conselheiros incríveis, cheguei a esta equação como uma receita inovadora para a verdadeira realização na vida.

Em primeiro lugar, estime o nível destas três coisas na sua vida atual: autoconfiança, crescimento e contribuição. Então, multiplique a soma total pelo seu nível de amor-próprio. O resultado será seu atual nível de realização. (Observação para quem não ama matemática: não é necessário ser fluente em *contas* para aplicar isto na sua vida!)

No começo deste livro, compartilhei estas palavras: **na vida, você não se eleva ao que acredita ser possível. Na verdade, você se conforma com aquilo que acredita merecer.** Inúmeros estudos e pesquisas científicas mostram a importância do amor-próprio, da autoconfiança, do crescimento e da contribuição para a satisfação geral com a vida, só que o mais crucial desses componentes é o amor-próprio, o valor que você dá a si mesmo. Ele é o multiplicador. Ao pegar a soma de autoconfiança, crescimento e contribuição e a multiplica pelo valor que dá a si próprio, você obtém seu verdadeiro nível de realização. Você pode ser muito autoconfiante, estar crescendo e contribuir de forma significativa para a sociedade, mas, se não se valorizar, não se sentirá realizado. Porque **o amor-próprio é o multiplicador, e zero vezes qualquer coisa é zero**. É impossível atingir a verdadeira satisfação sem ele. Seus níveis de qualquer um dos outros três fatores podem variar. Mas você nunca terá a satisfação plena sem sentir que é digna dela.

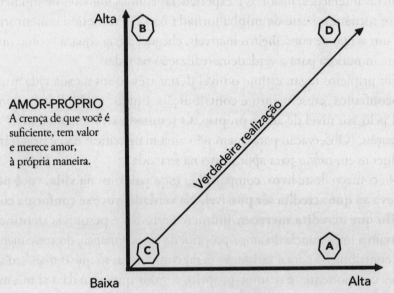

Vamos dar uma olhada em quatro exemplos do gráfico da EQUAÇÃO DA VERDADEIRA REALIZAÇÃO e conversar sobre o estado atual da sua vida. Em seguida, vamos explorar onde você gostaria de estar! Para cada um dos quatro exemplos, consulte o gráfico para ter uma referência visual.

A **Pessoa A** parece muito bem-sucedida. Está se desafiando a aprender e tomando atitudes para ajudar os outros. Apesar do aparente sucesso, ela está sempre insatisfeita. Muitos perfeccionistas e indivíduos com alto desempenho se veem nessa situação e não conseguem descobrir por que sentem que algo está faltando e acham que são insuficientes. Não importa o quanto conquistem, nada é suficiente e eles não se sentem felizes ou realizados de verdade.

A **Pessoa B** tem uma profunda sensação de paz, valor e amor, mas não se sente competente ou confiante em relação às próprias habilidades. Embora pareça satisfeita, não tem a alegria da verdadeira realização que vem da autoconfiança, do crescimento e da contribuição para os outros.

A **Pessoa C** tem baixa autoestima e pouca autoconfiança. É provável que não esteja se desafiando a crescer e que pense apenas em si mesma, sem se preocupar em como ajudar os outros, ainda que com pequenas atitudes. Sente uma insatisfação profunda com a vida.

A **Pessoa D** está realizada. Tem forte autoestima e acredita que tem altos níveis de habilidades e dons. É provável que esteja sempre aprendendo ou se desafiando a experimentar coisas novas e que tenha empatia com os outros. Não está concentrada apenas na própria felicidade e realização, mas em coisas que vão além de si. Tenta ajudar o próximo e ser útil, por meio de palavras gentis, de uma mão amiga ou de contribuições grandes e pequenas.

Certo, hora de uma aula de matemática divertida e com o potencial de transformar a sua vida! Vamos pôr essa equação em prática para ver qual é sua posição no gráfico. Simplifiquei as coisas para obter uma representação visual do seu nível presente de realização.

A seguir, dê a si mesma uma nota de 0 a 10 com base na avaliação sincera da sua vida atual em quatro áreas cruciais e, em seguida, escreva essa nota no espaço em branco que deixei ao lado de cada uma das categorias.

_____ **Autoconfiança** (Como você se avalia com base em qualidades, competências e características externas. Quanto acredita nas suas habilidades para enfrentar os desafios da vida, na sua disposição de tentar, se arriscar e ter sucesso.)

_____ **Crescimento** (Atividades, tanto internas quanto externas, que desenvolvem suas habilidades, competências, características e paixões.)

_____ **Contribuição** (Dedicar tempo, talentos, energia ou recursos a outras pessoas, a uma causa ou a algo maior que você.)

_____ **Amor-próprio** (A crença interna e profunda de que você é suficiente e digno de amor e pertencimento, **à própria maneira.**)

Agora é só inserir os números para ver sua posição no gráfico.

**Passo 1:** Escreva suas notas de autoconfiança, crescimento e contribuição nos espaços e faça a soma delas. Seu total deve estar entre 0 e 30:

_____ + _____ + _____ = _____
Nota de              Nota de crescimento    Nota de contribuição        TOTAL
autoconfiança

**Passo 2:** Anote seu **total** do passo 1 no gráfico a seguir, no eixo horizontal.
**Passo 3:** Insira sua nota de amor-próprio aqui: _____
**Passo 4:** Marque esse número de 1 a 10 no gráfico a seguir, no eixo vertical (Amor-próprio).

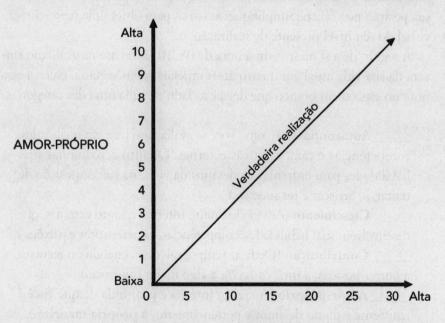

Ver a posição que ocupa no gráfico lhe dá uma representação visual rápida e simplificada do seu nível de realização. É provável que sua nota fique acima ou abaixo da linha diagonal, e tudo bem. É importante ressaltar, no entanto, que quanto mais perto da metade superior direita do gráfico, mais forte o grau de satisfação.

**Vale anotar:** Embora estejamos usando uma representação visual rápida e de fácil entendimento, para explorar a equação com mais profundidade acesse WorthyBook.com/Resources (site em inglês).

Ver a sua posição atual no gráfico foi surpreendente? Ou parece refletir a realidade? Se sente que a nota foi menor do que esperava, não fique com medo — sinta-se fortalecido. Isso é só uma maneira para tomar consciência de como você está hoje e como tem uma oportunidade empolgante de se aventurar rumo a uma vida ainda mais satisfatória. Todos somos obras em andamento, e nosso caminho para solidificar a noção que temos de valor é para a vida toda.

Lembre-se: o amor-próprio é o multiplicador. Perceba que, se você tiver notas muito altas em autoconfiança, crescimento e contribuição, mas o valor que dá a si for nota 1 ou 2, sua realização geral será baixa. Ter todos os componentes sem o amor-próprio não é o suficiente para se sentir realizado de verdade. Talvez sinta realização no trabalho, mas não com você mesmo. Pode se sentir satisfeito aos olhos do público ou em como se mostra para os outros, mas, se não tiver um amor-próprio profundo e forte, sempre sentirá que algo está faltando e não vai se sentir realizado. É provável que sempre pareça que as coisas que está fazendo ou já conquistou nunca bastam, ou que você não é suficiente. **Se o amor-próprio for nota zero, sua realização também será zero.** Ou seja, sem ele, você sentirá um vazio profundo. Se for alto, o amor-próprio multiplica seu senso de realização.

Esse gráfico é uma ótima ferramenta para revisitar à medida que implementar as práticas apresentadas neste livro e percorrer a jornada para se valorizar. Cada vez que volto a ele, sou uma pessoa diferente. Aos poucos, me concentrando nos quatro elementos da minha vida, em especial na base do amor-próprio, vou avançando no caminho para a verdadeira realização.

Este é o ponto crucial, sem o qual é impossível alcançar a realização completa: você tem valor neste exato momento, do jeito que é. Acreditar nisso não significa deixar de se dedicar com paixão a todas as coisas que deseja na vida, mas sim que, ao obtê-las, conseguirá aproveitá-las. Que, caso não as conquiste, ainda assim se sentirá realizado e com um valor inabalável. Você já alcançou objetivos, passou por marcos importantes, conseguiu o que sempre quis (o relacionamento, os filhos, a casa, o peso ou o emprego ideais), realizou o sonho, dedicou tempo e seus dons a ajudar os outros e, ainda assim, sentiu um vazio, como se essas coisas não tivessem trazido a satisfação esperada? Se isso aconteceu com você, é provável que tenha experimentado a euforia que o aumento de autoconfiança, o prazer do crescimento ou a alegria da contribuição trazem, mas, por trás de tudo isso, ainda não se valoriza. O amor-próprio é o multiplicador e o fator mais importante para alcançar o sucesso **gratificante de verdade** — seja no âmbito pessoal, profissional, financeiro, espiritual, no amor ou na vida.

## CAPÍTULO 15

## Você se vê?

*Ser amado dá uma sensação calorosa.*
*Se amar dá a sensação de ter o sol inteiro dentro de si.*

— BILLY CHAPATA

"É UM INCÊNDIO. Evacuem agora. Não é um treinamento." O funcionário do hotel parecia agitado. O alarme de incêndio estava tocando sem parar havia um tempo, e era a segunda vez que eu ligava para a recepção.

"O quê? Antes você disse que não estava..." Percebi logo que não era o momento para perguntar por que, alguns minutos antes, tinham me assegurado de que era um alarme falso e que não havia motivo para preocupação. Eu tinha poucos segundos para decidir o que fazer. Eu deveria me preocupar, ou era apenas um problema pequeno que estava fazendo o alarme disparar? Ainda com a chapinha de cabelo nas mãos, abri a porta do quarto em que estava hospedada no sétimo andar de um hotel de Londres. Estava me aprontando, já atrasada, para ir ao lançamento da minha empresa no Reino Unido. Pessoas corriam pelo corredor. Dei alguns passos e vi uma cena que nunca vou esquecer.

O piso inteiro, do hall até o corredor com quatro elevadores, estava cheio de fumaça, que parecia vir também pelas portas dos elevadores. Entrei no modo de sobrevivência. Fiquei em choque e intensamente concentrada. Minha mente pensou em alta velocidade nas opções possíveis, algumas das quais precisei eliminar de imediato: não podíamos pular do sétimo andar, pois era alto demais. Não podíamos pegar o elevador. Observei o corredor de cima a baixo procurando as escadas de emergência. Não vi uma placa. "Elas estão em algum lugar", pensei. Voltei correndo para o quarto e gritei para minha amiga Lia, que estava se arrumando: "Vamos! Precisamos sair agora!"

Peguei o laptop — o que, em retrospecto, não faz sentido, porque havia coisas muito mais úteis que eu poderia ter pegado, como meus sapatos! Sem um plano em mente, Lia e eu saímos do quarto. Minha assistente, Zega, que estava no mesmo andar, se juntou a nós no corredor. Meu marido tinha saído do hotel vinte minutos antes para comprar café da manhã em uma padaria, então o marquei como "a salvo" na minha mente. Andamos depressa pelo corredor. "Vou encontrar uma saída", declarei. "Vamos bater nas portas de todo mundo e gritar fogo!" Nunca vou me esquecer da expressão de Lia ao ver o hall e o vão dos elevadores se enchendo de fumaça, que ondulava como uma cobertura de nuvens pretas, mas, em vez de estar no céu, estava a cerca de trinta centímetros do chão. Parecia cena de filme. Lia ficou de queixo caído e congelou — quando digo congelou, quero dizer que ela parou mesmo de se mexer. Olhei para todas as direções e não vi qualquer sinalização.

Uma mulher veio gritando pelo corredor, nos pedindo para sairmos dali. Vi uma grande janela em uma das extremidades e soube que precisávamos chegar até ela. Não via outra saída. Nós quatro fomos depressa naquela direção. Eu segurava a mão de Lia, fazendo-a correr em silêncio atrás de mim. Em geral, consigo perceber a energia ao meu redor, mas, nesse caso, eu parecia estar anestesiada. Pessoas gritavam à minha volta, como se estivessem em um modo de sobrevivência elevado. Apesar disso, meu corpo estava priorizando minha concentração. Nunca tinha sentido algo assim. Bloqueei tudo no meu entorno que não parecia ser útil para minha sobrevivência.

A janela tinha uma grande maçaneta. Estendi a mão e a abri. Havia escadas de metal do lado de fora. Descalças, pulamos a janela para a saída de incêndio, que era uma escadaria de metal soldada ao exterior do edifício. Em total silêncio, começamos a descer. Outras pessoas nos seguiram. Após sete andares, as escadas terminavam em uma pilha de sobras de material de construção. Quando meus pés descalços tocaram as pedras irregulares, o metal e os detritos no chão, segurei de novo na mão de Lia. De braços dados, atravessamos os escombros e chegamos a uma rua onde centenas de observadores estavam se reunindo. Olhei para o prédio e vi que a parte superior do hotel estava em chamas. Dava para ver uma fumaça preta densa subindo acima do terraço e labaredas de três a seis metros indo em direção ao céu. Naquele momento, enquanto estava parada e descalça na calçada com a minha amiga, nos olhamos, nos abraçamos e começamos a chorar.

## Modo de sobrevivência

Quando me lembro dessa experiência, penso nas reações muito diferentes que tivemos. Algumas pessoas entraram em pânico, outras começaram a gritar e algumas, como Lia, congelaram. Não sei quantas mais vivenciaram o mesmo que eu, entrando diretamente em um modo de sobrevivência quase que automático, em silêncio e com concentração total na solução do problema, porque nossas vidas pareciam em risco.

Entrei em estado de dissociação para sobreviver. Bloqueei a fumaça assustadora e, embora tenha muita empatia, também barrei o pânico e o medo das pessoas ao redor. Eu me desconectei do que eu mesma estava sentindo.

Essa forma de modo de sobrevivência me ajudou naquele momento. Imagine se eu passasse meu dia a dia nesse estado. Longe de ser o ideal, foi o que fiz durante boa parte da minha vida. Entrei em um padrão de só fazer e ser o que e quem precisava para sobreviver em cada situação. Para ganhar aprovação. Para ouvir "boa menina" e, mais tarde, "bom trabalho". Estar em modo de sobrevivência significava sacrificar partes essenciais de quem sou. Eu escondia as características que considerava inferiores, na esperança de que os outros me achassem superior. Ao enterrar as partes de mim e os sentimentos que me tornavam vulnerável, acabei me escondendo da conexão verdadeira, da intimidade e da experiência plena da vida por anos a fio.

**O modo de sobrevivência pode se tornar nossa forma de viver o dia a dia. Pode se transformar no nosso estado emocional padrão e em nossa zona de conforto.** Ele nos leva a ser quem achamos que é necessário ser para sobreviver ou otimizar a vida em determinado momento. A nos tornar quem acreditamos ser necessário para melhorar nosso relacionamento ou proteger o nosso coração, a nossa sensação de pertencimento, o nosso orgulho, o nosso emprego, a nossa aprovação e a nossa fonte de amor. Quando nos mantemos nesse estado constante, levamos vidas desconectadas de quem somos de verdade. E, se fizermos isso por muito tempo, podemos começar a esquecer quem somos de fato.

Existem muitas formas de escolhermos nos desconectar ou existir em um constante modo de sobrevivência por não termos consciência do nosso valor. Nos afogamos em tarefas intermináveis; ficamos sempre sobrecarregados; entramos em um estado de dissociação e nos anestesiamos; vivemos de maneira inautêntica ou sem integridade, distantes de quem somos de verdade e do que queremos. Podemos até abrir um sorriso ou alegrar um ambiente enquanto mantemos um muro imaginário entre nós e as outras pessoas, ou até entre a mente e o coração. Podemos nos desconectar de um grupo ou uma multidão com a mesma facilidade com que nos desligamos de uma conversa particular que, de fora — ou até para o interlocutor —, parece íntima.

*Você se conecta consigo mesmo e se conhece de verdade? Você se vê?*

Pode parecer que essa barreira nos protege, como uma tática de sobrevivência, e é claro que ela pode ser útil de uma forma saudável em várias situações — por exemplo, quando estamos incomodados, quando não estamos em segurança ou quando desconfiamos de alguém ou de um local. No entanto, quando o padrão é levarmos conosco um muro de desconexão que nos separa dos lugares e das pessoas com quem queremos estabelecer vínculos reais, isso pode ter um impacto significativo tanto sobre nosso bem-estar emocional quanto físico.

Embora refletir sobre a conexão com os outros seja um assunto comum, não é tão normal levarmos em consideração a conexão com nosso eu. Então, vamos voltar nossa atenção para nós mesmos. Você está mostrando quem de fato é para si? Você se conecta consigo e se conhece de verdade? Você se vê?

## O alto preço da desconexão

Pense nas mentiras que já abordamos neste livro. Quando vivemos de acordo com elas, apresentamos uma história falsa de quem somos ou de como nos sentimos para deixar outra pessoa feliz, acreditando ser necessário desempenhar determinado papel para sermos amados; por acharmos que não vão gostar de nós se virem quem somos de verdade, por crermos que somos exagerados ou insuficientes, por termos medo de rejeição ou de nos desmascararem, por querermos impressionar... Os motivos são diversos. Todos eles criam uma desconexão com os outros e conosco, e o preço disso é altíssimo.

A maior parte dos comportamentos que levam à desconexão faz sentido na nossa cabeça e, quando unimos crenças com a estrutura que nosso corpo tem para sobreviver e se proteger, essas condutas podem parecer estratégias justificáveis. Todo mundo anseia por amor e pertencimento e teme não recebê-los. Muitas vezes, não percebemos que, ao não sermos nosso eu real, não conquistamos amor e pertencimento reais. É impossível. Se não formos autênticos, temos uma conexão de fachada, mas não verdadeira, completa e legítima.

Isso também vale para a autoconexão. **A única maneira de criar um vínculo verdadeiro e íntimo consigo mesmo é ver, reconhecer e acolher quem você realmente é.** É acreditar que é digno dele. Quando se desalinha ou se desconecta do seu verdadeiro eu, você se sente solitário ou isolado até em um ambiente cheio de pessoas. Até em um passeio de carro familiar. Tomando café com uma amiga íntima. Na cama com seu parceiro. Se olhando no espelho. É essa desconexão, inclusive de si mesmo, que cobra um preço alto.

TEM UM VÍDEO conhecido na internet de como um bebê reage quando a pessoa que está tomando conta dele para de fazer contato visual. No vídeo, a pessoa começa a ignorar de propósito um bebezinho. No início, o neném parece confuso. Então, começa a mostrar expressões faciais de tristeza. Depois de um tempo, com a pessoa ainda se recusando a olhá-lo nos olhos, dá para ver que ele começa a sentir dor, medo e uma profunda tristeza. Os olhos se enchem de lágrimas de desespero e medo do abandono. À medida que uma janela de tempo ainda maior se passa, com a pessoa ainda se recusando a fazer contato visual, o neném começa a demonstrar mais sinais de mal-estar emocional. Por fim, começa a chorar, desesperado. O vídeo é de cortar o coração e faz você querer entrar na tela para acalmá-lo e pegá-lo no colo. É difícil não chorar assistindo.

Todos nós temos as mesmas necessidades que esse bebê. Sermos vistos. Valorizados. Amados. Consegue se imaginar ignorando um neném que está bem na sua frente? Que emoções viriam à tona se ignorasse aquele serzinho doce e precioso? É provável que você não possa se imaginar fazendo algo assim de propósito. Também é doloroso pensar na perspectiva do bebê, ansiando por ser visto e amado, e ter a certeza da própria existência e da segurança, com o medo que surge quando essa atenção é negada.

No entanto, será que você está tratando sua alma desse jeito todos os dias? Está tocando a vida, ignorando a necessidade de ser visto, amado, digno de reconhecimento e assegurado de que está a salvo? Que pode proteger a si mesmo? E que Deus está em você, o protege, o vê e o ama? Será que as suas necessidades, e as minhas, são diferentes das do bebê? Não. Precisamos de amor e conexão tanto quanto ele. Porque a maioria de nós, e das gerações que nos precedem, nunca aprendeu a suprir essas necessidades por conta própria. Nos ensinaram a crescer, agir como adultos, ser altruístas e fortes, engolir desaforos, ir à luta.

Aprendemos a categorizar tais necessidades — em especial as emocionais, no nível da alma — como fraquezas. Muitas vezes, nos ensinaram que não ter qualquer demanda emocional é uma força. Aprendemos a encarar conquistas externas, em relação à família, à aparência ou à carreira, como sucesso. Esses feitos exteriores, porém, não suprem a necessidade da conexão que só pode ser obtida quando mostramos o nosso eu autêntico e somos vistos e amados. O que é ainda mais importante: precisamos ter essas necessidades supridas por nós mesmos. Também precisamos recebê-las e dá-las para cultivar o verdadeiro vínculo com os outros.

Isso LEVA À pergunta: o que está acontecendo com você, se não está se olhando nos olhos? Se não está se vendo? Se está vivendo constantemente atarefado ou em modo de sobrevivência? Se está se ignorando ou se escondendo de si mesmo e dos outros? Você está tratando sua alma sem fazer contato visual com ela? Está se sentindo como o bebê do vídeo, mas disfarçando do mundo e até de si mesmo, talvez com uma camiseta que diz AMOR e com um sorriso?

*A desconexão é uma doença.*
— DR. BRUCE D. PERRY

A desconexão é uma forma de trauma. Quando vivemos desconectados de nós mesmo e dos outros, podemos estar cercados de pessoas e, ainda assim, nos sentimos solitários, isolados e invisíveis. No livro *O que aconteceu com você?*, o psiquiatra e neurocientista Dr. Bruce D. Perry diz: "A falta de conexão é uma adversidade, que põe sua saúde física e emocional em risco." Ele conta como "o isolamento e a solidão podem criar a sensibilização de sistemas de resposta ao estresse e, desta maneira, serem traumáticos".

Viver desconectados até nos protege de algumas situações, mas, ao nos fazer renunciar à verdadeira conexão humana e à comunidade, também pode causar esse tipo de trauma.

Com o papel crescente da tecnologia, dos celulares e dos computadores em nossa vida, somos expostos a mais informações do que nunca — o que inclui notícias ruins e tragédias. O Dr. Perry observa que esse tipo de estresse é nossa forma moderna de trauma. Uma forma de regulá-lo é por meio da conexão humana e da comunidade. Debater e dividir acontecimentos negativos com os outros nos ajuda a abrandar, regular e processar o estresse. Quando não conseguimos fazer isso, quando o estresse se torna incessante, ele pode se transformar em angústia... e trauma.

As redes sociais e a tecnologia tornam a desconexão e a dissociação mais fáceis de acontecer e comuns. Substituímos conversas ao vivo por e-mails e mensagens de texto. Trocamos telefonemas por áudios. Nossas palavras nunca se conectam com as da outra pessoa em tempo real.

Em vez de entrarmos em contato, vemos uma publicação nas redes sociais e supomos, de maneira errônea, que a pessoa está ótima e não precisa de nós. Postamos a melhor versão representativa de nós em um aplicativo de relacionamento e deslizamos para a esquerda e a direita, indagando se os perfis daqueles parceiros em potencial são reais. Ou se a aparência deles é a mesma das fotos. Silenciamos nossos verdadeiros comentários sobre as experiências, seja com um motorista de aplicativo inadequado, seja com uma entrega de comida que deu errado, porque queremos receber boas avaliações deles na nossa conta. Publicamos um destaque do nosso dia na rede social, em vez de contar como de fato nos sentimos. Navegamos pelos perfis dos outros e, muitas vezes, nos sentimos diminuídos quando comparamos nossa vida real com os posts editados de todo mundo. **Aos poucos, vamos nos sentindo inferiores e menos *suficientes*,** cada vez

**mais *sozinhos*.** Várias pessoas adquiriram o hábito de lidar com essa solidão postando uma foto feliz, para assegurar falsamente de que está tudo bem. A desconexão se amplia.

Muitos de nós vivem escondidos, se mostram de forma inautêntica ou sentem que estão em modo de sobrevivência, dissociados dos próprios sentimentos ou de quem são. Nos anesthesiamos lotando a agenda, mergulhando no trabalho ou chafurdando nos problemas do dia a dia — os nossos, dos nossos filhos ou de outras pessoas. **Os métodos autoprescritos de sobrevivência são os nossos sabores preferidos de entorpecimento: ocupação, comida, substâncias, tecnologia, compras, jogos e nos escondermos, sozinhos ou acompanhados.** Essas atividades enterram emoções, talentos, sonhos e necessidades. Quando vivemos de forma inautêntica, nos escondendo ou entorpecidos, conseguimos sentir menos dor, mas só no curto prazo. Talvez possamos nos proteger de parte das coisas negativas, mas também nos impedimos de acessar o propósito, a alegria, a criatividade e a vivacidade. No longo prazo, a dor de olharmos para trás e nos perguntarmos se aproveitamos de verdade é muito maior. **Aguentamos, mas não sentimos que valeu a pena.**
    **Você está sobrevivendo ou fazendo a vida valer a pena?**

## Cinco atalhos poderosos para se valorizar

Agora vamos abordar cinco ferramentas potentes que são atalhos para aumentar a autoestima. Assim como em todas as partes deste livro, saberá se uma ou várias delas reverberam em você. Se não for o caso, pode pular. Achei todas as cinco eficazes na minha missão de acreditar que tenho valor e de ter uma vida mais plena e conectada.

### Atalho 1: Ver de dentro para fora e de fora para dentro

Se tem dificuldade de se amar e se concentrar nas falhas que enxerga em si mesmo, aqui está um atalho potente para reverter isso: comece a amar e apreciar a beleza e o lado positivo das coisas ao seu redor. Quando você passa a ver o que é bom ao seu entorno de maneira proposital, isso se torna uma mentalidade. Um jeito de ser. Um hábito. Uma reformulação de como você

*Você está sobrevivendo ou fazendo a vida valer a pena?*

programa sua mente para enxergar as coisas. Em dado momento, isso o faz ver o lado positivo, as forças, o bem e a beleza em si mesmo.

Um impressionante estudo concluiu que 91% das pessoas e 93% dos adolescentes afirmam que o diálogo interno negativo é um obstáculo crucial à própria capacidade de vivenciar a alegria. O Joy Study, pesquisa encomendada pela rede de salões de beleza ULTA Beauty, também revelou que, apesar de o diálogo interno negativo ser comum entre as mais de 5 mil pessoas entrevistadas, 67% delas diziam que ele é uma parte tão integral de seu funcionamento que nem percebem que o fazem. A maioria também afirmou que não tinha ferramentas e recursos para superar esse diálogo e se recuperar de situações difíceis. Se conhecer uma pessoa que passa por isso, por favor, compartilhe com ela estes atalhos para o amor-próprio. Perceber que não somos os únicos a fazer determinadas coisas nos ajuda a nos sentirmos menos sozinhos e a dar o próximo passo para aprendermos a nos sentir mais *suficientes*.

É crucial ter consciência dos nossos pensamentos e do que dizemos sobre nós mesmos, pois o amor-próprio não floresce em um ambiente cheio de vergonha e humilhação. Existem estudos que mostram que as plantas não crescem quando estão cercadas de pessoas lhes dizendo coisas negativas. Há experimentos que demonstram como recipientes de arroz cozido podem fermentar ou começar a mofar e apodrecer quando alguém fala de forma positiva ou negativa com eles, ou os ignora por completo. Dizer ou pensar palavras negativas a nós mesmos diminui a energia vibracional e destrói a esperança, o otimismo e a alegria. No entanto, nós estamos nos castigando emocionalmente há tanto tempo que é difícil romper esse hábito. Focar de propósito os atributos positivos das pessoas, dos lugares e das coisas ao redor pode ser uma ferramenta potente para combater isso.

Cultivar a autovalorização e começar a nos amar é o jeito mais rápido de resolver qualquer problema na vida, porque as vibrações que emitimos e a forma como reagimos mudam. Vou explicar também o oposto disso para obtermos uma perspectiva importante. Há um famoso ditado que diz: "Não vemos as coisas como elas são, as vemos como nós somos." Outro é: "Pessoas feridas ferem pessoas." Ambos levam à mesma conclusão: indivíduos que não se amam e que não são felizes costumam ver as coisas externas da mesma forma. Alguém que não se sente dessa forma tem muito menos probabilidade de amar de verdade ou de ficar contente pelos outros. Se uma pessoa está sempre se castigando internamente, é muito mais provável que observe seu entorno e veja tudo de errado. **Ela não enxerga a rosa, e sim os espinhos, e reclama dos espinhos que existem no mundo.** Vê o noticiário e reclama ou acessa a internet e faz comentários negativos, enfiando espinhos em tudo o que vê. Muitas vezes, isso é um reflexo da falta de amor-próprio. Com o tempo, esse estado de espírito faz com que caminhos neurais profundos se formem na mente, a ponto de o ódio de si mesmo se tornar uma zona de conforto.

Bem, se quer descobrir como se amar mais e tem dificuldade de enxergar o melhor de si, aqui está um truque INCRÍVEL. Pegue tudo o que mencionei no parágrafo anterior e faça o contrário! Vou explicar.

Embora não veja as coisas como elas são, e sim como VOCÊ é, o oposto também é uma verdade eficaz. Em vez de se enxergar do jeito que é, você pode se ver como as coisas SÃO. Sei que parece complicado, mas eis o que quero dizer: o primeiro passo é começar a enxergar o mundo de maneira positiva. Em vez de ver os espinhos, veja e ame a bela rosa. Você continua enxergando a verdade, mas está se concentrando em uma parte diferente. Quando passa a focar de propósito o lado BOM das coisas, você começa a criar novos caminhos neurais no cérebro. Em dado momento, passar a enxergar e se concentrar nas coisas BOAS que existem em você será inevitável. Aquilo em que você se concentra se torna a sua realidade. É contagiante. Portanto, ao acordar, em vez de pensar "Estou cansado", foque pensamentos como "Sou tão abençoado por ter esses lençóis, descansar a cabeça em um travesseiro macio, despertar em um ambiente seguro e poder me levantar!". Em vez de prestar atenção naquele amassado na porta do carro que o irrita sempre que vai sair de casa, concentre-se em como você é abençoado pelo privilégio e pela liberdade de ter seu veículo e poder dirigi-lo. Em vez de ver o que seu filho está fazendo, observe a boquinha e as bochechas preciosas que ele tem e aprecie o momento, sabendo que ele nunca mais será tão pequeno. Pode soar ridículo, mas, deixe de ficar irritado por ter de lavar a louça, e maravilhe-se com a criação da esponja e a facilidade com que o detergente faz espuma. Tudo pode ser visto de modo positivo se decidirmos assim.

Isso não se resume a pensar coisas positivas, embora essa seja uma ótima abordagem. Trata-se de uma ferramenta baseada na ciência e que vai transformar sua vida e a maneira como você se ama. Quando treina enxergar, de propósito, o amor e a beleza no ambiente, você para de se castigar internamente, e é inevitável ver o amor e a beleza em si mesmo. Isso se torna a norma, o hábito e, em dado momento, um modo padrão de viver. As coisas nas quais você se concentra florescem; aquilo que você aprecia é valorizado. Logo, aprender a admirar o entorno e, depois, o próprio interior muda tudo. Ao reconhecer o valor do que está à sua volta, você passa a ampliar o valor dentro de si. **Quanto mais tomar consciência da beleza ao seu redor, mais enxergará a sua beleza interna.**

### Atalho 2: A escrita e o valor

Se você mantém um diário ou pretende começar um, há uma ferramenta específica que descobri ser muito impactante como atalho para a autoestima. Quando escrever sobre acontecimentos ou vivências, positivos ou negativos, anote a data ao lado deles no diário e os revisite seis meses depois. Ao fazer isso, em especial com as experiências difíceis ou negativas, reflita e escreva sobre o que aprendeu com a situação e pelo menos uma coisa boa que resultou dela — uma lição, uma oportunidade de crescimento, uma força ou o conhecimento adquirido tendo passado por aquilo. Você pode repetir o processo após um ano. Isso ajuda não apenas a reformular a experiência negativa sob um prisma mais positivo, mas também a solidificar a sabedoria de que você é capaz de resistir a coisas difíceis; que elas não o definem ou impactam a sua identidade interna profunda.

### Atalho 3: Intenções mais elevadas, autoestima maior

É muito comum falarmos ou agirmos sem levar em consideração o intuito que nos motivou. Tirar um tempo para refletir sobre nossas intenções — e talvez reorientá-las — pode ser um atalho potente para a autoestima. Quando as intenções do que fala e faz são boas e você as reconhece, você passa a se valorizar mais. Porque, no nosso cerne, costumamos acreditar que pessoas boas merecem coisas boas. Cremos que elas têm valor. Muitas vezes, julgamos se um indivíduo é bom não com base no intuito que achamos que ele tem. Positivo ou negativo, se é de ajudar ou prejudicar. Se é de cuidado ou não. Também é assim que nos julgamos. Portanto, ao fortalecer o músculo de se concentrar nas boas intenções por trás das próprias ações e palavras, você obtém um atalho instantâneo para uma autoestima mais forte. Prestar atenção em si e se reconhecer é crucial. Se parabenize toda vez que identificar suas boas intenções e, aos poucos, seu diálogo interno positivo ficará mais alto e verdadeiro que o negativo, que costuma nos contar mentiras o tempo inteiro.

**Atalho 4: Você merece ser visto, ouvido e compreendido**

Nos 25 anos em que apresentou o programa *Oprah Winfrey Show*, Oprah entrevistou milhares de convidados, entre eles vários presidentes dos Estados Unidos e os astros mais famosos do mundo. Todos tinham algo em comum. Não importava quem eram nem quanto eram adorados pelo público. Ao final das entrevistas, todos se inclinavam na direção de Oprah e perguntavam a mesma coisa: "Ficou bom?" Precisavam de validação, nas palavras da apresentadora: "Você me viu, me ouviu. O que eu disse foi importante para você?"

Nossa necessidade de nos sentirmos vistos, ouvidos e compreendidos está no cerne de quem somos. O primeiro passo é ver, ouvir e compreender a nós mesmos.

Descobri que uma das ferramentas mais rápidas para termos nossas necessidades supridas na vida, em especial quando estamos enfrentando dificuldades para obtê-las, é dar. Sim, pode parecer contraintuitivo, e talvez você esteja pensando: "Como posso dar uma coisa se sou eu que preciso dela?" Entretanto, é uma ferramenta potente e que funciona.

É como a terceira lei de Newton: para toda ação, há uma reação oposta e de igual intensidade. Quando vê o outro, quando o enxerga de verdade, você é visto de volta.

Você pode fazer isso com um desconhecido em uma cafeteria, ou com uma pessoa na fila do caixa do supermercado. Um jeito fácil é estabelecer contato visual e dizer "Oi", perguntar "Como vai o seu dia?", ou fazer um elogio sincero sobre algo que chamou a sua atenção.

O mundo está sofrendo uma epidemia tão grande de solidão que, se você parar um instante para ver e reconhecer de verdade outro ser humano, pode ser a única pessoa que fez contato visual com ele naquele dia. Que o lembrou da sua existência, importância, de que é visto e tem valor. Ao enxergar o outro, você também passa a se sentir enxergado. Em dado momento, fica mais fácil se ver.

### Atalho 5: Janelas e espelhos para a alma

Qual foi a última vez que você se olhou no espelho e se viu de verdade? Ou que fez contato visual com seu parceiro e o manteve, para vê-lo e para que ele o visse de volta? Algo acontece na nossa alma quando alguém olha nos nossos olhos e nos enxerga de verdade. Ao fazer isso por tempo suficiente, você não presta atenção em qualquer aspecto físico e começa a se conectar em um nível muito mais profundo.

Tire alguns segundos para relembrar um momento em que talvez você tivesse uma paixonite por alguém. Quando a pessoa fazia contato visual e os olhos se encontravam, sentimentos e emoções ficavam muito mais fortes. Era tão intenso que você desviava o olhar. Isso acontecia porque olhar de verdade no fundo dos olhos desse outro alguém, ou quando você faz isso consigo mesmo, ultrapassa a visibilidade superficial e alcança a conexão no nível da alma.

Embora a empolgação do contato visual com uma paixão florescente seja inebriante, enxergar a si mesmo de verdade e ver a própria beleza é um amor ainda mais poderoso.

*Como você se ama é como ensina todo mundo a te amar.*

— RUPI KAUR

Para alimentar a verdadeira prática da conexão, é essencial aprender primeiro a se conectar DE MODO GENUÍNO consigo mesma. Com o seu eu real! Está na hora de se VER. Com todo o seu valor milagroso.

## O trabalho com o espelho

Uma maneira de cultivar a verdadeira conexão consigo mesma é praticar o trabalho com o espelho, criado originalmente há mais de quatro décadas pela saudosa e icônica professora, escritora e especialista em amor-próprio Louise Hay. O trabalho com o espelho é a prática de se observar enquanto faz afirmações positivas para si mesma, em voz alta ou apenas em pensamento, por períodos longos ou poucos segundos. Hay afirma que fazer isso é "um dos presentes mais carinhosos que você pode se dar", e o exercício tem como objetivo nos ajudar a fortalecer a conexão com nós mesmos,

**superar a crítica interior**, aprender a se amar e acreditar nas afirmações positivas que faz a si mesmo. Se não conhecia essa técnica antes, ela pode parecer um pouco exagerada, até boba, mas, desde que foi criada, a ciência a alcançou e a corroborou. Além dos inúmeros estudos que mostram o quão poderosos são os seus pensamentos, bem como as palavras que diz sobre si mesmo, um estudo de 2017 publicado no *Journal of Positive Psychology* verificou que a prática aumenta a eficácia do diálogo interno compassivo e a variabilidade do batimento cardíaco. Em outras palavras, o trabalho com espelho pode ajudar a curar coração e alma.

Se sente solidão, aprender a se conectar de modo profundo consigo mesmo dessa forma pode ser um passo transformador e fundamental para combater tal sentimento. **A profundidade da sua conexão com os outros só pode ser igual à profundidade da sua conexão consigo mesmo.**

Então, o que é e como funciona o trabalho com o espelho?

Para começar, encontre um espelho. Não serve a câmera do celular, porque não é feito contato visual ao olhar para a lente ou para o seu rosto na tela. É preciso um espelho de verdade, no qual você consiga se olhar nos olhos. Pode ser pequeno ou grande, até no banheiro ou no carro. Em seus ensinamentos, Hay aconselha a começar se olhando no olho. Você se vê? De verdade? Não apenas na forma física, mas na alma? Respire fundo. Em seguida, mantendo o contato visual, diga seu nome e "Eu te amo. Eu te amo muito, de verdade".

Talvez seja a primeira vez que você faz algo assim, e pode ser que no passado tenha evitado se olhar no espelho porque isso o deixa tentado a encontrar características que considera falhas. O verdadeiro trabalho com o espelho é uma prática que muda tudo isso. Quando diz "[Seu nome], eu te amo. Eu te amo muito, de verdade", os ensinamentos de Hay afirmam que o objetivo é se conectar com sua criança interior, que deve ter sido negligenciada. Ela deseja ser amada, e talvez não tenha sido por muitos anos. Dessa forma, você começa a cuidar de si em um grau mais profundo do que antes. Hay diz que, se for difícil demais dizer essas palavras, pode substituí-las por: "[Seu nome], estou disposto a aprender a gostar de você." E ir progredindo.

Um estudo mostrou que 70% das mulheres e 80% das meninas se sentem mais confiantes e positivas quando cuidam de si. O trabalho com o espelho pode ser uma forma potente de fazer isso.

Se você se olhar no espelho e ouvir de imediato um diálogo interno negativo, é apenas seu antigo modo de pensar se manifestando. Reconheça esses pensamentos e os deixe ir. Em seguida, olhe nos seus olhos de novo e diga: "Eu te amo. Eu te amo muito, de verdade." Você também pode dizer: "[Seu nome], eu te amo e te aceito." Ao nos amarmos e nos aceitarmos, as comportas da conexão se abrem.

*Ser bonito significa ser você mesmo.*
*Você não precisa ser aceito pelos outros. Precisa se aceitar.*
— THICH NHAT HANH

No início, ao dizer "[Seu nome], eu te amo. Eu te amo muito, de verdade", pode parecer uma mentira ou soar estranho. Só que isso é muito potente. À medida que incorporar a prática na sua rotina, diga toda manhã ao espelho: "Eu te amo, o que posso fazer por você hoje?" Ouça seus sentimentos.

Também é possível praticar o perdão no espelho. Para começar, se olhe nos olhos e diga: "Eu te perdoo." Seja específico, dizendo, por exemplo: "Eu te perdoo por se manter preso a velhos padrões prejudiciais", "Eu te perdoo por falar coisas que o magoam" ou "Eu te perdoo pelos erros que cometeu". Então, no final, diga: "Eu te perdoo e estou perdoado." Ao fim de cada trabalho com o espelho, reforce o amor e a autoaprovação.

Faça afirmações como: "Eu te vejo. Acredito em você. Te amo. Você tem valor." Escreva as afirmações no espelho. Se tiver um espelho grande, sente-se em frente a ele, para que possa se demorar um pouco mais. Tente se fazer perguntas como: "O que posso fazer para deixar você feliz hoje?"

Pesquisas atestam a ideia de que nos beneficiamos de elogios específicos em razão de esforços significativos, e podemos oferecer esses elogios a nós mesmos. Dizer algo individualizado, como: "Foi incrível você ter se manifestado naquela reunião hoje, apesar do nervosismo"; "Você fez uma pesquisa tão meticulosa para aquela apresentação... Que orgulho!"; "Ótimo trabalho fazendo aquela pausa de dois minutos hoje em vez de perder a paciência com as crianças". Esse tipo de comentário ajuda a desenvolver a autoconsciência e fortalecer a autoestima.

A CIÊNCIA PARA compreender o trabalho com o espelho está se expandindo a cada dia. No livro *Um único hábito pode mudar sua vida*, minha amiga Mel Robbins ensina como o ato de se olhar no espelho todos os dias e se dar um *high five* (toca-aqui!) libera dopamina no cérebro e aumenta a felicidade. Esse hábito simples é praticado diariamente por milhões de fãs no mundo inteiro.

À medida que a ciência compreende o impacto positivo das afirmações e do trabalho com o espelho, pais e mães estão começando a ensinar essas técnicas aos filhos pequenos. Ao fazer uma busca rápida no TikTok ou no Instagram, é possível encontrar inúmeros vídeos de crianças se olhando no espelho e repetindo palavras de incentivo e afirmação. Embora a fofura faça com que o conteúdo viralize, eles também estão desenvolvendo ferramentas importantes para a autoestima.

A maior parte dos adultos nunca ouviu falar dessa técnica, imagina ter sido criada com ela. Se for o seu caso, não é tarde demais para incorporar o poder dessa estratégia à sua vida. Afinal, sua criança interior permanece dentro de você.

Escrevi um mantra para a minha criança interior que me ajudou a me valorizar. Fico honrada em compartilhá-lo com você. Para começar, olhe no fundo dos seus olhos. Tente enxergar a criança dentro de si. Em seguida, reflita sobre a ideia: quando pensamos em bebês e crianças, muitas vezes temos uma crença de que eles são merecedores de amor sem precisar conquistá-lo. Por que mudamos as regras para nós mesmos? Quando foi que decidimos precisar conquistá-lo, muitas vezes de forma condicional? Quando foi que o mundo mudou e começou a lhe dizer que você precisava conquistá-lo? Foi sob o disfarce de pais bem-intencionados que só tentavam replicar o que é ser um bom pai ou mãe, transmitindo as expectativas do que é ser um bom filho ou filha? Foi por meio de livros ou pressões culturais? Foi quando a comparação assumiu o controle?

Volte à época em que você era criança. Imagine-se segurando no colo, como um bebê, quando bebê. Se isso ajudar, pode até colar uma foto de infância no espelho. Então, se abrace enquanto se olha nos olhos ou observa o reflexo da foto no espelho. Diga: "Eu te amo. Você merece muito amor. Você o mereceu desde o dia em que nasceu e continua merecendo agora. Não há nada que tenha feito ou possa fazer que o torne indigno de amor.

Você foi feito merecedor, completo, digno. Eu te amo. Eu te vejo. Você é importante para mim. Tem valor. Você é suficiente. Exatamente como é. Eu te amo. Você é muito amado. Você merece receber amor. Dar amor. Você é amor. Eu te amo."

Se tiver uma fé específica, incorpore uma oração à prática. Uma das minhas formas preferidas de fazer isso é me olhar nos olhos e imaginar que estou me vendo como Deus me vê. Saber que sou feita à imagem Dele. Plena de valor.

PARA INCORPORAR A prática de se conectar mais profundamente consigo mesmo usando uma das variações do trabalho com o espelho, comece aos poucos, ainda que por apenas trinta segundos por vez. Vá aumentando aos poucos, até chegar a cinco ou dez minutos por sessão. Não existem regras rígidas nem certo e errado, é só fazer o que lhe parecer certo. Use esse momento para fazer afirmações diárias, botar uma playlist de músicas relaxantes para tocar, manter contato visual consigo mesmo e se ver. Expanda sua prática para incluir alguns dos elementos que mencionei ao longo do livro, como focar o perdão ou a aceitação. Diga palavras de incentivo sobre si mesmo e sobre o dia que terá pela frente, como: "Você consegue. Deus é contigo. A vida está sempre acontecendo *para* você. Você nasceu capaz e merecedor." O trabalho com o espelho também pode ir além do contato visual, observando e celebrando o seu corpo. Se uma velha trilha sonora de críticas começar a tocar, esteja atento para silenciá-la na mesma hora e volte a afirmações gentis, amáveis e VERDADEIRAS.

Aprender a ver, ouvir, compreender, nos conectar com nós mesmos e nos amar muda todos os aspectos da vida.

*Se você acordar todas as manhãs e decidir se amar um pouquinho mais do que ontem, esses pouquinhos vão se somando.*
— LOUISE HAY

**VALE ANOTAR:** Para saber mais sobre o trabalho com o espelho, uma playlist deste livro e afirmações diárias, visite WorthyBook.com/Resources (site em inglês).

## CAPÍTULO 16

# Descubra o seu porquê e voe, voe bem alto

*Se não vê um caminho claro para o que deseja,
às vezes você terá de criá-lo sozinho.*
— MINDY KALING

"NÃO É BEM isso que estamos buscando para nós ou para as nossas clientes. A resposta é não." Essa rejeição dolorosa foi determinante. Veio na esteira de centenas de outras rejeições nos dois anos anteriores, enquanto eu tentava fazer a IT Cosmetics decolar. Daquela vez, porém, eu tinha esperanças de não ouvir mais um não. Eu estava à beira da falência e, em uma situação em que, dia após dia, precisava reunir todas as forças que tinha para não deixar a insegurança tomar conta de tudo. Eu queria algum sinal, alguém que acreditasse em mim e na proposta da minha empresa; algum tipo de impulso positivo, alguma indicação de que eu deveria seguir em frente.

Antes da ligação, imaginei a conversa várias e várias vezes e tinha certeza de que receberia um "sim". Eu queria muito colocar os meus produtos na programação ao vivo do canal de compras QVC. Estava convicta de que, se tivesse essa chance, conseguiria demonstrar e provar a qualidade do meu produto, e que ele funcionava de verdade. Ouvir aquela resposta foi como receber um soco no estômago.

Já sentiu que deveria fazer algo — que, na verdade, já está fazendo —, mas ninguém mais parece concordar? Ou então sentiu que, independentemente de manifestar os seus esforços para o universo, as coisas não saem do lugar? Talvez você esteja buscando uma companhia e se expondo em um aplicativo de namoro, a ponto de propor um ou dois encontros a cada novo pretendente que aparece, mas nada parece avançar muito além disso. Talvez tenha tido a audácia de mostrar os seus dons, talentos, produtos ou até suas ideias ao mundo e eles não foram acolhidos. A sensação é a de que ninguém "entendeu nada" ou ninguém "entendeu você". Quando isso acontece, ainda mais várias vezes seguidas, é muito mais fácil querer desistir. É muito mais fácil chegar à conclusão de que não somos capazes. É muito mais fácil acreditar que a nossa intuição está errada. Se não tomarmos cuidado, é algo que pode rapidamente se transformar em "não somos dignos disso", como se fosse uma crença básica e, por fim, uma identidade.

APÓS ESSA DOLOROSA rejeição do QVC, me enfiei debaixo das cobertas e chorei por três dias consecutivos. Eu não conseguia entender. "Por que a minha intuição me diz para insistir nisso? Quando me recolho, medito e oro, me tranquilizo com a ideia de que devo fazer o que estou fazendo. No entanto, tudo e todos me dizem o contrário."

Escrevi estas palavras no meu diário na manhã seguinte ao telefonema. Elas fluíram por mim, da caneta para o papel, de uma forma que parecia uma transferência divina: "Saiba o seu porquê, e então voe, voe bem alto." Comecei a ler essas palavras todos os dias, até não precisar mais olhar para o papel.

Na época, o *porquê* do meu sonho era muito maior do que eu. Adorava as imagens de anúncios de beleza e na televisão, apesar de me darem a sensação de que eu não era suficiente. Quando lancei a minha empresa, eu tinha um projeto muito mais amplo, no qual ninguém parecia acreditar. Eu queria usar como modelos mulheres reais de diferentes idades, tipos de corpo, tons de pele, tamanhos e desafios dermatológicos. Eu queria chamá-las de linda. Esse *porquê* era profundamente pessoal para mim, pois eu pretendia acabar com o eterno sofrimento da *não suficiência* que surge quando vemos representações falsas e retocadas do que é considerado belo. Eu queria mudar a definição de beleza na indústria que vive disso, em nome de cada menina que seria exposta àquela representação e aprenderia a duvidar de si mesma, e em nome de cada mulher adulta que ainda faz isso. Esse *porquê* era profundo e significativo para mim. Depois que recebi aquela rejeição, fiquei tentada a desistir. Naquele momento, escrevi as tais palavras no meu diário, porque precisava me lembrar de que estava fazendo algo muito maior do que eu. Estas eram as palavras: *saiba o seu porquê, e então voe, voe bem alto.* Elas literalmente me ajudaram a levantar da cama e a seguir em frente. Porque o **motivo** pelo qual eu estava fazendo aquilo era muito mais importante para mim do que a dificuldade e a quantidade de trabalho envolvidas.

## O seu porquê

Acredito que se deva atribuir um *porquê* profundo e poderoso a cada objetivo e a cada sonho, sejam eles grandes ou pequenos. Pois, ao fazermos isso, temos muito mais chances de alcançá-los. Isso funciona quando o objetivo é tangível — "Quero reduzir o meu colesterol em vinte pontos" —, e é mais qualitativo — "Quero me sentir mais feliz e mais presente a cada dia".

**No seu caminho para aprender a acreditar que você é suficiente e TEM VALOR, é muito importante reservar um tempo para compreender o PORQUÊ disso.**

Tentar abrir as asas e voar em direção à valorização exige determinação. Durante toda a vida, assimilamos mensagens voltadas para cancelar esse voo. **Carregar o peso do nosso condicionado sistema de crenças equivale a tentar voar com balões de chumbo presos às nossas asas. Saber o porquê se transforma em vento sob as suas asas.**

Quando você tem um objetivo, sonho ou plano para a sua vida, quase nunca basta saber quais são ou agir para que se tornem realidade. Identificar o *porquê* é o ingrediente secreto para o sonho se realizar. O *porquê* é a razão para fazer o que está fazendo, para querer o que quer. O *porquê* lhe dá o significado e o propósito que funcionam como combustível.

Em todas as áreas da minha vida, sempre confiei no *porquê* dos meus objetivos e sonhos. Para quem tem coragem, a busca por objetivos e sonhos quase sempre é difícil. Sem uma visão definida de para onde estamos indo e *por quê*, é muito mais fácil desistir no meio do caminho, ou nunca optar por ele. Penso no momento em que fui rejeitada pelo QVC, e em como fiquei desamparada. Depois disso, lembro que construí a maior marca de beleza da história do canal, participando de mais de mil programas ao vivo na TV. Não posso deixar de pensar que tudo poderia, facilmente, *não* ter acontecido.

*Precisamos de uma perspectiva para manter a esperança. E o porquê atua como a sua perspectiva.*

Esse passo é desconhecido ou desconsiderado por quase todas as pessoas, que não percebem como ele é importante. Elas acham que saber fazer uma coisa já é suficiente, mas raramente é. Essa é uma das razões pelas quais tantas desistem. Elas não se mostraram capazes de identificar um *porquê* significativo o bastante para que seus objetivos se realizem. Não para que *devessem* se realizar, mas para que *devam* se realizar. **Quando você tem um *porquê* forte para o seu objetivo, ele se torna algo em que pode confiar quando se desanimar. Pode ser o combustível que o mantém motivado e inspirado. É a razão pela qual *deve* continuar fazendo o que está fazendo.**

*Descubra quem você é, e seja essa pessoa de propósito.*

— DOLLY PARTON

Neste exato momento, vamos identificar um *porquê* da sua busca pessoal para acreditar que você TEM VALOR.

No exemplo que citei há pouco, enquanto eu chorava depois de uma rejeição significativa, saber o *porquê* de fazer o que eu estava fazendo me ajudou a ir em frente. **Precisamos de uma perspectiva para manter a esperança. O seu *porquê* atua como a sua perspectiva.** Quando penso naquele momento meu, se eu não tivesse confiado no meu porquê e decidido que a resposta do QVC era a gota d'água, toda a minha vida teria mudado. Eu teria permitido que a dúvida de outra pessoa sobre mim se transformasse em uma dúvida minha e **duvidado de mim mesma em relação ao meu destino**. Saber por que eu estava fazendo aquilo, mesmo quando as coisas não caminhavam conforme eu esperava, era uma das ferramentas nas quais eu confiava para me reerguer e prosseguir. Mesmo durante os anos de rejeição, eu levantava todas as manhãs e depois me lembrava disso. Eu acordava acreditando que poderia mudar a indústria da beleza e pensava: "Meninas e mulheres em todo o mundo precisam de mim hoje para seguir em frente."

PENSE NA SUA jornada para acreditar que você é capaz. Acredite que é digno das suas maiores esperanças e dos sonhos mais loucos. Quero que você considere o *porquê* de querer isso. Qual é o seu verdadeiro e profundo *porquê*?

Talvez seja para encerrar o hábito de agradar aos outros. Talvez seja ajudar as pessoas a acreditarem que têm valor. Talvez seja ajudar aqueles que passaram por traumas ou contratempos semelhantes aos seus. Talvez seja aprender a fazer coisas difíceis, para que os outros percebam que é possível para eles também. Talvez seja aprender a amar a si mesmo incondicionalmente, para poder atrair, dar e receber esse tipo de amor em um relacionamento íntimo ou de amizade. Talvez seja desenvolver confiança e resiliência para divulgar a sua arte, as suas ideias ou a sua história para o mundo, para ajudar os seus filhos a acreditarem que eles também são dignos de fazer isso. Talvez seja aprender a se posicionar e decidir que a sua voz deve ser ouvida, de modo que possa falar em nome de quem não tem as mesmas oportunidades. Talvez seja iniciar o seu próprio círculo de valorização a fim de se conectar e enaltecer o próximo. Talvez seja tão simples quanto o fato de se reconhecer capaz, confiante e valorizado por ser quem é, vai inspirar os outros a fazerem o mesmo.

TODAS AS MANHÃS, escrevo no meu diário de gratidão, anotando com frequência os meus objetivos. Embora escrever os objetivos atuais já seja algo poderoso, faço dois acréscimos a essa prática tradicional de registrar os objetivos por escrito. Primeiro, eu os escrevo como se já tivessem se realizado. Por exemplo, em vez de dizer "quero acordar cedo, meditar e caminhar pelo menos trinta minutos toda manhã", escrevo "acordo cedo, medito e caminho trinta minutos toda manhã"; no lugar de "um dia, serei uma autora best-seller do *New York Times*" e "vou aprender a priorizar o descanso", escrevo "sou uma autora best-seller do *New York Times*" e "eu priorizo o descanso". Escrever objetivos como se já tivessem acontecido ajuda o cérebro e o corpo a acreditar que eles vão acontecer — então você pode agir em função disso com mais facilidade. O segundo acréscimo que faço à tradicional prática de definição de objetivos é que, ao lado de cada um deles, anoto o meu *porquê* específico e significativo.

Ao tomar nota do *motivo* pelo qual deve realizar cada objetivo — isto é, o seu *porquê* autêntico e arraigado —, você eleva as coisas a outro patamar e torna o seu sonho mais provável de acontecer. É como estabelecer metas com esteroides. Porque, ao atribuir significado e emoção a uma coisa que deseja, isso deixa de ser um mero pensamento e passa a ser algo que você sente e que se conecta com seu corpo.

**Quando atribui significado e emoção suficientes a um objetivo, você multiplica exponencialmente as chances de ele se realizar.**

O *porquê* é o significado e a emoção. Não basta saber *como*. Muitos de nós sabemos como comer de maneira saudável e fazer exercícios físicos, mas não o fazemos. É preciso juntar o *como* ao *porquê*. Um *porquê* que seja pessoal para você, a ponto de não aceitar nada no seu caminho, mesmo quando as batalhas mais árduas se tornarem difíceis de suportar.

Então, por que, na sua bela vida, você precisa aprender a acreditar que tem valor? Use o máximo de tempo possível para refletir e obter clareza sobre essa questão. Talvez descubra a resposta na mesma hora, ou pode precisar fazer anotações, orar ou meditar. Depois de identificar o porquê, volte a ele com frequência. Talvez você descubra que ele também evolui com o tempo. Conscientizar-se do *porquê* se torna uma ferramenta inestimável e de confiança durante contratempos, que será usada como combustível nas missões futuras.

*Descubra o seu porquê e voe, voe bem alto.*

**VALE ANOTAR:** Baixe uma planilha GRATUITA de *Porquês* e definição de objetivos em WorthyBook.com/Resources (site em inglês).

# CAPÍTULO 17

## Círculo ou jaula

*Evite contar os seus sonhos para pessoas que não são sonhadoras.*

— TRENT SHELTON

VAMOS DIRETO AO ponto: as pessoas que lhe são mais próximas, incluindo amigos e entes queridos, são o seu círculo ou a sua jaula?

Eis aqui algumas maneiras de saber o que parece mais verdadeiro para você.

Pense em como se sente quando está entre o seu círculo íntimo. Reserve um momento, talvez até de olhos fechados, e se pergunte: "Eles me fortalecem? Querem o mesmo o melhor para mim, e não apenas o que acham que é melhor para mim? **Eles conduzem as coisas com amor?**"

"Eles me enfraquecem? Querem que eu corresponda às expectativas que têm em relação a mim? **Conduzem as coisas com medo?**"

Você compartilha quem é, sabendo que o amam do jeito que é? Ou precisa esconder partes de si para não ser julgado, se sentir envergonhado ou menos amado?

Apoiam-se mutuamente apesar de terem crenças diferentes sobre questões políticas ou sociais? Ou pressionam você para que acredite nas crenças deles?

São um círculo edificante e de apoio, como se lhe dessem um abraço gigante, e o incentivam a progredir, oferecendo todo tipo de suporte e amparo? Ou se parecem mais com uma jaula repleta de expectativas, pesando sobre você e o mantendo confinado, com uma enganosa placa na porta em que se lê PERTENCIMENTO? Você sentirá a verdadeira resposta no seu corpo.

> Assim como reconhecemos o oceano por ter gosto de sal, também reconhecemos a luz porque ela sempre tem gosto de liberdade.
>
> — BUDA

**Círculos íntimos devem parecer um abraço e ter gosto de liberdade. Devem ser um lugar no qual possamos respirar, nos confundir, errar, chorar — tendo consciência de que o amor não nos será negado em hipótese alguma.**

Um círculo de apoio forte reforça a valorização ao nos amar, aceitar e lembrar que somos valiosos do jeito que somos. Uma jaula é o oposto, e nos faz querer mudar ou esconder quem somos com a esperança de encontrar pertencimento, compreensão, aprovação e amor.

## O seu círculo atual

Quando se trata do círculo mais próximo, a maioria de nós nunca escolhe o grupo do qual nos cercamos. Muitas vezes, deixamos os ambientes em que vivemos ou nos quais fomos criados determinar com quem convivemos. Assim, nos tornamos um produto do nosso meio. O grupo que ocupa o nosso ambiente se torna o nosso padrão de convivência, seja ele composto por familiares, companheiro, colegas de escola ou de trabalho.

Pense nas pessoas com quem você conversa com mais frequência, para quem pede conselhos ou com quem passa o seu tempo livre. Você as respeita e admira? Elas já chegaram aonde você quer chegar? O inspiram, evoluíram emocionalmente e têm os atributos a que você aspira na vida? Cuidam do corpo e da saúde da mesma forma que você? Amam o próximo e a si mesmas incondicionalmente?

Se o seu círculo atual, formado por familiares, amigos ou ambos, for mais parecido com uma jaula e, apesar disso, o seu amor o impedir de abandoná-los, não se preocupe. Essa não é a única opção que existe. Na verdade, a maioria de nós está rodeada de pessoas que muitas vezes são boas, mas que surgiram apesar da nossa vontade e que podem até retardar o nosso crescimento se não transformarmos a dinâmica do relacionamento. Se esse for o seu caso, você pode desejar algo diferente para si: parte do processo de se transformar na pessoa que nasceu para ser é se conscientizar disso, encontrar maneiras saudáveis para esses relacionamentos evoluírem e formar novos relacionamentos. Assim, você desenvolve um círculo saudável e fortalecedor.

*Círculos íntimos devem parecer um abraço e ter gosto de liberdade. Devem ser um lugar onde possamos respirar, nos confundir, errar, chorar — tendo consciência de que o amor não nos será negado em hipótese alguma.*

## As diferenças podem unir ou dividir

Considerando o cenário político e a evolução da tecnologia, incluindo as redes sociais e o modo como recebemos informação hoje, muitos de nós nos deparamos com uma nova divisão nas famílias, nos grupos de mensagens entre amigos e nas confraternizações. Os dias de debates saudáveis envolvendo entes queridos sobre temas polêmicos têm sido substituído por cisão e intolerância diante de pontos de vista divergentes. É um novo tipo de jaula, com uma placa em que se lê ACEITE E CONCORDE, OU SEJA EXCLUÍDO.

Essa jaula vai além da família e dos amigos próximos e envolve a pressão social para que passemos o nosso tempo apenas com pessoas que acreditam nas mesmas coisas que nós. Em alguns círculos, se não fizer isso, corre o risco de ser cancelado, condenado ao ostracismo ou excluído. Na moderna cultura do cancelamento, as pessoas são expostas e julgadas por conviverem com quem acredita em coisas diferentes. Somos pressionados a nos cercar apenas de **pessoas que pensem como nós**, quando o que importa é que nos cerquemos de **pessoas que sintam como nós**. Algumas das pessoas mais amorosas podem pensar muito diferente de você em temas controversos. Da mesma forma, algumas pessoas que podem concordar com você em determinados temas podem apresentar falhas na mentalidade, no senso moral ou na capacidade de amar alguém além de si mesmas. Quando você interage com pessoas que têm opiniões diferentes das suas sobre política, fé ou questões sociais, isso não significa que você concorde com elas, nem que seja alguém ruim. Significa que você terá uma compreensão maior e mais profunda da humanidade e de que, nesta vida preciosa, poderá ajudar a curar a humanidade por meio do amor.

**Interaja com pessoas que sintam como você, não que pensem como você.**

Faço questão de interagir com pessoas que votam, vivem e amam de maneiras divergentes das minhas. Que discordam de mim em muitos assuntos delicados. Todas me instigam, mesmo que eu não concorde nem um pouco com elas — na verdade, acho que fico intrigada justamente por não concordarmos.

Sem compreender a humanidade e os seres humanos que a formam, nunca poderemos impactá-la. Nunca poderemos trazer mais pessoas para o nosso lado se interagirmos apenas com quem já se encontra nele, com o mesmo entendimento sobre as coisas.

Estamos em um momento em que ter a coragem de ser o *primeiro* é mais importante do que nunca. **Você pode ser a primeira pessoa na sua família ou grupo de amigos a amar mais e julgar menos. A primeira pessoa a se posicionar e a celebrar as diferenças, em vez de cancelar os outros por causa dessas diferenças. A primeira pessoa a perceber que a maneira mais rápida de se tornar insensível é interagir *apenas* com quem concorda com você.**

ANTES DE PENSAR mal da sua família ou do seu grupo de colegas caso eles não saibam lidar com as diferenças, pare e reconheça que a maioria das pessoas não tem consciência do impacto que as novas maneiras de acesso a informações está causando. Transitamos de um jornalismo que apurava as notícias para a era da informação on-line sem barreiras de entrada e gratuita para todos. Procure no Google qualquer frase conhecida e você encontrará milhares de artes com ela, atribuindo o crédito a várias pessoas diferentes. Ninguém poderá provar de verdade quem disse aquilo primeiro. O crescimento descontrolado da internet, combinado à ausência de barreiras de entrada, criou uma miscelânea de informações com graus variados de credibilidade.

Pessoas que passaram décadas confiando em notícias, agora confiam em fontes não verificadas de informações que circulam na internet, sem atentar para a diferença entre ambas. Para adicionar combustível ao crescente e incessante fluxo de informações, há algoritmos de redes sociais nos alimentando com mais artigos, anúncios, produtos e pessoas que reforçam nossas crenças, sem nunca exibir os pontos de vista contrários. Somos expostos exclusivamente a "fatos" que apoiam as nossas opiniões, e esses "fatos" chegam aos *feeds* das nossas redes sociais, aos *feeds* de notícias, às caixas de entrada de e-mail e aos celulares. Isso leva as pessoas a terem uma visão distorcida das informações e dos eventos.

Ao mesmo tempo que filmes como *A rede social* ajudam a esclarecer essas questões, novos desafios estão se acumulando com mais rapidez do que somos capazes de acompanhar. A inteligência artificial está se infiltrando em todas as partes da nossa vida. Hoje, alguns influenciadores digitais usam robôs para obter curtidas falsas, comentários e engajamento; os vídeos editam a aparência do rosto e o formato corporal das pessoas como elas quiserem, e de maneiras indetectáveis aos olhos. Ou seja, o que estamos vendo sequer é real. No entanto, esse espaço é, também, o futuro do comércio e da comunidade.

*Interaja com pessoas que sintam como você, não que pensem como você.*

Então, se sentir que a sua família, o seu grupo de amigos ou colegas estão mais divididos do que nunca, e se o tempo que passa com eles parecer, mais do que nunca, uma jaula, não se surpreenda. Saiba que você não está sozinho. Estar ciente disso é importante para decidir o papel que deseja desempenhar nesse contexto, e assim não correr o risco de ser... digamos, enjaulado.

## Quando não há nada de errado com o seu círculo, a não ser o fato de ele não ser adequado para você

Às vezes, nossa família ou um grupo de amigos amorosos e gentis pode atrapalhar os nossos sonhos. Pode ser quase tão difícil nos distanciarmos de pessoas cheias de boas intenções quanto abandonar as que são, sem dúvidas, nocivas para você. O que quero dizer com isso é que todos nós ansiamos por amor e pertencimento. Faz bem se sentir incluído. Faz bem ter outras pessoas precisando de nós e nos querendo por perto. Mas isso não deveria ofuscar a nossa luz, ou de nos absorver e se tornar tudo o que somos.

**Há muitas pessoas que não atendem ao chamado de ser as primeiras, preferindo se adequar.** A tentação de nos apequenar, de reduzir a nossa luz ou de mudar quem somos para nos adaptar acontece com idêntica facilidade tanto em círculos pouco saudáveis como quando estamos cercados de pessoas que querem o melhor para nós — embora saibamos que o que acreditam ser o melhor para nós não é, de fato, o melhor para nós. Se mostra apenas parte de quem é, ou está refreando sonhos, ideias, opiniões e ambições para poder pertencer a um círculo, trata-se também de uma jaula, uma que pode ser ainda mais difícil de escapar. Talvez precise de aceitação ou alegria, e a sua família seja mais ou menos boa nessas coisas, então você continua nessa zona de conforto mais ou menos aliviado, se sentindo mais ou menos alegre, sendo mais ou menos aceito, se sentindo mais ou menos valoroso, e isso é mais ou menos bom o suficiente. Mas também é apenas uma parte do que você precisa. Um exemplo disso é a história que contei lá no começo do livro: o meu pai queria que eu continuasse trabalhando na academia de ginástica porque era bem-paga, quando a minha alma sabia que eu deveria ir atrás dos meus sonhos.

**Você se convence a não viver como a expressão mais verdadeira e mais elevada de si mesmo, pois onde está já lhe parece bom o suficiente? Confortável o suficiente? Seguro? Indolor? Acha que só é digno daquilo que é "bom o suficiente"?**

Se a permanência no círculo atual lhe causar a sensação de estar retraindo quem é de verdade, custando a sua verdade e o seu chamado, então está na hora de repensar.

**Manter a paz exterior nunca deveria custar a sua paz interior.**

## Amar sob uma perspectiva geral

É tentador criar ressentimentos em relação a familiares ou amigos quando sentimos que eles não nos amam ou não nos aceitam como somos, como se tivéssemos de nos ajustar às expectativas deles para sermos amados. O ressentimento é a amargura e a indignação que sentimos pela maneira como somos tratados. No entanto, apegar-se ao ressentimento só prejudica quem decide guardá-lo. É uma escolha tentadora, mas de baixa vibração. O perdão é uma opção melhor. O perdão não significa que o que as pessoas fizeram, o modo como falaram conosco ou como nos trataram, esteja certo. Significa que não vamos mais dedicar a nossa atenção a isso, nem deixar que isso consuma a nossa energia. O perdão nos liberta. **Muitas vezes, as pessoas só estão fazendo o melhor que podem com os recursos e a capacidade de que dispõem.** Essa compreensão me libertou de muito ressentimento e me ajudou a ser mais empática.

Quando conseguir enxergar as pessoas com os olhos da imparcialidade, perceberá que todo o poder está dentro de você, e não nelas. Você é quem decide o tipo de relacionamento que terá ou não com as pessoas do seu círculo atual. Você é quem decide como deseja crescer e evoluir daqui para a frente.

Eis aqui uma lição importante que deve ser assimilada imediatamente. Só porque você está crescendo, mudando, melhorando e se curando, não significa que mais alguém no círculo ou na jaula queira fazer isso também. Você não pode obrigar ninguém a mudar. **Parte do caminho até a liberdade é se livrar de como você acha que as pessoas deveriam ser e amá-las pelo que são.** Daí, decida os melhores e mais saudáveis limites e relacionamentos que deseja ter com essas pessoas. Você as quer no seu círculo íntimo, no seu círculo exterior ou em nenhum dos dois?

Lembre-se: ao ser a primeira pessoa na sua família a querer mais, a desafiar o modo como as coisas estão estabelecidas, a assumir um risco, a apostar em si mesmo e nas suas ideias, a quebrar um ciclo geracional, a pensar, a votar ou a amar de forma diferente, você é um pioneiro. Ser um pioneiro é solitário — isso tanto é verdade que muitas pessoas optam por se ajustar para preservar uma noção leve de pertencimento. Entretanto, quando muda ou ajusta quem é apenas para pertencer acaba não pertencendo a nada, pois não é o seu verdadeiro eu que está pertencendo. Se não for você mesmo, não sentirá o amor real nem a realização do pertencimento.

## Círculo íntimo e círculo exterior

Imagine dois círculos. Um interno, íntimo e outro externo. Todos importantes.

O **círculo íntimo** é composto por pessoas escolhidas por você para estarem mais próximas. São elas que o impulsionam. Que o inspiram a alçar voos mais altos. Com quem você compartilha segredos. Que não projetam os próprios medos em você. Que querem o melhor para você, e não apenas para si mesmas. Que se importam *com* você e cuidam *de* você. Que enxergam você e as suas opiniões, esperanças, ambições, peculiaridades e seus desafios — tudo isso pelas lentes do amor.

O **círculo exterior** também é formado por pessoas com quem nos preocupamos e que amamos. Dependendo das circunstâncias, porém, os sistemas de crenças, hábitos e desenvolvimento emocional dessas pessoas podem criar a sensação de uma jaula na sua vida. Elas podem compor a família que o criou, os amigos que teve na infância, ou um colega de trabalho sentado na mesa ao lado. Podem ser pessoas de quem você goste de verdade, mas com quem deseje interagir apenas em determinadas situações; com quem adora trabalhar todos os dias, mas a quem nunca confiaria segredos; quem pretende encontrar, mas percebe que sua energia acaba rápido a cada interseção ou que esconde quem você é para que fiquem confortáveis; pessoas que ama e com quem se preocupa de coração, mas elas, apesar de gentis e amorosas, só interpretam suas opiniões, esperanças, ambições, desafios e peculiaridades pelas lentes do julgamento, do medo ou da capacidade limitada.

Estes círculos estão ao seu redor, proporcionando uma sensação de pertencimento. Você pode conceder a essas pessoas níveis muito diferentes de priorização, confiança, vulnerabilidade, tempo e acesso. Todas elas não deveriam parecer jaulas. Quando uma pessoa que parece um círculo se torna, com a sua apresentação, uma jaula, a mantenha no seu círculo exterior — é o único jeito de ter um relacionamento saudável e amoroso com ela. Se uma pessoa traz energia tóxica para a sua vida, ela não deveria ocupar nenhum espaço nela. Ela deve ficar de fora do círculo exterior, para que você possa amá-la de uma distância saudável.

**Se suportar as pessoas que estão ao seu redor custa muito a você, então elas são pesadas *demais*.**

*Tudo é possível quando você tem as pessoas certas para apoiá-lo.*

— MISTY COPELAND

Pare um instante e repare nas pessoas ao seu redor, incluindo quem o criou. Observe sem julgamento. Só identifique o que lhe parecer verdadeiro. Algumas são exemplos positivos e outras, verdadeiros sinais de alerta. Em alguns casos, você pode ter a sensação de que elas sugam toda a sua alegria. Já outras parecem abastecê-lo de alegria assim que as vê. Basta observar e sentir o impacto que causam em você. Quando inicia o processo de definir e reorganizar os seus círculos íntimo e exterior, a observação e a consciência são muito importantes. **Você não pode alçar altos voos com balões de chumbo presos às asas.**

## Blue Slurpees, Cheetos e resíduos emocionais

As bebidas Blue Slurpee deixam resíduos azuis na língua. O Cheetos deixa resíduos cor de laranja nos dedos (e, é claro, o blush em pó original da IT Cosmetics deixa suas bochechas com um lindo tom de rosa ☺). Segundo a teoria do "resíduo emocional", as emoções das pessoas deixam rastros no ambiente físico, que podem impactar, influenciar e ser sentidas pelos outros.

Em outras palavras, a energia e as vibrações das pessoas com quem interagimos aderem a você como se fossem resíduos. Ao contrário dos resíduos azul ou laranja, que podem ser vistos fisicamente, o resíduo emocional é invisível aos olhos, mas não há dúvidas de que podemos senti-lo. Ao contrário dos resíduos azul ou laranja, que costumam sumir em uma ou duas horas, os emocionais podem durar muito mais tempo. Podem, inclusive, durar para sempre, se você não estiver ciente disso e não evitá-los intencionalmente.

*Você prefere manter a paz dos outros ou a sua?*

Você já entrou em um ambiente com uma ou mais pessoas e sentiu a vibração mudar? E ao sair do ambiente, teve dificuldade de se livrar dessa sensação? Isso é o chamado resíduo emocional.

Da mesma forma, você já interagiu com alguém e se sentiu muito mais animado, alegre e ativo? Ou alguém que, talvez, apenas tenha feito você se sentir visto, ouvido, compreendido e emocionalmente amparado? Também são tipos de resíduos emocionais que podemos sentir depois de interagir com pessoas diferentes.

Às vezes, nos damos conta de como essas coisinhas nos fazem sentir ao longo do tempo. Uma vez, quando ainda namorávamos, meu marido e eu nos abraçamos em um estacionamento e, ao darmos um beijo de despedida, no exato momento em que nossos lábios se tocaram, houve uma visível descarga elétrica. Embora soubesse que aquilo havia sido causado por eletricidade estática, também acredito em sinais e fiquei muito impressionada. Ele e eu quase não acreditamos no que aconteceu e ficamos instantaneamente meio bobos, como se fôssemos dois adolescentes descobrindo a alegria do amor. Tempos depois, descrevemos aquele momento estimulante para uma pessoa da família, que não esboçou reação alguma. Lembro que a falta de animação da pessoa nos contaminou. Até hoje eu amo muito aquele parente, mas ele não faz parte do círculo íntimo para quem eu ligo quando coisas empolgantes ou bobas acontecem. **Isso não significa que eu o ame menos. Significa apenas que estou protegendo a dádiva e a vibração da energia contagiante quando ele se aproxima.**

Estar ciente dos resíduos emocionais é importante, porque, se a energia é mesmo contagiosa, selecionar o tipo de energia que nos circunda e o quanto nos expomos a ela pode impactar todos os aspectos da nossa vida. Ter essa consciência pode ser uma ótima ferramenta para decidir quem desejamos no nosso círculo íntimo, no nosso círculo exterior ou bem longe de ambos.

## Limites

Estabelecer limites saudáveis, escolher quem tem acesso a nós e em quais níveis e decidir a quantidade de tempo e atenção que dedicamos a elas são coisa assustadoras, sobretudo se tendermos a agradar os outros e a desejarmos que todos sejam felizes. Mas precisamos parar por um momento e priorizar o que é mais importante, tanto para a nossa saúde quanto para a nossa alegria. **Você prefere manter a paz dos outros ou a sua?**

> *Você já se curou de muita coisa para não elevar*
> *o patamar de quem terá acesso a você.*
> — CATHY HELLER

Certa vez, Brené Brown compartilhou a história de como ela ensinou seus filhos a nunca se envolverem com quem chama de "sopradores de velas". Ela usa a seguinte analogia: cada um de nós tem uma chama dentro de nós, que é o nosso espírito, a nossa alma, a nossa luz — e é importante nos cercarmos de pessoas que celebrem o brilho intenso dessa chama, que a protejam, que abram espaço em suas vidas para ela. O conselho de Brown é para permanecermos atentos e não nos envolvermos com o tipo oposto de gente, isto é, as pessoas que sopram velas. Ou, pior, aquelas que convencem você de que a sua luz não é digna de brilhar, ou que alegam que a sua chama se apagou sozinha.

**ESTABELECER UM LIMITE é como bloquear o vento que vem na sua direção e que está quase apagando a sua chama.**

Um limite pode ser dizer como está se sentindo, apesar de ficar tentado a mentir para agradar os outros. Pode significar dizer *não* quando se vê impelido a dizer um *sim* que não quer dizer ou dizer a seus pais que reconhece tudo o que eles fizeram, mas optou por cuidar dos seus filhos de modo diferente. Pode significar ser a primeira pessoa da família a perdoar, mesmo que os outros familiares ainda guardem rancor, compartilhar partes da sua vida apenas com pessoas em quem confie, proteger a sua paz, dividindo as suas ambições com pessoas que as celebrarão, em vez de com aquelas que as criticarão, ou dedicar mais tempo ao seu círculo íntimo e reduzir o tempo gasto com o exterior.

Algumas pessoas podem ter problemas com você estabelecendo limites, mas o verdadeiro problema é que as feridas e questões delas ainda não cicatrizaram ou foram resolvidas e não perceber isso.

> *As únicas pessoas que se incomodam com você estabelecendo limites são aquelas que se beneficiam do fato de você não ter nenhum.*
> — BRIAN WEINER

A necessidade de estipular limites saudáveis terá de ser reconhecida, determinada e implementada por você. Não se surpreenda se a necessidade de mantê-los for um desafio constante. Até porque somos programados, naturalmente, a buscar o amor e o pertencimento junto às pessoas que transitam no ambiente em que fomos criados, pois costumamos pedir conselhos a elas, até quando elas não têm a menor ideia ou compreensão da nossa situação. Buscamos conforto e pertencimento nelas, mesmo que não tenham a capacidade de atender às nossas necessidades. Os relacionamentos tendem a ser

> *Estabelecer limites pode parecer, para os outros, uma traição. Mas não aprender a estabelecê-los é quase sempre uma traição a si mesmo.*

recíprocos em graus variados, então não se surpreenda se os novos limites encontrarem resistência. Como seres humanos, um dos nossos medos mais profundos é o de não sermos suficientes e, por isso, não sejamos amados. Quando você cresce, muda e se expande, isso pode fazer amigos ou familiares sentirem que não são suficientes, ou que não são mais dignos do seu amor. Portanto, compreender isso enquanto trabalha para construir limites novos e saudáveis pode ajudá-lo a enfrentar a potencial resistência com elegância.

Talvez você já tenha percebido que, ao voltar para casa depois do fim das férias ou ao se unir a grupos de colegas do círculo exterior, afrouxa os limites. Muitas vezes, quando voltamos para casa, para amigos antigos, lugares do passado ou ambientes que não testemunharam a nossa grandeza, torna ainda mais difícil não sermos afetados pela síndrome do impostor ou nos sentirmos, mais uma vez, sem nenhum valor. Essa é a zona de perigo — os momentos em que você precisa ficar hiperconsciente das projeções alheias, do pensamento limitador e da capacidade limitada. Caso contrário, começará a voltar a práticas, comportamentos e padrões antigos. O pior de tudo é retornar à velha identidade e à antiga crença do que você é digno ou não de alcançar. A sensação é a de que estamos tentando diminuir o nosso tamanho para caber, mais uma vez, numa caixinha.

Você pode estabelecer limites saudáveis deixando claro como realmente está se sentindo sem se desculpar, dizendo não quando quiser dizer não e só dizendo sim quando quiser dizer sim, valorizando o seu tempo e pedindo às pessoas que façam o mesmo, e compartilhando as suas necessidades com os outros. Seja firme e gentil, sem se explicar demais.

> "Não" é uma frase completa.
>
> — ANÔNIMO

Saiba desde já que será um processo imperfeito. Pode haver tropeços, obstáculos e contratempos ao longo do caminho, mas continue em frente. **Lembre-se: muitas vezes, estabelecer limites pode parecer, para os outros, uma traição. Mas não aprender a estabelecê-los é quase sempre uma traição a si mesmo.**

## Selecione os seus círculos e a família escolhida

À medida que for crescendo e evoluindo, talvez você decida que o seu círculo íntimo atual é mais interessante do que poderia imaginar. Ou talvez decida fazer certos ajustes, definir novos limites e promover uma revisão no seu círculo íntimo e no seu círculo exterior. A família e o grupo de colegas com quem você se aventurou na vida até este momento podem desempenhar um papel maior ou menor em ambos.

**O seu círculo pode ser formado por duas ou cinco pessoas, mas você precisa saber que são as pessoas certas.**

Muitas vezes, quando as pessoas iniciam a busca pela cura e pelo crescimento pessoal, adotam o conceito de família escolhida. Isso significa que as pessoas que considera a sua família mais próxima podem não ser aquelas com quem você foi criado. Podem não ser parentes de sangue. Podem ser, simplesmente, pessoas com quem você tem proximidade e intimidade na vida, e que classificaria como familiares. Talvez você já tenha escutado termos carinhosos usados para descrever um grande afeto por amigos que são considerados parte da família escolhida, incluindo expressões como "irmã que a vida me deu" ou "irmão que a vida me deu". A família escolhida pode ser formada por pessoas com quem você passa as férias e as confraternizações importantes e também pode incluir uma parte ou toda a família na qual você foi criado ou onde nasceu. A família escolhida é composta por quem você escolhe como família.

*O seu círculo pode ser formado por duas ou cinco pessoas, mas você precisa saber que são as pessoas certas.*

É possível cultivar amizades da mesma forma. Os amigos com quem você cresceu podem não se sentir alinhados com a pessoa que se tornou, e talvez você tenha se distanciado deles. Não há problema nisso. Na idade adulta, também é possível cultivar amizades íntimas. **Os verdadeiros amigos querem o que é melhor para você com base nas suas esperanças e nos seus sonhos, não no que acham que é melhor para você com base nas esperanças e nos sonhos deles.**

Uma das muitas razões para um excelente círculo íntimo ser tão importante é que as pessoas que ali estão cumprem a função de lembrar você da sua própria grandeza. Dos seus dons. Da beleza e do poder que é VOCÊ. Porque todos nós, até as pessoas mais famosas e mais elogiadas publicamente, precisamos ser lembrados disso.

Costumo manter uma lista de palavras e frases gentis ditas pelas pessoas do meu círculo íntimo a meu respeito. Eu pego essa lista e a leio em silêncio sempre que me vejo tentada a esquecê-las e a sentir que *não sou suficiente*.

*Interaja com pessoas que o atraiam para o seu futuro,
não para o seu passado.*

— ANÔNIMO

## Os elefantes e o seu círculo íntimo

Adoro a história que a autora e formadora de opinião Jen Hatmaker compartilha para ilustrar a maneira como um círculo íntimo se manifesta a nosso favor.

Jen estava passando por uma fase muito difícil quando uma amiga próxima lhe enviou uma foto de elefantas formando um círculo. Elas estavam olhando para fora, com as costas e as caudas voltadas para o centro do círculo. No início, Jen ficou confusa, sem entender direito por que a amiga havia lhe enviado aquela foto. A amiga então explicou que, na natureza, quando uma mamãe elefanta está dando à luz ou quando um elefante está ferido, todas as outras fêmeas da manada ficam à sua volta, circulando o animal. Elas se juntam e formam fileiras cerradas para que ele não seja visto. Com isso, protegem os mais vulneráveis do grupo da mira de predadores e de novos machucados. As elefantas, então, pisoteiam o chão, levantando poeira para mascarar qualquer cheiro e afastar possíveis agressores. Um sinal claro é enviado: se alguém tentar atacar quando entes queridos estiverem vulneráveis, terá, primeiro, de ultrapassar aquele círculo.

Jen explica que, quando o bebê elefante nasce, as irmãs elefantas levantam uma nuvem de poeira em torno dele para proteger o seu couro e, em seguida, começam a trombetear uma melodia gloriosa em celebração à nova vida, à irmandade e à beleza brotando em meio a um mundo cruel que está "repleto de inimigos e adversidades". A imagem das elefantas assumindo essa formação é uma grande alegoria do poder dos círculos íntimos, que nos ampara e nos protege quando estamos fracos ou vulneráveis. Ele nos saúda, comemorando quando damos à luz novas ideias e embarcamos em novas vitórias. Às vezes estamos no meio do círculo sendo protegidos e outras fazemos parte do que protege. A primeira vez que ouvi Jen Hatmaker mencionando e compartilhando essa analogia, eu chorei. Porque ela me pareceu verdadeira. É o sentimento mais lindo ter esse tipo de amigos, familiares ou entes queridos como parte do nosso círculo íntimo, e nos comportarmos da mesma forma com eles.

*Os verdadeiros amigos querem o que é melhor para você com base nas suas esperanças e nos seus sonhos, e não no que eles acham que é melhor para você com base nas esperanças e nos sonhos deles.*

Quando não conseguimos contar com as pessoas do nosso círculo para nos oferecer ajuda, nos amparar ou nos incentivar a atingir o nosso potencial, isso pode nos fazer sentir vazios e desconectados. Selecionar os círculos íntimo e exterior que nos fortalecem, nos amam e nos valorizam do jeito que somos, é algo que reforça a valorização.

**A BELEZA É que a sua história está sempre se desenrolando, e você pode formar e reformar círculos. Pelo resto da sua bela e heroica vida.** Você também pode decidir como deseja se apresentar dentro de cada círculo.

As pessoas com quem você escolhe interagir, incluindo amigos e entes queridos, se parecem mais com um círculo ou com uma jaula?

Perdi um amigo enquanto estava escrevendo este livro. No braço, ele trazia tatuada uma famosa frase de John Shedd: "Um navio está seguro no porto, mas não foi para isso que foram feitos." Sempre adorei essa frase. Ela me lembra que todos nós nascemos com uma mente e uma alma maravilhosas, cheias de ideias e pensamentos ousados e imaginativos, necessários ao mundo.

Podemos nos sentir seguros em um porto tranquilo, ou em um círculo que mais parece uma jaula, mas não foi para isso que fomos feitos. Fomos feitos para enfrentar o oceano e sentir a água salgada na nossa pele, e os ventos soprarem nossas velas. Fomos feitos com todas as competências para nos esforçarmos ao máximo e tornarmos nossos sonhos em realidade. Fomos feitos para suportar as ondas. Fomos feitos para aproveitar o sol. Fomos feitos para navegar em águas desconhecidas e celebrar a maravilha das gloriosas aventuras que estão por vir e que guardam nosso nome. Somos dignos de expressar opiniões, assumir riscos e mudar o ambiente ao nosso redor. Somos dignos de enfrentar intimidadores e defender pessoas que não conseguem acessar a própria coragem. Não vamos ficar presos em uma jaula que se autodenomina círculo. Não vamos nos anular ou renegar nossa vocação. A nossa alma e o mundo precisam daquilo que cada um de nós pode dar.

É preciso vontade e convicção para decidir que você merece todos os círculos e nenhuma jaula. É preciso ousadia para confiar em si mesmo, mesmo quando os outros o aconselham a ofuscar a sua luz. E é preciso uma enorme dose de coragem para viver como o seu eu verdadeiro, sabendo que não existe mais ninguém no mundo igual a você. Uma jaula que o aprisiona pode parecer confortável para a sua mente, que sabe que você nasceu para voar livre e que merece um círculo de apoio e de celebração — um círculo que aja como o impulsionador da sua jornada.

**VALE ANOTAR:** Saiba mais sobre como ingressar em um Círculo de Valorização ou criar o seu próprio em WorthyBook.com/Resources (site em inglês).

## CAPÍTULO 18

# Exposto demais e desenvolvido de menos

*Nada vai dar certo a não ser que você faça.*

— MAYA ANGELOU

DISPENSEI O TERNINHO de negócios, coloquei um confortável vestido de malha cor-de-rosa que parecia uma camisola e adorei quando a informalidade do vestido foi disfarçada por um punhado de *strass*. Decidi ser eu mesma, ainda que significasse destoar do que outras pessoas usavam em reuniões. O que eu não sabia é que aquela seria a ocasião em que eu conheceria um dos rappers mais famosos do mundo. Eu estava no evento Forbes 400, no qual a revista *Forbes* celebra as quatrocentas pessoas mais influentes na área da filantropia. O evento é incrível, e me sinto muito instigada toda vez que tenho a honra de ser convidada. As ideias e as mentes brilhantes que se reúnem, além do compromisso em ajudar a humanidade, são inspiradores.

Naquele ano em particular, o evento estava sendo realizado na cidade de Nova York. Tínhamos passado o dia discutindo ideias e iniciativas inovadoras. O encerramento contou com um coquetel e uma apresentação musical ao vivo. Por acaso, um amigo meu já havia trabalhado com aquele rapper e queria nos apresentar. Achei que seria um cumprimento de dois segundos, e tinha certeza absoluta de que ele não teria a menor ideia de quem eu era.

— Adoro o seu programa de televendas — disse ele quando apertei sua mão.

*O QUÊ?!*
— Sério? Você já viu? — perguntei, surpresa.
"O que ele estava fazendo assistindo ao meu programa de televendas, onde eu mostrava maquiagem sendo usada em mulheres reais, com problemas de pele reais?", pensei na mesma hora. Tentei prestar atenção e ouvi-lo explicar que já havia analisado o infomercial e que gostaria de me parabenizar pelo sucesso do programa.
— Sim, achei brilhante o jeito como você posicionou o produto e depois tirou a maquiagem que estava para se conectar com as clientes — comentou ele.
Agradeci, conversamos um pouco mais e depois nos afastamos.
A primeira coisa que pensei após aquele breve encontro foi que **ter sucesso quase nunca é por acidente**. O sucesso, em todas as suas formas, quase sempre deixa pistas. Uma delas é expressa de modo exemplar nas palavras da falecida Dra. Maya Angelou: "Nada vai dar certo a não ser que você faça."
Embora eu tenha ficado surpresa com aquele rapper famoso no mundo todo, com carreira consolidada, ter assistido ao meu comercial de TV, me ocorreu que costumo estudar todo tipo de pessoa que teve sucesso em todo tipo de indústria, pois adoro tentar reconhecer padrões e compreender por que elas se tornaram bem-sucedidas. É provável que ele tenha alcançado o sucesso não apenas por ser talentoso, mas por ser um estudioso incansável e um profissional comprometido com o próprio desenvolvimento, em estudar a excelência onde quer que a encontre, caso isso sirva para refiná-lo ainda mais. É provável que ele tenha uma carreira extensa porque, em parte, não descuidou do próprio desenvolvimento à medida que se expunha.

Vivemos em uma cultura que glorifica a gratificação instantânea. Há toda uma geração que espera ser promovida a um cargo sofisticado antes mesmo de concluir o primeiro estágio. Embora eu seja a favor da ambição, é muito importante entender que você é o guardião do seu potencial, do seu crescimento, das suas possibilidades e dos seus sonhos.
Li inúmeros livros que são incentivadores e repletos do que parece ser uma positividade genérica, mas eles pulam a parte de *sermos realistas*. Ora, a parte *realista* é saber como conseguir obter resultados *realistas*, e é disso que trata este livro. O meu objetivo neste capítulo não é desapontar você.

Pelo contrário! Garanto que você tem tudo de que precisa já dentro de si, neste exato momento, para satisfazer as suas maiores esperanças e os sonhos mais loucos. Garanto que você é digno de todos eles. Mas há um ingrediente crucial na fórmula do sucesso que a maioria das pessoas se sente tentada a ignorar: para atingir objetivos, incluindo desenvolver autovalorização e autoconfiança duradouras, você precisa desenvolver e aprimorar a habilidade de gerar o próprio equilíbrio ao longo do caminho. Prometi que ficaria ao seu lado nestas páginas, e estou apoiando você, então preciso falar sobre coisas *realistas*. Bem, vamos lá.

## Especialistas em exposição

Você já seguiu alguém nas redes sociais que é superpopular, informado ou inspirador, apenas para perceber, um dia, que aquela pessoa nunca fez o que costuma pregar? Elas só são boas falando.

À medida que o mundo da tecnologia evolui em alta velocidade, não existem mais barreiras de entrada e já não se exige nenhuma qualificação para se tornar um "especialista" ou um "guru". Entre os benefícios disso está o fato de empreendedores, criadores, inventores de produtos e artistas poderem divulgar seus trabalhos diretamente para o mundo, sem depender de um intermediário que lhes diga "SIM" ou "NÃO" para alcançar o público ou os próprios clientes. Eles não precisam depender de uma empresa para decidir se querem distribuir ou promover seu produto, invenção ou arte. Existem muitos benefícios, mas é óbvio que também existem algumas desvantagens importantes.

Pessoas com nada além de popularidade ou da habilidade de cultivá-la podem compartilhar seus conhecimentos sobre qualquer assunto que escolherem. No passado, uma pessoa popular era contratada para endossar um produto ou serviço, que era, muitas vezes, uma empresa estabelecida que tinha de seguir todas as normas regulatórias e de segurança para comercializar seu produto ou serviço. Hoje, personalidades populares vendem os próprios produtos ou serviços, em geral sem nenhum conhecimento, experiência, infraestrutura ou compreensão sobre segurança e conformidade regulatória. Pense na seguinte situação: ultimamente você comprou produtos promovidos nas redes sociais sem considerar se eles provêm de uma fonte segura, verificada e confiável?

Você se lembra da época em que as opiniões de um crítico veiculadas no jornal ou na TV exerciam um enorme poder? As pessoas confiavam que os críticos tinham um profundo conhecimento acerca daquela indústria. Portanto, se um crítico publicasse uma crítica concedendo cinco estrelas a um restaurante, filme ou livro, as pessoas confiariam nele e comprariam o produto. A reputação dele, muitas vezes baseada em décadas de cultivo da confiança, estaria em jogo. Bem, hoje em dia as pessoas estão vendo menos TV, lendo menos jornais e obtendo mais informações na internet, e quase todo mundo, tendo ou não alguma experiência ou qualificação, se converteu em um crítico severo.

Nos meus anos de trabalho como jornalista em noticiários televisivos, cada palavra que eu escrevia em cada matéria tinha de ser apurada. Se cometesse um erro e isso fosse divulgado aos telespectadores como uma verdade, poderia ser demitida por aquele erro. Imediatamente, a estação emitiria uma retratação diante das câmeras e um pedido de desculpas aos telespectadores. Da mesma forma, como jornalistas, estávamos proibidos de externar opiniões sobre qualquer assunto. O nosso trabalho era relatar os fatos. Expressar opiniões de qualquer natureza também era motivo para demissão. Trabalhando em emissoras de televisão, testemunhei colegas — muitas vezes com décadas de experiência — se orgulhando e encontrando o seu propósito ao preparar matérias factuais para ajudar a melhor informar os telespectadores. Hoje existem inúmeros artigos na internet e incontáveis sites que publicam artigos de opinião como se fossem notícias, sendo que raramente são apurados e que circulam repletos de informações não verificadas. Atualmente é quase impossível verificar quem disse uma frase primeiro, pois vários sites atribuem toda e qualquer citação a diversas fontes "originais".

Os "especialistas" online que nós e os nossos filhos seguimos são **expostos demais e desenvolvidos de menos** — muitas vezes em diversos sentidos. Quando especialistas, produtos ou empresas ganham popularidade, o número de seguidores e as subsequentes vendas de produtos disparam. Personalidades da internet se autodenominam especialistas e, sem qualquer conhecimento nem experiência, passam a dar conselhos que afetam a saúde física e mental das pessoas, assim como a segurança, os negócios, os relacionamentos e a vida das pessoas. Com enorme popularidade, mas sem conhecimento nem experiência, os riscos para os consumidores são gigantescos.

Há muitos benefícios ocultos e pouco conhecidos em contar com os tipos de barreiras que, agora, desapareceram da internet. No processo de construção da IT Cosmetics, tínhamos de atender a rígidos padrões de segurança, de regulamentação e de controle de qualidade de muitos parceiros varejistas. Precisávamos fazer testes de alergia e de segurança, e precisávamos obedecer às diretrizes de rotulagem e segurança da FDA (Agência de Controle de Alimentos e Medicamentos dos Estados Unidos). Em contraste, hoje em dia as empresas de cosméticos se multiplicam na internet nos mais variados lugares. Se estiverem ligadas a uma personalidade popular, os produtos vendem como água. Muitas são desregulamentadas — o que significa que nunca passaram por testes de segurança —, e o consumidor não tem a menor ideia do que de fato está aplicando na própria pele. Isso se torna ainda pior na indústria alimentar e de suplementos, pois os consumidores ingerem produtos sem qualquer regulamentação.

É claro que existem agências governamentais encarregadas de supervisionar tudo isso, mas elas estão muito dispersas e não têm infraestrutura para lidar com a velocidade com que as empresas são lançadas e vendem os produtos diretamente aos consumidores usando uma simples foto. É fácil montar um site sofisticado e com aparência confiável e fazer robôs promoverem um produto com centenas, ou até milhares, de avaliações falsas. O resultado é que ninguém fica sabendo que o produto é exposto demais e desenvolvido de menos. Isso coloca em risco a saúde e a segurança dos consumidores.

O mesmo acontece nas áreas de consultoria e serviços. Quando a popularidade de um influenciador, um formador de opinião ou até um "especialista" em alguma coisa cresce em um ritmo mais veloz do que a experiência, o conhecimento e a verdadeira competência na vida real, ele se vê em uma situação difícil. Começa a ganhar dinheiro dessa forma — por meio de visualizações de vídeos, anúncios, programas que colocam à venda, eventos na internet ou colocação de produtos — e um ciclo vicioso se inicia. Eles precisam manter um engajamento alto em cada uma de suas postagens, sejam curtidas ou visualizações, para que o dinheiro da publicidade e os patrocinadores continuem entrando. No entanto, ao contrário de um especialista que passou décadas adquirindo as qualificações que o levaram à fama, neste novo mundo as pessoas podem construir esse tipo de fama sem qualquer base de conhecimento e experiência na qual se sustentar. Atualmente são pessoas que se expõem demais sendo desenvolvidas de menos. O pior de tudo é que os que assistem a essas ascensões meteóricas, tanto os jovens quanto os mais velhos, passam a acreditar que não é necessário se dedicar para adquirir conhecimento e que, agora, na realidade, o sonho do sucesso e do dinheiro fácil é... bem, fácil!

Nos bastidores, há especialistas online em relacionamentos amorosos que vendem cursos sobre casamento tendo relacionamentos pouco saudáveis apenas para manter a fachada do que divulgaram na internet. Há especialistas em amor e cura escondendo que mal deram os primeiros passos na própria jornada e que ainda não aprenderam a amar a si mesmos promovendo ideias que não foram pesquisadas nem testadas e que eles próprios nem sequer experimentaram. Por trás dos muros da tecnologia, dos filtros e dos sites bem elaborados, pode ser difícil detectar isso.

Com a rápida exposição que muitos vêm ganhando no nosso novo mundo direto-ao-consumidor-via-tecnologia, é muito fácil cair na armadilha de experimentar o sucesso e, então, desejá-lo tanto quanto for possível. Ou sentir que é preciso aproveitar a oportunidade, sem se preocupar se tem infraestrutura ou desenvolvimento para sustentar tal sucesso a longo prazo. É difícil dizer não à fama, ao dinheiro ou às pessoas dispostas a celebrá-lo.

> **No amor, você ficará exposto demais e desenvolvido de menos se não amar também a si mesmo.**

É difícil dizer não ao sucesso a curto prazo, mesmo sabendo que ele está sendo construído sobre um alicerce com várias fissuras e pontos frágeis. É difícil resistir à tentação de obter vitórias a curto prazo que agradam investidores, chefes, equipes, colegas, parceiros, familiares e seguidores nas redes sociais.

EMBORA EU TENHA enfrentado centenas de rejeições e iminentes encontros com a falência nos primeiros anos de desenvolvimento da IT Cosmetics, a maré mudou quando começamos a ter sucesso nas vendas. De repente, todos os varejistas que há anos me diziam não passaram a querer a minha marca. Mais ou menos nessa mesma época, uma das minhas mentoras me deu conselhos sólidos sobre como regular essa dinâmica. Ela me contou várias histórias sobre outras marcas que haviam crescido rapidamente em popularidade e demanda e passaram a aceitar toda e qualquer exposição, fechando contratos com todos que quisessem distribuir e vender seus produtos. No entanto, pelo fato de suas equipes não conseguirem cumprir todos os requisitos necessários para o sucesso, incluindo operações, finanças, segurança, controle de qualidade, assessoria jurídica, contratação, marketing e suporte de treinamento, elas acabaram não atendendo bem os parceiros varejistas e, por fim, foram descontinuadas nas lojas deles. Ela me disse que, se eu permitisse um crescimento excessivo desacompanhado do crescimento da minha infraestrutura, tudo poderia desmoronar.

Ser procurada depois de anos de rejeições me fez ter dificuldade de dizer *não* ao repentino aumento de varejistas que enfim se interessaram. É muito bom se sentir desejada. Mas eu também sabia que, se entrasse nas lojas deles muito cedo e rápido demais, ficaria superexposta em relação ao grau de desenvolvimento de infraestrutura que a minha empresa tinha na época. Também sabia que, se fizesse esse movimento e não fosse um sucesso de vendas, seria dispensada com a mesma rapidez com a qual fui admitida.

A minha mentora colocou sobre a minha mesa um bilhete em que se lia: "Vencer na área de cosméticos é um jogo de execução perfeita." O que ela quis dizer era que deveríamos garantir que o nosso desenvolvimento acompanhasse a nossa exposição, para que fôssemos capazes de sustentá--lo e ser bem-sucedidos. Assim, decidi não aceitar toda nova demanda dos varejistas que, de repente, nos procuravam, e resolvi me concentrar em varejistas como a ULTA Beauty, que tinha acreditado em nós desde o início e compartilhava a inclusão e a ideia de celebrar a beleza única de cada pessoa. Aprimorei a equipe e a infraestrutura. Trabalhamos todos com afinco para conseguir ocupar o primeiro lugar na escala de prestígio, e esperamos até que o nosso desenvolvimento estivesse à altura da demanda antes de expandir para outros varejistas. A minha mentora me ensinou a lição crucial de ser a guardiã do equilíbrio da minha marca. Até hoje acredito que, para termos sucesso a longo prazo no nosso negócio, foi fundamental dizer NÃO às vitórias a curto prazo e estarmos atentos ao fato de que a nossa exposição correspondesse ao nosso desenvolvimento em uma proporção salutar.

Muitas empresas gastam toda a verba em exposição, seja em publicidade e propaganda, seja fortalecendo plataformas de redes sociais, e nenhum centavo em desenvolvimento — como muitos "especialistas" da internet. Receber os aplausos do mundo e nivelar a exposição ao sucesso pode nos fazer enveredar por um terreno escorregadio, sob o risco de terminarmos do lado errado da equação da superexposição e do subdesenvolvimento. A longo prazo, porém, os negócios não vão durar, a arte não vai durar, as ideias não vão durar e as personalidades não vão durar se focarem somente na exposição e ignorarem o desenvolvimento.

Essa lição também se aplica à sua vida pessoal e aos seus relacionamentos. É difícil dizer não ao que parece ser amor. É tentador priorizar o encontro de um parceiro amoroso quando você ainda não aprendeu a se amar de verdade. **No amor, você ficará exposto demais e desenvolvido de menos se não amar também a si mesmo.** Quando se é pouco desenvolvido, é mais provável se sentir atraído por alguém que reflita a falta de amor que você sente por si mesmo, ou por alguém que o ame mais do que você se ama — nesse caso, é mais provável que você sabote esse amor, ou que ele não dure. Louise Hay ensinou que, se você estiver procurando um parceiro romântico ou um amigo, deve colocar no papel todas as características que deseja encontrar nessa pessoa. Em seguida, deve se concentrar em SER você mesmo essa pessoa, a pessoa que tem todas as características da lista. Isso porque o tipo de amor que atraímos dos outros reflete o amor que temos por nós mesmos.

GRAÇAS AO PRIVILÉGIO de conhecer dezenas de milhares de empreendedores e formadores de opinião ao longo dos anos, descobri padrões e linhas de conduta coincidentes em suas vidas. Quando as pessoas constroem um sucesso sustentável e de longo prazo, nos negócios, no talento, na reputação ou na capacidade de formar relacionamentos amorosos e duradouros em suas vidas, quase nunca é por acidente. Quase sempre é o resultado de máxima dedicação e desenvolvimento contínuo, independentemente do nível de sucesso já alcançado.

Permitir que fiquemos expostos demais e desenvolvidos de menos pode produzir efeitos negativos, como sentimentos de incongruência ou a síndrome do impostor. Quando nos mostramos no modo "fingir até conseguir", estamos nos passando por algo que não somos. Não há problema em se apresentar como guia ao lado de outras pessoas e conduzi-las no papel de parceiro ou de orientador, mas não afirme saber mais do que de fato sabe. Você pode se apresentar e mostrar a sua experiência — independentemente dela, é lindo quando é verdadeira. **Saiba que priorizar a notoriedade em vez da jornada autêntica não leva a resultados duradouros.**

*Saiba que priorizar a notoriedade em vez da jornada autêntica não leva a resultados duradouros.*

Uma observação importante: se expor demais estando desenvolvido de menos é algo muito diferente da desculpa comum que costumamos dar de "não estarmos preparados" para perseguir nossos sonhos. Se for autêntico, você sempre estará preparado. Vou ser mais específica:. acreditar que você está preparado não significa que pode se sentar em uma cabine sem nenhum treinamento prévio e pilotar um avião. Significa, sim, que você é digno e está preparado para dar início ao sonho de se tornar piloto. Ser desqualificado pode ser uma mentira e também pode ser um fato mensurável. Às vezes parece uma mentira que contamos a nós mesmos. "Não estou qualificado para compartilhar a minha história em um livro." "Não estou qualificado para inventar um produto, lançar um negócio ou encontrar o amor incondicional." Tudo isso é mentira. Mas, quando se trata de qualificação factual mensurável, por exemplo, "Não estou qualificado para pilotar um avião porque nunca pilotei", isso é uma verdade. A autoconscientização é importante.

**As pessoas mentem para as outras sobre serem mais qualificadas do que são e mentem para si mesmas sobre serem menos qualificadas do que são.** Parte do trabalho de construção da valorização e da autoconfiança é se tornar consciente de que o seu desenvolvimento e a sua experiência transcorrem em paralelo às suas ações e à história que conta ao mundo sobre quem você é. Quando essas duas coisas caminham juntas, você está livre e em pleno domínio de si. Quando não caminham, você está vivendo uma farsa. Isso quase nunca dura. **A maioria das pessoas não "fingiu até conseguir" — elas simplesmente seguiram em frente até que sua preparação coincidisse com a oportunidade.**

## O seu desenvolvimento leva ao seu destino

*Quando você segue em frente, a determinação começa a parecer talento, e toda a sua dedicação começa a parecer genialidade.*

— ERWIN RAPHAEL MCMANUS

É importante fazer coisas difíceis. Focar no seu desenvolvimento, mesmo quando a exposição for mais divertida. Cumprir as promessas que se faz. Fazer conquistas sozinho. Isso não significa contar com a sorte, a graça, a determinação divina ou algum milagre. Significa apenas que, quando essas coisas acontecerem, você acreditará com mais facilidade que é digno delas. Boa parte de acreditar que é merecedor é ter a consciência de que você está se mostrando, trabalhando com empenho, dando o melhor que pode e continuando a crescer e a se desenvolver.

Não hesite em perseguir objetivos e sonhos com total confiança; apenas se lembre de que você é o guardião do seu próprio desenvolvimento e da sua própria exposição ao longo da jornada. Se falhar em desenvolver as áreas cruciais da sua vocação, corre o risco de sabotar o próprio sucesso. Seja o guardião do próprio equilíbrio. Avalie as áreas nas quais precisa aprimorar esforços, disciplina e desenvolvimento. Isso pode significar desenvolver um conjunto de habilidades, se comprometer com hábitos, desenvolver a sua mentalidade, fortalecer a sua valorização, iniciar o caminho para a cura do seu trauma ou, simplesmente, ganhar mais experiência. Acredite, você saberá quais áreas parecem pouco desenvolvidas. Vai lhe fazer bem desenvolvê-las.

*As pessoas mentem para as outras sobre serem mais qualificadas do que são e mentem para si mesmas sobre serem menos qualificadas do que são.*

Admitir o próprio valor não significa que esperanças e sonhos vão se realizar como que um milagre. Tomar consciência e se comprometer com o seu desenvolvimento é fundamental. **Certifique-se de verificar de que maneira a exposição e o sucesso exteriores correspondem a um desenvolvimento interior bem-sucedido.** Mantê-los alinhados é essencial para desenvolver e preservar uma autoconfiança e uma autovalorização inabaláveis.

## CAPÍTULO 19

# Transformações

*Em pleno inverno, descobri em mim um verão invencível.*
— ALBERT CAMUS

Se você já leu livros motivacionais ou de desenvolvimento pessoal, ou consumiu esse tipo de conteúdo online ou em podcasts, é provável que já tenha ouvido mais de um autor ou palestrante inspirador comparar a jornada de transformação da lagarta à borboleta. Essa analogia é muito usada para descrever experiências transformadoras. Tanto esse processo quanto as possíveis analogias podem se revelar riquíssimos em detalhes. A maior e mais importante parte, porém, é uma etapa da metamorfose sobre a qual nunca ouvi ninguém comentar.

Essa, para mim, é a parte boa. A parte mais real, básica e interessante. Durante a metamorfose, a lagarta se dissolve em um meio líquido dentro do casulo. Sim, em um meio totalmente líquido. Então ela se desenvolve e se transforma. Suas asas ganham forma, e ela emerge do casulo. Nós a imaginamos alçando voo como uma linda borboleta e ponto-final, mas a verdade é que, nessa fase, ela entra em um estágio de enorme vulnerabilidade. Um estágio de grandes dificuldades, no qual suas chances de sobrevivência estão em jogo. Como se a liquefação em si não fosse uma realidade árdua, a lagarta emerge do casulo com as asas molhadas, incapaz de voar. Ela poderia cair no chão ou ser atacada por predadores. Essa é a fase mais difícil de sobreviver. Conseguindo ultrapassá-la, com as asas secando e se abrindo, a agora borboleta poderá voar.

Quando passamos por etapas de transformação na vida, temos a sensação de estarmos nos desmanchando e nos liquefazendo. Por isso, chegando nessa fase, nossas asas estão molhadas e não temos certeza de que estão formadas para nos socorrerem quando cairmos ou tentarmos voar. Ficamos vulneráveis diante de amigos e conhecidos, que podem, de fato, tentar nos impedir de voar. **Encontramos pessoas que talvez não compreendam a jornada de transformação que atravessamos, e que podem nos julgar. Elas podem nem entender que somos borboleta por nunca terem deixado de ser lagartas.**

*As pessoas não entenderão que você é uma borboleta porque nunca deixaram de ser lagartas.*

Quando uma borboleta coloca ovos, apenas um ou dois em cada cem sobrevivem e se transformam em borboletas. A natureza, com predadores, doenças, herbicidas e inseticidas, mata 98% dos ovos. Isso não é muito diferente do que sentimos quando nossas inseguranças e nossos sistemas de crenças culturalmente condicionados nos mantêm resignados, duvidando da nossa grandeza e nos apequenando diante da vida. Quase todos nós ficamos escondidos, não correndo atrás de nossos sonhos, não nos sentindo valorizados, nunca nos tornando a plena expressão de nós mesmos.

Sempre que me deparo com uma borboleta, fico maravilhada com sua beleza e penso em tudo o que ela passou para chegar aonde chegou, como um esvoaçante e vitorioso milagre em movimento. Penso em como ela desafiou as probabilidades, tendo sido um daqueles dois ovos em cem que sobreviveram. Lembro-me de como ela passou pelo processo de se liquefazer e de como emergiu da transformação com as asas úmidas e vulneráveis, sem saber se elas secariam, se abririam e se funcionariam. No momento que vemos uma borboleta, ela já passou por inúmeras dificuldades e vulnerabilidades para emergir com toda a sua glória.

Cada vez que vejo uma borboleta, sinto respeito, admiração e alegria. Tiro uma foto e a guardo em uma pasta no meu celular, para rever quando preciso me inspirar e me lembrar de que, **muitas vezes, a nossa maior beleza surge depois dos períodos mais difíceis de transformação**. Cada borboleta que vemos tem uma história, talvez não muito diferente da sua e da minha.

Você tem boa vontade e paciência consigo mesmo para deixar suas asas secarem? E com as pessoas que encontra e que não compreendem o que é uma experiência de transformação? Você se questiona ou sente que não é capaz quando, na verdade, suas asas ainda estão secando?

> *A mudança é gradual e, às vezes, silenciosa.*
> *Ela já está acontecendo. Garanto a você que está.*
>
> — GLENNON DOYLE

Independentemente de qual tenha sido o nosso passado, podemos desafiar as probabilidades, como acontece com os 2% das borboletas que chegaram lá. Acho que é seguro dizer que, se você pensar em cem pessoas que conhece ou que conheceu na sua vida, uma ou duas já desbravaram o caminho para viver a expressão mais elevada e verdadeira de suas almas. Você será um dos raros a abrir as asas e a voar ao encontro da glória para a qual nasceu? Ou fará parte dos 98% que não farão nada? Acredito que você tem capacidade para participar do pequeno grupo que vai prosperar. Se conhecer alguém que esteja passando por uma transição em uma área qualquer da vida, compartilhe essa história. Atribuir uma perspectiva e um significado esperançoso a esse processo é algo muito poderoso.

Em seu livro de memórias *Indomável*, Glennon Doyle impactou milhares de vidas com uma constatação simples: "Eu estava naquele casamento por causa dos meus filhos, mas eu gostaria que eles estivessem em um casamento como aquele?" Conheço pessoas que decidiram se separar depois de lerem isso. A verdade de Glennon despertou uma verdade nelas. Eram pessoas que estavam em relacionamentos infelizes porque acreditavam que ser o melhor para seus filhos, mas não era o exemplo de casamento que queriam dar a eles. Quando se conscientizaram disso, assim como Glennon, mudaram a forma como pensavam e fizeram escolhas diferentes. Tomar a decisão de que você é digno de um ótimo relacionamento e de que os seus filhos são dignos de serem apresentados a um bom exemplo é mais fácil dizer do que fazer. É preciso uma forte autovalorização para abrir mão de um CASAMENTO. A sociedade espera e celebra o matrimônio. Em algumas famílias e comunidades, o divórcio é visto como um fracasso. É preciso uma extraordinária coragem, força e resistência, além de um anseio por transformação, para desaprender uma crença que não lhe parece mais adequada. Em vez disso, é necessário nos convencer de que terminar um casamento pouco saudável é algo que exige coragem.

FALAMOS SOBRE QUEBRAR o código para a realização máxima na vida e vimos que os principais ingredientes para isso são a *autovalorização*, a *autoconfiança*, o *crescimento* e a *contribuição*. Esse período de evolução pessoal de Doyle possui todos esses quatro ingredientes e é por isso que, embora sua decisão marcante e uma consequente transformação tenham um efeito de liquefação e sido dolorosas, o resultado final foi a realização. Ela começou fortalecendo a autovalorização, sabendo que era valiosa do jeito que era, com ou sem casamento. Enfrentou a etapa do crescimento, recorrendo à coragem e assimilando a incerteza. Isso contribui para aumentar a autoconfiança ao longo do caminho. Quando percebeu que não desejaria aquele casamento para os próprios filhos — afinal, ele influenciaria o padrão de referência deles no futuro —, tomou uma decisão que estava além de si mesma e que era maior do que ela. Esse período de enorme crescimento e transformação levou à tranquilidade, à felicidade e à realização definitivas.

UMA DAS MINHAS melhores amigas, Lia, conta uma história sobre como é o processo de transformação quando se é uma pioneira sob vários aspectos. Lia foi criada em uma área violenta da Filadélfia e passou a infância vivendo com a família entre abrigos para moradores em situação de rua e conjuntos habitacionais. A mãe dela queria uma vida melhor para os filhos, mas não conseguiu mostrar a eles o que seria isso. Ela sempre dizia: "A situação não determina o nosso destino." À medida que crescia, enquanto pessoas ao seu redor começavam a se conformar com as limitações do ambiente, Lia tinha planos diferentes para si mesma. Ela começou a sonhar em ser a primeira pessoa da família a fazer faculdade e talvez até a abrir um negócio. Conversou com a mãe sobre essas ideias ousadas. A mãe, apesar de todos os anos a incentivando, rechaçou de imediato os sonhos da filha, dizendo que cursar uma faculdade era impossível e que eles não tinham como se dar ao luxo de fazer algo do tipo. Lia decidiu não desistir.

> *Muitas vezes, as maiores vitórias surgem depois dos períodos mais difíceis de transformação.*

Ainda na infância e, mais tarde, na adolescência, Lia tinha tomado a decisão consciente de permitir que todas as coisas positivas ditas sobre ela se enraizassem em sua identidade em torno da valorização. Ela rejeitava os termos negativos e assustadores e confiava no que a palavra de Deus diz sobre o nosso valor. Ela decidiu acreditar nisso. Enquanto muitos de nós, inclusive eu, só tivemos consciência disso — e, mais ainda, só conseguimos colocar isso em prática — muito mais tarde na nossa vida, ela foi a primeira e única pessoa em seu ambiente que acreditou no próprio valor, e a forma como seu caminho se desdobrou depois disso é simplesmente inspirador.

Lia trabalhou em vários lugares e conseguiu pagar a própria faculdade, tornando-se a primeira e, até hoje, a única em sua família biológica e da família estendida a cursar uma faculdade e a se formar. A mãe dela sempre disse que a filha brilhava e tinha uma luz dentro de si. Lia acreditou nisso e começou a desenhar joias. Empreendendo em meio a sacrifícios, enfrentou anos de contratempos e rejeições até fazer o negócio decolar — uma marca de joias, bolsas e estilo de vida. Depois de alguns anos ouvindo não, Lia recebeu um sim do QVC, após se inscrever e ser selecionada na competição nacional chamada *The Find* [*A descoberta*, em tradução livre]. Dentre milhares de candidatos, ela foi escolhida pelos jurados para apresentar seus produtos ao vivo, em uma exibição para mais de 100 milhões de lares nos Estados Unidos.

Lia saiu da condição de **sem-teto** para fazer um programa ao vivo, transmitido **para 100 milhões de lares.**

Lia é uma pioneira.

E ela não será a última. Enquanto dá palestras pelo mundo e trabalha todos os dias para divulgar o próprio negócio, retorna a abrigos para pessoas em situação de rua, tais como aqueles em que cresceu, para conversar com crianças e mulheres, mostrando a elas um exemplo do que é possível alcançar. Ela deseja mostrar aos outros que, nas palavras de sua mãe, "a situação [em que eles se encontram] não determina o destino".

Lia aprecia a vida e se sente realizada, apesar dos contratempos e das adversidades que ainda surgem. Assim como Doyle, ela foi capaz de aliar autovalorização, autoconfiança, crescimento e contribuição para chegar à realização. Escolheu acreditar que era preciosa e valorosa do jeito que era, além de digna de suas esperanças e seus sonhos. Depois, ela se esforçou para desenvolver habilidades e experiências, o que gerou autoconfiança. Isso a fez crescer muito. Lia também serve ao próximo, contribuindo ao auxiliar mulheres em abrigos para moradores em situação de rua. Está dando os primeiros passos em seu negócio e ainda não tem certeza se ele se tornará a empresa que ela sonhou, mas seu nível de realização é o mais alto possível.

Na verdade, a luz que ela irradia é tão intensa que, nesse mesmo ano, o QVC a convidou para ser coapresentadora de um de seus novos programas. O meu prognóstico é de que as asas da minha amiga ainda estão secando, e ela não tem ideia do quanto ainda vão se abrir no futuro, de como são lindos os seus padrões e do quão alto elas a levarão.

*A situação não determina o nosso destino.*

— LINDA KEY (mãe de Lia, já falecida)

Falando em *alto*, o meu amigo Frederick atende a esse critério de qualidade de várias maneiras distintas em seu caminho de transformação. Ainda jovem, ele começou a vender drogas com outros membros da família. Aquilo era o mais alto que se podia voar no ambiente da época. Ele se alistou no exército e, embora sua vida parecesse exemplar, continuou a traficar, só que escondido. Em algum momento, essa atividade ilegal cresceu e Frederick se tornou o intermediário de enormes encomendas. Ele as apanhava em um determinado lugar e depois dirigia, muitas vezes para o meio do nada, para se encontrar com um desconhecido e entregar tudo. À medida que a operação foi se expandindo, ele começou a resolver a parte do *intermediário* de uma forma diferente: passou a enviar os pacotes de drogas para locais específicos e a subornar, em seguida, alguns motoristas de grandes empresas de entrega. Esses motoristas interceptavam os pacotes colocados em seus caminhões para entrega e, em vez disso, os entregavam em um endereço diferente daquele que constava na embalagem e indicado pelo meu amigo, para que nada fosse rastreado. Frederick enviava pacotes de diversas agências de correio, em cidades vizinhas à sua, mudando sempre o nome e o endereço do remetente. Por fim, quando começou a temer a desconfiança dos donos das agências de correio, ele comprou e abriu a própria agência de distribuição.

Como proprietário dessa agência, Frederick conseguia alterar o nome e o endereço do remetente no computador todas as vezes que um pacote estivesse pronto para envio, e podia ter mais controle de todo o processo.

Até que um dos motoristas foi pego e delatou tudo à polícia. Frederick foi detido, acusado de integrar uma grande quadrilha de traficantes, e ficou preso por cinco anos.

Enquanto passava parte de seus vinte e poucos anos atrás das grades, percebeu que os esforços para prevenir o contrabando para dentro da cadeia dificultavam a comunicação das famílias com os presos. Era algo que não melhorava, não importava quanto tempo se passasse. Frederick estava prestes a embarcar na fase mais importante de sua vida, tanto no sentido da liquefação quanto da transformação, e foi aí que decidiu transformar a dor em propósito. Ele imaginou que os piores dias de sua vida pudessem ser apenas o catalisador para dias melhores, que ainda estavam por vir.

Decidiu se dedicar à tarefa de reavaliar sua trajetória e, ao mesmo tempo, resolver o problema da comunicação na prisão. Quando foi libertado, abriu uma empresa chamada Pigeonly, que digitaliza as correspondências enviadas para os presidiários, imprime-as e as entrega rapidamente, poupando a revista policial e estabelecendo uma conexão mais eficiente entre os detentos e seus entes queridos. Hoje é o CEO, apoiado por um conselho de investidores experientes e requisitados. A empresa conta com uma avaliação multimilionária. Frederick também é um amigo gentil, generoso e amoroso. Foi o primeiro na família a transformar a sua realidade, o pioneiro em acreditar que é digno de se dedicar com afinco e determinação ao trabalho para que as coisas aconteçam. Ele era a lagarta que comia todas as folhas disponíveis; passou um tempo no casulo, no qual se dissolveu em um ambiente liquefeito; emergiu com as asas molhadas; e sobreviveu ao período de vulnerabilidade. Temia que o passado pudesse impedi-lo de voar ao encontro de seu futuro, mas decidiu acreditar que era digno de voar e continuou abrindo as asas até conseguir.

## Jornadas de transformação

Nas jornadas de transformação, o nível de autovalorização sempre se torna o parâmetro de até onde nos permitimos voar. Desenvolver a autovalorização de forma contínua é muito importante — por isso, temos de transformar essa tarefa em uma busca permanente. **Tenho amigos criados em famílias super-realizadoras que só sabiam "fazer", e não apenas "ser", e que tiveram de embarcar em uma busca deliberada para aprender a acreditar que são dignos de descanso. Para se sentirem suficientes do**

**jeito que são, não por fazerem isso ou aquilo. Como seres humanos, e não afazeres humanos.** Tive amigos que sofreram graves problemas de saúde física porque escondiam quem eram das suas famílias. A saúde só melhorou quando começaram a compartilhar as suas verdades e a viver de acordo com elas, seja identificando e revelando uma maneira pela qual mantinham as coisas em segredo, seja admitindo que não queriam ingressar na profissão desejada pelos pais, entre outros exemplos. **Assimilar e desenvolver a própria valorização, e viver em autêntico alinhamento não foi uma tarefa isenta de dificuldades. Mas o verdadeiro sucesso das transformações não é apenas o resultado delas. É a força e a resiliência que construímos ao longo do caminho.**

Quando somos os primeiros da nossa família ou grupo de amigos mais próximos a adotar e a iniciar uma jornada de transformação, que começa a se consolidar no nosso caminho, às vezes não conseguimos descrevê-la para terceiros. Podemos tentar ao máximo, mas elas não vão entender. Às vezes pode ser difícil comunicar a transformação pela qual estamos passando, especialmente quando o seu vocabulário ainda não acompanha a mudança. Se você se identificou com isso, ou sabe de algum conhecido que esteja passando pela mesma situação (e pensando em desistir de tudo), por favor, comente sobre este livro e troque informações. É importante saber que não estamos sozinhos nos estágios de liquefação e vulnerabilidade do processo. Às vezes, saber disso é suficiente para seguirmos aprendendo a confiar em nós mesmos e de aceitar a nossa autovalorização.

Há muitas coisas na vida — desde sistemas de crenças culturalmente condicionados, passando pelos grupos que frequentamos, até as coisas que ainda não tivemos o privilégio de descartar, mas que estamos determinados a descartar um dia — que nos forçam a continuar sendo uma lagarta, que nos mantêm em ambientes que nos tornam presas, nos desviam do caminho, ou nos fazem acreditar que nunca somos merecedores de asas. Quando essas coisas acontecerem com você, lembre-se dos estágios da transformação. Saiba que o crescimento e a mudança vêm acompanhados da liquefação e da vulnerabilidade na maior parte das vezes. É preciso ter coragem e assimilar a incerteza.

**Você pode fazer parte dos 2% que acreditam, entendem e, então, vivem a verdade: você é mais do que digno de abrir as suas gloriosas asas. Você nasceu para voar.**

## PARTE IV

# ENTENDER

*Você tem valor: ele está em você, ele é você*

## CAPÍTULO 20

## Seu bilhete para a Lua

*O mais difícil é decidir agir. O resto é mera perseverança.*

— AMELIA EARHART

— Tenho medo de ir com tudo e depois descobrir que estou construindo o foguete espacial errado — comentei com meu amigo Jason, enquanto tomávamos café juntos.

Ele estava ouvindo, paciente, as minhas lamúrias.

— Fico na expectativa, tento me posicionar e depois imploro por clareza. Quero ter um entendimento exato de qual direção seguir, porque, resolvendo isso, vou com tudo.

Fazia mais de dois anos que eu me questionava sobre uma importante decisão profissional e ainda não tinha certeza de que rumo tomar.

— Quando chegar a hora, sinto que vou perceber, que vou ter certeza sobre isso, caso tudo esteja certo. Então, se ainda não tenho essa certeza, é porque não estou preparada.

Embora Jason não tivesse a menor ideia de que eu passaria aquele dia inteiro conversando sobre o quanto eu me sentia paralisada (que sorte a dele, hahaha), o que aconteceu em seguida pareceu um momento orquestrado por Deus.

— Eu trouxe uma coisa para você, mas preciso dar uma explicação — disse ele, tirando do bolso uma caixinha quadrada de acrílico transparente, forrada de veludo azul.

No meio dela havia algo parecido com um pequenino e reluzente quadradinho de prata dourada, mais ou menos do tamanho de um grão de arroz.

— No famoso discurso de John F. Kennedy ao Congresso em 1961, ele estabeleceu uma agenda audaciosa: a de que os Estados Unidos se tornariam o primeiro país do mundo a levar um homem à Lua e trazê-lo de volta à Terra, e proclamou que isso aconteceria na década seguinte. Ele não tinha ideia alguma de como aquilo poderia ser realizado. Ele decidiu fazer uma declaração de boa-fé e reunir o apoio de todos para levar o projeto adiante, contando com nada mais do que um projeto.

Assenti como se conhecesse os detalhes da história e tentei esconder o quanto a minha lembrança sobre alguns deles era confusa. Continuei ouvindo.

— Então, em julho de 1969, eles conseguiram! Em uma das maiores conquistas da história da humanidade, a *Apollo 11*, da NASA, pousou na Lua... Lembra de quando eles disseram: "Um pequeno passo para o homem, mas um salto gigantesco para a humanidade?"

— Sim, claro — respondi, concordando com a cabeça.

— Dentro desta caixa está um pedaço real de uma fita térmica usada no módulo de comando da *Apollo 11*. É um fragmento da fita Kapton que transportaram na missão. Eu queria te dar de presente. Porque você pode ir à Lua, Jamie. Talvez não tenha certeza de como, e talvez ainda não tenha todas as respostas, mas só precisa dar um passo à frente.

Olhei nos olhos de Jason e comecei a chorar. Acho que o peguei desprevenido. Ele está acostumado a me ver sendo forte e desempenhando o papel de servir aos outros da melhor maneira possível. Mas naquele momento quem estava me servindo era ele, e ele sabia disso. Que presente! Entendi exatamente o que ele quis dizer: eu não precisava esperar pela clareza total para dar o passo seguinte. Só precisava dar um passo de boa-fé e confiar nele. Coloquei a caixinha com o pedaço de fita da *Apollo 11* em uma prateleira especial do meu quarto, em um local onde eu a veria todos os dias. Acredito em manter lembretes visuais que me façam recordar de pessoas, sentimentos, memórias ou lições que preenchem a minha alma, ou que me inspirem ou fortaleçam.

*Estou aprendendo todos os dias a permitir que o espaço entre onde estou e onde quero estar me inspire em vez de me amedrontar.*
— TRACEE ELLIS ROSS

## Saltos de fé

Você fica esperando por clareza para descobrir o que fazer e como fazer antes de decidir agir de verdade? Sente que precisa ter tudo planejado antes de prosseguir? Ou, caso não consiga fazer as coisas com perfeição, conclui que não está preparado para fazê-las? A perfeição não existe. **O perfeccionismo não é algo a que se possa aspirar, e sim o oposto. Considerando que esperar pela perfeição é uma impossibilidade, isso se transforma em uma justificativa de não estarmos preparados para seguir em frente.** Você acha que a coisa mais inteligente a fazer é cobrir todas as áreas, solucionar os problemas com antecedência e resolver todas as questões que possam surgir antes mesmo de tentar? Eu abri mão de tudo isso. Se não tomarmos cuidado, as coisas que acreditamos ser uma estratégia responsável para o sucesso podem nos deixar paralisados, contemplando todos os dias, semanas, meses e anos que se passaram. Ficamos sem ter feito a coisa certa. Ainda não criamos o produto. Ainda não registramos o negócio. Ainda não dissemos a uma pessoa especial que estamos interessados em ser mais do que apenas amigos. Ainda não dissemos a uma pessoa que aquele relacionamento não está mais nos parecendo adequado. Ainda não ligamos para a pessoa amada para fazermos as pazes, nem dissemos a um amigo que a nossa amizade precisa de novos limites. Ainda estamos paralisados, pois nos ocupamos muito resolvendo problemas na nossa vida para, um dia, termos a esperança de vivê-la.

> *O perfeccionismo não é algo a que se possa aspirar, e sim o oposto. Considerando que a perfeição é uma impossibilidade, isso se transforma em uma justificativa interminável para não seguir em frente.*

Às vezes esperamos que o Universo nos dê uma resposta. Acreditamos que, se focarmos a solução e a mantivermos em nosso campo de visão por tempo suficiente, ela aparecerá. Rogamos por ela, pedindo a Deus por ela, e decidimos que, se não acontecer, é porque não era para ser. Dizemos a amigos e entes queridos que não é a vontade de Deus no momento. Dizemos isso a outras pessoas quando o que elas esperam não está acontecendo. Apesar de acreditar no poder da manifestação e da oração, também aprendi que, para que ambas sejam ativadas, quase sempre é necessário adicionar um ingrediente crucial à mistura: a **ação**. O nosso papel não é ficar sentado esperando. É agir. É dar um passo em direção ao que queremos, passo este que pareça ser **o passo seguinte certo**. Se não tiver certeza de como identificar qual passo lhe parece certo, se acalme, volte-se para si mesmo e faça essa pergunta. Em seguida, dê o passo seguinte que lhe parecer mais próximo do certo. Depois desse primeiro passo, já teremos uma ideia, um entendimento, do que virá em seguida.

*Reze como se tudo dependesse de Deus.*
*Trabalhe como se tudo dependesse de você.*

— SANTO AGOSTINHO

**Ao darmos um passo movidos pela boa-fé, colocamos a energia do milagre em movimento. Ao dar esse passo, antes mesmo de termos todas as respostas, mostramos a Deus que temos fé. Se tivéssemos todas as respostas, não precisaríamos de fé.**

Eis aqui um conceito que eu gostaria que você considerasse.

**Tanto a insegurança quanto a autoconfiança exigem a mesma quantidade de energia para expressar algo que ainda não aconteceu.**

*Tanto a insegurança quanto a autoconfiança exigem a mesma quantidade de energia para expressar algo que ainda não aconteceu.*

Pode haver insegurança, pessimismo e medo... ou esperança, fé e crença. Cada um deles exige a mesma quantidade de convicção em algo que não pode ser visto. Algo que ainda não existe. Algo que nem foi feito. Podemos escolher em qual deles investir a nossa energia. Porque nada ocorreu ainda. Nem foi comprovado. Quando ficamos inseguros, pessimistas ou com medo, é importante lembrar que se trata de coisas que ainda nem aconteceram. Elas têm a ver com um futuro com o qual nos preocupamos, algo de que não estamos convictos ou de que não acreditamos ser capazes. Todas essas coisas carecem de comprovação. Por outro lado, podemos simplesmente tomar a decisão de ter esperança. De ter fé. De ter crença. Sim, talvez essas coisas também não sejam comprovadas, mas consomem a mesma quantidade de energia. Aquilo a que dedicamos a nossa energia pode mudar toda a nossa vida.

Como seres humanos, estamos programados para canalizar energia a coisas como dúvida e medo. Mas também temos o poder de direcioná-la para coisas como esperança, fé e crença. Ao fazermos isso, toda a nossa vida e a vida das pessoas à nossa volta mudam.

## Um salto gigantesco em frente

*Quando você deseja alguma coisa, todo o universo conspira para que o seu desejo seja realizado.*

— PAULO COELHO

Depois de dar o passo o que lhe parece certo, olhe ao redor. Repare bem. Perceba o clima sob um novo ponto de vista. Observe quem está com você nesse novo lugar, e como essas pessoas se apresentam. Não se surpreenda se, depois daquele passo, novas pessoas entrarem na sua vida no momento oportuno, ou antigos amigos que voltarão a entrar em contato. Você também pode receber um sinal que chegará sob a forma de um sonho, um pressentimento, um incentivo, um acontecimento óbvio surgido do nada ou, até, um amigo ligando porque precisava compartilhar um pensamento com você. Esteja aberto para enxergar e receber tudo isso. Às vezes pode vir sob a forma de um sussurro; outras vezes, de alguém lhe dando um pedaço de fita térmica da *Apollo 11*. Não se surpreenda se cada passo parecer diferente do anterior, se você se sentir uma nova pessoa a cada passo que der. Pode haver momentos repletos de passos em falso. Com as coisas se desenrolando como deveriam, então **nenhum passo será um passo em falso. Ele o levará ao próximo destino certo ou ao próximo ensinamento certo.**

Independentemente do resultado de cada passo, ele sempre será mais bonito e gratificante do que a angústia, a nostalgia e o arrependimento de ficar parado, hesitando por mais tempo ainda.

*É importante estar disposto a errar.*
*A pior coisa que pode acontecer é se tornar memorável.*

— SARA BLAKELY

No mesmo dia em que ganhei aquele presente do meu amigo, decidi tomar uma decisão sobre o assunto que me paralisava havia dois anos. **Dei o primeiro passo e, depois disso, o passo seguinte que me parecia certo.** Seis meses depois, me vi em uma situação em que nem sequer imaginava que pudesse estar, sentindo o impulso pelo qual sempre esperei. Eu já estava um pouco cansada. Não totalmente paralisada, mas quase.

MAIS OU MENOS na mesma época, participei de uma conferência, acompanhada por outro amigo meu, a lenda viva John C. Maxwell. Nos cumprimentamos na sala de espera antes de subirmos ao palco para falar ao público. Ele me disse: "Trouxe um presente para você." Em seus 75 anos de vida sobre esta Terra, John escreveu mais de sessenta livros que venderam mais de 35 milhões de cópias. Sempre que o vejo, ele me traz um livro e faz uma dedicatória com uma mensagem especial. Eu estimo muito esses livros. Naquele dia, ele tinha nas mãos uma caixa embrulhada, mais ou menos do tamanho de um livro. Quando comecei a abri-la, percebi que não era o caso. Era uma caixa com uma caneta dentro. Tratava-se de uma edição especial da caneta JFK Montblanc, projetada e dedicada às esperanças e aos sonhos encarnados no Programa Apollo. Imediatamente, notei que a ponta dourada da caneta trazia uma imagem gravada do módulo lunar da *Apollo 11*. A mesma espaçonave de onde fora retirado um pedaço de fita espacial com o qual o meu amigo Jason havia me presenteado.

John me disse, com toda a convicção: "Jamie, você pode ir à Lua. Você é pura ousadia e está aqui para fazer coisas grandes." Fiquei de queixo caído e comecei a chorar. Que momento incrível e oportuno, justamente quando eu precisava de um lembrete. Eu não sabia qual seria o movimento certo a fazer no futuro e mal conseguia prever o passo seguinte, mas a minha tarefa era confiar em mim mesma e no próximo passo que me parecesse certo, e ir em frente, um passo após o outro. Eu posso ir à Lua, e você também. Só precisamos continuar caminhando.

JOHN E JASON não se conhecem, nunca expressei qualquer interesse pelo espaço sideral para nenhum deles e nenhum deles sabia sobre o presente do outro. Além disso, não é comum os meus amigos me darem presentes. Foi algo muito, muito inusitado. Alguns podem desmerecer esse fato, entendendo-o como uma coincidência. Eu acredito que se trata de sincronicidade e acaso. **Acredito que a lição que precisamos aprender se apresentará diante de nós várias e várias vezes, até que, por fim, a compreendamos.** Às vezes é um lindo lembrete ou uma lição de encorajamento, como essa que aconteceu comigo. Outras vezes pode ser uma lição dura ou dolorosa à qual teremos de continuar sendo expostos até que, por fim, aprendamos. Como nos meus vinte e poucos anos, quando eu namorava o mesmo tipo de "bad boy" que mentia para mim e me maltratava. O mesmo sofrimento, a mesma decepção e a mesma lição continuavam surgindo a cada relacionamento, até eu aprender a lição de que nos sentimos atraídos por aquilo de que nos julgamos merecedores. Aquela mesma lição teimava em aparecer repetidamente — o que mudava era o perfume que ela usava. Bom, às vezes era o mesmo perfume. Até que, enfim, aprendi a lição e decidi fazer um trabalho comigo mesma para mudar as minhas próprias escolhas e mudar aquilo de que acreditava ser digna.

*Acredito que a lição que precisamos aprender se apresentará diante de nós várias e várias vezes, até que, por fim, a compreendamos.*

Quando estamos dispostos a agir e ir em frente apesar do medo e mesmo sem saber para onde estamos indo, acredito que as próximas coisas, pessoas, lições ou lições reiteradas certas sempre vão aparecer. No momento exato, as coisas vão se repetir quantas vezes forem necessárias para que aprendamos e confiemos na lição, exatamente como deveria ser.

A sua mente vai produzir justificativas para convencê-lo de que você não é capaz ou ainda não está preparado. Ela pode insistir que você não tem treinamento de astronauta suficiente para ocupar um lugar no foguete espacial. Entretanto, você não é a sua mente. Esses pensamentos não são você. Você nasceu para ser tão brilhante, significativo e inspirador quanto as estrelas. Você é um milagre vivo em movimento.

Ela sempre vai desejar dissecar o telescópio, os locais de armazenamento de combustível e as peças do foguete espacial. **Mas a sua alma foi criada para ir à Lua.** É a sua hora de decolar. Um passo seguinte corajoso de cada vez.

## CAPÍTULO 21

## Você duvida de quem?

*Fé é dar o primeiro passo mesmo sem enxergar toda a escada.*
— MARTIN LUTHER KING JR.

Prometi a você que me apresentaria como o meu verdadeiro eu. Este capítulo vem com uma advertência: ele é audacioso. No entanto, se eu não compartilhasse isso, acredito que estaria prestando um péssimo serviço a você e à minha promessa de que vou lhe dar tudo o que tenho na nossa jornada de construir em conjunto a valorização, incluindo as coisas concretas, básicas e mais vulneráveis.

Uma coisa da qual eu tenho certeza é que você tem valor do jeito que é. Sei que eu também tenho. As revelações e dicas deste capítulo foram as mais impactantes no desenvolvimento da autovalorização, na forma que aprendi a acreditar que era digna dos ambientes que frequentava e dos negócios, amizades, esperanças e sonhos que construí. Se a princípio este capítulo não lhe disser nada, sinta-se à vontade para ignorá-lo. Estou compartilhando este capítulo com você pelo compromisso puro e simples de lhe dar tudo o que tenho, inclusive revelações e atalhos que me ajudaram e muito!

Você acredita em um poder maior do que você mesmo? Deus? O universo? Acredita em milagres? Em energia divina? Que estamos todos conectados? Já parou para pensar que aquilo em que acredita afeta sua noção de valor? Quero compartilhar com você uma das constatações mais profundas que já tive a respeito da valorização. Trata-se de uma arma secreta e um atalho instantâneo e poderoso para superar inseguranças e acreditar no nosso valor. Espero que também ajude você.

Vou compartilhar essa poderosa lição usando o exemplo de como ela se aplica a mim, em meu relacionamento pessoal com Deus. Como mencionei, interajo deliberadamente tanto com pessoas que compartilham as minhas crenças quanto com pessoas que são muito, muito diferentes de mim. Eu amo todas elas incondicionalmente. Meus amigos, familiares e aqueles com quem interajo oram de maneiras diferentes (ou não oram, ou não acreditam nisso), votam de maneiras diferentes, se identificam de maneiras diferentes e amam de maneiras diferentes. Eu não os julgo e eles não me julgam. Este capítulo é, verdadeiramente, uma lição e uma ferramenta poderosa e universal, que você pode aplicar na sua vida agora mesmo, não importando no que acredite. Se acontecer de estar em uma situação em que sente que nada do que fez até agora o fez se sentir valoroso e realizado, este capítulo pode ser uma revelação, pois mergulha na única coisa que sei que funciona para mim— seja para me valorizar, seja para mudar de vida. Mesmo que você não professe uma fé específica, mas tenha amigos, familiares ou colegas que o façam, essa é uma ferramenta poderosa que vai ajudá-los a se valorizarem.

PESSOALMENTE, ACREDITO QUE Deus é amor, e o amor está em toda parte. Antes de acreditar, entretanto, passei um longo período duvidando de Deus, até que comecei a orar. Eu dizia a Ele que duvidava da Sua existência e, logo depois, pedia que provasse que eu estava errada. Por muitos anos, agi dessa forma quase todas as orações que fiz. Até que Ele provou que eu estava errada. Agora sei, com certeza, que Deus é real e que foi por meio da Sua graça que os milagres na minha vida aconteceram como aconteceram (observação: compartilho com mais detalhes essa jornada de décadas duvidando da existência de Deus no meu primeiro livro, *Believe it*). Algumas religiões ensinam que você foi feito por Deus ou à imagem Dele. E que Ele ama você. Se acredita no Universo, acredita que as coisas são orquestradas por uma força inexplicável e se desenrolam como deveriam ser. O Universo, afinal, está do seu lado. Não importa qual religião você siga, gostaria que considerasse algumas ideias sobre como o que você acredita pode ser uma poderosa ferramenta na construção dos alicerces da autovalorização. *Observe que, embora eu use versículos da Bíblia nos meus exemplos, você deve utilizar as suas crenças e os textos espirituais com os quais se conecta mais intimamente a fim de aplicar esta potente ferramenta na sua vida, de uma forma que seja verdadeira para você.*

Dois dos meus versículos bíblicos favoritos que me inspiram e fortalecem são: "Tudo posso naquele que me fortalece" (Filipenses 4:13) e "Deus, portanto, criou os seres vivos à sua imagem" (Gênesis 1:27).

## Duvidando de si mesmo e de Deus

Vamos começar com duas perguntas.

Primeira: Deus diz que você foi feito à Sua imagem e que pode fazer todas as coisas por meio de Cristo, que o fortalece. Você acredita nisso? *Realmente* acredita que isso seja verdade, do fundo do seu coração? Ou acredita que o Universo é orquestrado por uma força inexplicável, que coincidências não existem, que o Universo está sempre ao seu lado e que as coisas estão se desenrolando como deveriam ser — *realmente* acredita nisso?

Segunda pergunta: você duvida de ser *suficiente*?

Se respondeu sim para ambas as perguntas... então temos um paradoxo: elas se contradizem. Como pode dizer que acredita na palavra de Deus e duvidar de que é suficiente? Se for esse o caso, você está acreditando nos seus pensamentos e duvidando de Deus. Ou está acreditando que só pode confiar na sua mente humana, e não na divina.

Vou destacar aqui uma coisa: **quando você diz que duvida de si mesmo, o que está fazendo é acreditar nos seus pensamentos e duvidando da palavra de Deus.**

Os pensamentos estão na sua mente, e Deus está na sua alma. Cabe a você decidir em quem confiar quando se trata da sua valorização. Na sua mente ou na sua alma. Na minha vida, embora nunca tenha ouvido Deus falar comigo de forma clara, ouço-O por meio da minha intuição. Quando as minhas crenças culturalmente ensinadas e condicionadas, e muitas vezes falaciosas, conversam comigo, eu as ouço.

*Quando você diz que duvida de si mesmo, o que está fazendo é acreditar nos seus pensamentos e duvidando da palavra de Deus.*

É aí também que mora a dúvida sobre si mesmo e a desvalorização. Elas não vêm da sua alma nem do Deus que a preenche.

Lembre-se da infame frase do filme *Doce lar*, em que a personagem de Reese Witherspoon está dividida entre dois amores, e o pai dela, interpretado por Fred Ward, declara, sem rodeios: "Você não pode montar dois cavalos com uma bunda só." Ela significa que você não pode fazer duas coisas ao mesmo tempo. Então, em quem você vai acreditar? Nos seus pensamentos e crenças limitadoras, ou em Deus e na Sua palavra? Porque sempre que duvida de que é suficiente, duvida de que é capaz, duvida de que deveria estar onde está, duvida de que é digno dos seus objetivos e sonhos, o que está fazendo é dizer que os seus pensamentos são verdadeiros, e a palavra de Deus, não.

## Onde mora o verdadeiro valor

Muitas religiões falam sobre a importância de não adorar falsos ídolos. Elas nos ensinam que, ao fazermos isso, nos sentiremos inúteis. No entanto, vivemos em uma sociedade que adora coisas que desenvolvem uma autoconfiança temporária e volátil — e nenhuma das coisas que desenvolvem a verdadeira autovalorização. Na nossa sociedade, a corrente ou adoração dominante foca alcançar fama, dinheiro, bens materiais, cargos, aparência física idealizada e número de seguidores nas redes sociais. Veneramos e colocamos em pedestais pessoas que acumulam bens materiais e distinções, e as recompensamos seguindo-as na internet e comprando qualquer produto ao qual elas associem seus nomes. Fazemos isso na esperança de nos aproximarmos do sentimento de realização que imaginamos que possuam. Assim, dedicamos tempo, energia e foco à urgência em obter cada vez mais daquilo que, esperamos, vai nos fazer sentir suficientes. É isso que transparece nos anúncios e vídeos postados em redes sociais, nos quais nossos ídolos, muitas vezes inconscientemente adorados, compartilham com o mundo.

Não importa quão perto estejamos de conseguir tudo isso, nunca parecerá suficiente. Ainda nos sentiremos vazios. Dizemos a nós mesmos que é porque ainda não temos o *suficiente* e que, quando o alcançarmos, teremos a sensação de ser *suficientes*. Nós nos convencemos de que todas as outras pessoas que parecem ter tudo devem se sentir *suficientes*!

Lembre-se da diferença entre autoconfiança e autovalorização, e de que a autoconfiança, por si só, não leva à realização. Quase todas essas coisas que a nossa sociedade venera religiosamente levam, na melhor das hipóteses, apenas ao aumento da autoconfiança. Elas nunca levam à autovalorização.

Tive a bênção de conhecer algumas das pessoas mais famosas do mundo, e muitas são apreciadas diariamente por milhões de pessoas nas redes sociais. E adivinha só? A vida delas não é nada diferente do que acontece na sua e na minha quando se trata de autovalorização e realização. Algumas são realizadas e têm uma forte autovalorização, e outras, não. Sim, elas sentem a animação e os reforços de confiança provenientes de coisas como carros luxuosos e estádios lotados ovacionando seus nomes. Mas nenhuma dessas coisas reforça a verdadeira autovalorização, e elas não são mais felizes ou realizadas por causa da fama, das posses monetárias ou da adoração externa. Na realidade, muitas se sentem vazias e insatisfeitas, e têm baixa autovalorização. Talvez seja difícil entender quando uma celebridade que parece ter tudo sabota todas as coisas, ou faz pior do que isso. Embora muitas delas tenham se manifestado sobre como o dinheiro ou a fama não lhes trazem alegria nem realização, ainda estamos em uma sociedade e em uma economia alimentadas pela adoração de tudo o que vem de fora.

*Eu gostaria que todos pudessem ficar ricos e famosos e ter tudo o que sempre sonharam, para que pudessem perceber que essa não é a resposta.*

— JIM CARREY

Quanto tempo e energia você está dedicando na sua vida para tentar alcançar coisas que, na melhor das hipóteses, só trarão a sensação de autoconfiança, mas não vão trazer a sensação da verdadeira realização?

**Tomar a decisão de acreditar na palavra de Deus, em vez da ideia socialmente condicionada de que as coisas materiais podem lhe trazer realização e valor, vai capacitá-lo a tomar decisões muito mais estratégicas sobre aquilo pelo que você troca o seu tempo, o motivo pelo qual**

tira alguns relacionamentos da sua lista de prioridades, e o que escolhe focar e experimentar nesta linda e preciosa vida.

O que transforma tudo é perceber que colocar coisas externas em um pedestal nunca levará a sentimentos de valor e realização, e que a solução é confiar na palavra de Deus.

## Humpty Dumpty

É bem possível que você conheça a cantiga infantil "Humpty Dumpty". Durante a minha infância, eu a lia sempre no livro de cantigas infantis da Mamãe Ganso, mas ela ganhou um significado novo quando ouvi o pastor Albert Tate usar a história de Humpty Dumpty como uma analogia, em uma palestra que ele proferiu na Conferência de Liderança Global. Caso você não esteja familiarizado com a cantiga, aqui está ela:

> *Humpty Dumpty sentou em um muro,*
> *Humpty Dumpty caiu no chão duro;*
> *E todos os homens e cavalos do rei*
> *Não conseguiram juntá-lo outra vez.*

Assim como Humpty Dumpty, muitos de nós já sofremos grandes tombos e nos esforçamos bastante para nos recompor. Eu já levei muitos bem severos na vida. Perdi o rumo inúmeras vezes nos rebeldes anos da adolescência; tive depressão aos 20 anos; me apaixonei por pessoas que me maltrataram e caí na armadilha de pensar que conseguiria mudá-las. Descobri, aos vinte e tantos, que tinha sido adotada; embarquei em uma exaustiva e demorada busca pela minha identidade; me receitaram antidepressivos; enfrentei decepções em relacionamentos e amizades; vivenciei ciclos de toxicodependência na minha família; suportei períodos profissionais que me deixaram à beira da falência; e, claro, a perene batalha contra a insegurança e o esforço para acreditar que tenho valor.

Quando passamos por tombos, lutas, contratempos, situações injustas, decepções e sofrimentos, há muitas formas diferentes de tentarmos nos recompor. Às vezes, o ponto de partida é apenas tentar não cair ainda mais. Podemos tentar evitar, nos anestesiar, dissociar e desenvolver outros modos de sobrevivência e de enfrentamento que adotamos na esperança de não desmoronar ainda mais. Quando começamos a nos reerguer, o crescimento e a cura podem assumir formas diferentes. É claro que isso depende de acesso, privilégios e outros fatores, como fazer terapia. Na minha jornada, porém, mesmo contando com uma terapia valiosíssima e muito trabalho de desenvolvimento pessoal, nunca consegui me recompor totalmente. Somente quando comecei a confiar em mim mesma e no meu conhecimento, quando aprofundei a minha fé e o meu relacionamento com Deus, me apoiando Nele, é que pude me recompor de uma maneira em que me senti viva.

Na cantiga infantil, observe que todos os cavalos do rei e todos os homens do rei não conseguiram recompor Humpty. Seria impossível fazer isso sozinhos. Na minha vida, aprendi que me apoiar apenas nos cavalos e nos homens do rei, isto é, apenas em outras pessoas ou em outras coisas, não basta. Interpreto a cantiga como se apenas *o próprio Rei* tivesse sido capaz de reconstruir Humpty. O que aprendi, na minha vida, é que todas as ferramentas criadas pelo homem são incrivelmente úteis. Até hoje me sinto abençoada e grata pelo papel que a terapia, as modalidades de cura, incluindo a meditação, e os recursos de crescimento pessoal desempenham na minha vida. Acredito, de verdade, que é possível nos recompor com isso tudo. Entretanto, a meu ver, o atalho definitivo para a valorização é: sem a ajuda do rei — para mim, o rei é Deus, a cuja imagem fui feita, que reside em mim, na minha alma —, eu não seria capaz de me recompor por completo nem com tanta rapidez.

Você está se apoiando e confiando em Deus para se recompor? Ou duvida de que Ele é capaz disso? Hoje pode ser o dia em que você percebe que todos os cavalos e todos os homens do rei são simpáticos, e alguns até muito bonitos, mas, se depender somente deles, não vai se sentir restaurado por completo.

O que sei é que não há nada que você possa fazer, qualquer erro que tenha cometido, nenhuma falha que possua, nenhum tombo que tenha sofrido, não importa o quanto tenha caído: nada vai desqualificá-lo para o amor de Deus. Deus é amor, e você também é. Eu acredito que Deus nos ama como somos, independentemente de altura, idade, raça, etnia, orientação sexual, identidade de gênero ou estrutura familiar. Acredito que Deus nos ama, não importa de quão variadas sejam nossas crenças atuais ou passadas, dos erros atuais ou passados, de quais escolhas fazemos, de onde viemos ou de quais rótulos colocamos em nós mesmos ou recebemos de outras pessoas, de onde nos enquadramos na humanidade. Nada o desqualifica para o amor Dele.

(Observação: se deseja iniciar ou fortalecer um relacionamento com Deus, tudo o que precisa fazer é pedir a Ele. Só isso. Na minha fé, você diz apenas: "Jesus, entre na minha vida." Você pode dizer isso em pensamento ou em voz alta. Embora eu ame a experiência de ir a uma igreja, não acredito que seja necessário ir a uma para vivenciar Deus. Ele está ao meu redor e ao seu redor agora mesmo, na beleza de cada flor, em cada raio de sol, em cada gota d'água, em cada combinação de ambos que se transforma em um arco-íris, em cada lagarta, casulo e borboleta, em cada momento de graça. Deus é amor, Ele está com você neste exato momento. Ele está em todos os lugares.)

## Confie em um Poder Superior

*Toda vez que me pergunto quem eu deveria amar e por quanto tempo, Deus sussurra para mim: todo mundo, sempre.*

— BOB GOFF

Bem, estou ficando animada. Escrevi este livro para o caso de você ter alguma insegurança a ser superada e um destino a ser cumprido. Escrevi este livro para você, que sabe que tem uma luz e que está destinada a brilhar mais forte do que nunca. Não escrevi este livro para parecer fofa. Estou ao seu lado para afirmar que você tem uma beleza, uma força e um propósito dentro de si, destinados a serem expressos como a sua maior dádiva ao mundo. Então, em quem você vai acreditar: nos seus pensamentos ou em Deus? Quando ficar decepcionada com um cara e tentada a se sentir sem valor, vai acreditar nos seus pensamentos ou em Deus? Quando um amigo te magoar e você cogitar mudar algo em si para se adequar, vai acreditar nos seus pensamentos ou em Deus? Quando o chefe não o promover nem valorizar suas ideias, vai acreditar nele ou em Deus? Quando uma pessoa que você namorou o fizer se sentir desrespeitado e desvalorizado, vai acreditar nela ou em Deus? Quando a editora, ou inúmeras editoras, rejeitarem o seu manuscrito, vai acreditar nelas ou Nele? (Felizmente, inúmeros dos autores mais vendidos do mundo escolheram acreditar em Deus e não nas muitas editoras que, em tempos passados, rejeitaram seus livros hoje campeões de vendas.) Quando tiver o número do celular da Oprah e duvidar se é digno ou não dessa amizade, vai acreditar em você ou Nele? Acreditei nos meus pensamentos por quase quatro anos e, felizmente, decidi acreditar no que Deus diz a meu respeito e no que a minha alma sabe ser verdade sobre mim. Oprah deixou de ser apenas uma mentora, ela é uma amiga. Obrigada, Deus. Obrigada, crescimento. Obrigada, coragem.

> *Portanto, se o Filho os libertar, vocês de fato serão livres.*
> 
> — JOÃO 8:36, NOVA VERSÃO INTERNACIONAL (NVI)

Se você possui uma fé sólida e não se acha suficiente, está acreditando na sua mente e duvidando de Deus. Você pode até afirmar que tem dúvidas sobre si mesmo, mas, na verdade, esses momentos expressam uma dúvida em relação a Deus.

Digamos, por exemplo, que acredite nas palavras de Deus expressas no versículo João 8:36.

Cada vez que acreditar não ter valor, está dizendo a Deus: "Eu não acredito em você."

Cada vez que acreditar não ser digno de amor, está dizendo a Deus: "Eu não confio em você."

Cada vez que disser que o seu corpo tem defeitos, está duvidando da arte e da visão de Deus, está dizendo que Ele tem defeitos. Você foi feito à imagem Dele.

Cada vez que se achar insuficiente, está dizendo: "Deus, acredito mais nas minhas inseguranças do que acredito em você."

Cada vez que se sentir desqualificado, ou não merecedor, está decidindo colocar a sua opinião, ou a de outras pessoas, em um pedestal, no lugar de Deus.

Em quem vai acreditar? A quais mãos e palavras confiará o seu futuro? Às de outros seres humanos ou às de Deus? A quem confiará as suas esperanças e os seus sonhos?

*Você pode até afirmar que tem dúvidas sobre si mesmo, mas, na verdade, esses momentos expressam uma dúvida em relação a Deus.*

Quando aprender a confiar Nele para além dos seus pensamentos, poderá se perguntar em momentos de insegurança e desvalorização: "De quem estou duvidando?" É como o ingrediente secreto que resolve a equação. Para mim, trata-se da estratégia e do atalho instantâneo mais poderosos até a valorização. Se você conhecer alguém que valoriza a própria fé, mas tem dificuldades com a autoconfiança e a autovalorização, compartilhe este livro com essa pessoa.

Comparo a minha vida antes de descobrir isso quase como se fosse um café com leite antes da chegada do expresso. Imagine se todo mundo andasse por aí com um copinho da Starbucks, com leite de sua escolha, stévia e até uma divertida espuma gelada de baunilha, xarope de açúcar mascavo, uma pitada de canela e fio de caramelo por cima. Mas não havia café expresso, porque ninguém o conhecia e tampouco acreditava que ele existisse. O café com leite continuaria sendo a melhor opção para começar o dia. De sabor um pouco mais insípido do que o expresso, iria nos alimentar mesmo assim. Imagine, então, quando todos aqueles distraídos bebedores de café com leite descobrissem o expresso e o adicionassem à bebida de café favorita. Eles entrariam em um universo novo! É assim que me senti ao adotar esse ingrediente secreto. Confio na palavra do meu Criador. Controlo a minha insegurança e pergunto: "Estou duvidando de quem?" É um mundo inteiramente novo. A melhor parte é que, ao contrário de um hábito diário da Starbucks, esse ingrediente secreto é gratuito.

É muito fácil acreditar nos nossos pensamentos, especialmente os limitadores. Criados em um mundo onde aprendemos a ofuscar a nossa luz e a nos ajustar, duvidar de nós mesmos é muito mais confortável do que confiar em nós mesmos. Acreditar nesses pensamentos que ouvimos em alto e bom som parece mais seguro do que confiar em Deus, que não conseguimos ver e, muitas vezes, nem ouvir com facilidade. No entanto, quando se trata do nosso destino, temos três escolhas: **podemos confiar no que os outros dizem sobre nós, podemos confiar no que nossos pensamentos negativos dizem sobre nós, ou podemos confiar no que Deus e a nossa alma dizem sobre nós.** Quanto mais confio na terceira alternativa, mais me sinto alinhada com o meu poder e o meu destino.

*Não somos seres humanos vivendo uma experiência espiritual. Somos seres espirituais vivendo uma experiência humana.*

— PIERRE TEILHARD DE CHARDIN

Aprender a ouvir o que Deus diz a nosso respeito pode ser o resultado de diferentes práticas. Podemos nos identificar mais com algumas do que com outras; consultar uma escritura e um texto espiritual; frequentar a igreja para tentar ouvir ou sentir Deus falando conosco por intermédio do pastor, da mensagem ou da música; nos recolher, meditar ou orar; e então ouvir o que vem até você. Essa é uma das minhas práticas favoritas. Quando ouço sussurros ou sensações que parecem uma voz mansa e delicada — que não consigo ouvir, apenas sentir —, eu confio nela.

Martha Beck, autora de *Por inteiro*, diz: "Toda verdade nos faz relaxar os músculos e toda mentira nos faz tensioná-los." Uma das maneiras de distinguir entre o meu pensamento e um sussurro, uma percepção e algo em que deveria confiar é ter certeza de que o meu corpo sente aquilo como verdade. É assim também que distingo se um pensamento ou sentimento parece provir do espírito divino ou da minha cabeça. Quando ficamos em silêncio e nos concentramos, a nossa fisiologia nos dá pistas se algo é verdade ou não. A nossa alma sabe, ainda que a nossa mente não. Essa também é uma ótima maneira de decidir se uma igreja, religião ou prática religiosa, ou até um emprego, relacionamento ou amizade é ideal para você. O que sente no seu corpo? O seu corpo se tensiona ou relaxa?

Acredito que a insegurança mata mais sonhos do que qualquer outra coisa, **e a insegurança é uma arma que construímos contra nós mesmos**. Quando permanecemos na fé, "nenhuma arma forjada contra você prevalecerá" (Isaías 54:17 [NVI]), e **quando nos sentimos sem valor não estamos na fé**. O mundo nos treinou para que digamos a nós mesmos que não somos capazes, mas, em uma única oração, em uma única voz mansa e delicada, em uma única percepção, Deus e a sua alma lhe dirão que você é, sim, capaz. Já ouvi isso ser dito do seguinte modo: **o grande *Eu Sou do Criador*... é muito maior do que todos os nossos *não sou*.**

*Você nunca se sentirá intimidado ao entrar em qualquer ambiente se lembrar com Quem está entrando.*

> *O Espírito que está em vocês é mais forte do que o espírito que está naqueles que pertencem ao mundo.*
> — 1 JOÃO 4:4 (NOVA TRADUÇÃO NA LINGUAGEM DE HOJE [NTLH])

Uma questão a considerar...
Na sua vida, quanto já lhe custou duvidar da palavra de Deus sobre o fato de você estar *pronto* e ter sido *feito* à imagem Dele — acreditando, em vez disso, nos seus pensamentos repletos de dúvidas sobre si? Quais foram os efeitos disso nos seus relacionamentos? No seu potencial? Na capacidade de cumprir o seu propósito e a sua vocação? Eu sei, é muita coisa para absorver. Mas, repito, não viemos aqui para pensar pequeno. Viemos para desenvolver uma verdadeira valorização.

> *O seu relacionamento com Deus é a única maneira de descobrir o motivo de você ter sido criado.*
> — SARAH JAKES ROBERTS

Neste momento, *sempre* que começo a duvidar de mim mesma, interrompo tais pensamentos e me pergunto: "De quem estou duvidando? De mim ou de Deus?" Quase todas as vezes, tudo se resume ao fato de eu duvidar da palavra Dele e confiar nos meus pensamentos limitadores. Então, assumo o compromisso de confiar Nele. Decido que, independentemente do que a minha mente possa me dizer, a minha alma acredita Nele e, portanto, escolho acreditar que sou capaz. Que sou qualificada. Que estou preparada. Que sou engraçada. Que sou corajosa. Que sou inteligente. Que sou gentil. Que posso ocupar os espaços que desejo. Que pertenço ao palco. Que pertenço ao abraço. Que mereço elogios. Eu sei a resposta. Estou preparada. Sou capaz. Eu tenho valor. Acredito e sei disso: **você nunca se sentirá intimidado ao entrar em qualquer ambiente se lembrar com Quem está entrando.**

> *Jesus olhou para eles e respondeu: "Para o homem é impossível, mas para Deus todas as coisas são possíveis."*
> — MATEUS 19:26 (NVI)

Perdi a conta do número de vezes que eu mesma usei esse conselho. Apesar disso, até hoje não consigo acreditar que sou abençoada o bastante para tomar um café com alguns amigos gentis e inspiradores. Coloco-o em prática bem antes de entrar na cafeteria para me lembrar que sou digna de estar ali. Até hoje, toda vez que sou convidada para falar em cima de um palco, duvido que eu tenha algo a dizer que possa causar algum impacto. Quando penso nesse conselho, decido acreditar que Deus não teria orquestrado o convite para eu falar se eu não estivesse preparada para isso. Até hoje, toda vez que me olho no espelho, o meu pensamento padronizado quer apontar todas as falhas que percebo em mim. Então, imediatamente, decido acreditar Nele, que fui feita à imagem Dele. Se eu nunca criticaria a aparência de Deus, não posso criticar a minha. Não há diferença entre elas.

Cada risco que corro, cada ideia que compartilho, cada ambiente que adentro, cada expressão de mim mesma e da minha alma que ofereço ao mundo quase sempre se defrontam com um momento inicial em que fico tentada a duvidar da minha capacidade. Quase sempre eu interrompo tal momento com essa dica. Tomo a decisão de parar de duvidar de Deus. Tomo a decisão de acreditar Nele. Nós fomos feitos à imagem Dele. Do jeito que somos. **Você é *suficiente*, valioso e incondicionalmente amável, à sua maneira.** Aprendi que acreditar em Deus é o maior e mais instantâneo atalho para acreditar que tenho valor.

*É provável que Deus lhe dê mais do que você é capaz de suportar.*
*Entretanto, não lhe dará mais do que Ele é capaz de suportar.*

— HODA KOTB

**VALE ANOTAR:** Para obter uma compilação extra de alguns dos meus versículos bíblicos favoritos sobre valorização, visite WorthyBook.com/Resources (site em inglês).

## CAPÍTULO 22

## Solos

*Não existem erros nas aulas de dança, e sim nas apresentações solo.*
— ANÔNIMO

Meu marido, Paulo, nasceu no Brasil, um país conhecido, em parte, pelas deslumbrantes ofertas ao mundo, incluindo o samba, a arte marcial da capoeira e o futebol, ou, como dizem os norte-americanos, *soccer*. Andando pelas ruas do Rio de Janeiro, muitas vezes é possível ouvir música por todos os lugares. Paulo diz que os brasileiros já nascem dançando. Quer dizer, a *maioria* deles. Ele é uma exceção. Paulo não sabe muito bem por quê, mas, apesar da mãe dele ter um ritmo impecável e seu irmão ser um talento musical, é incapaz de acompanhar qualquer ritmo. Ele não consegue. Nenhum mesmo. Antes tivesse dois pés esquerdos — assim, pelo menos, estariam sincronizados! Paulo é uma das pessoas mais brilhantes, talentosas, gentis e engraçadas que já conheci na vida. Ele só não sabe nada de ritmo.

Para a tradicional primeira dança do nosso casamento, decidimos que não faríamos nada rebuscado. Baixei as expectativas, esperando por uma dança lenta ao estilo do ensino médio. O meu único objetivo era fazer isso no ritmo. Sempre que Paulo tentava atingir essa minha audaciosa meta, durante um intervalo comercial enquanto assistíamos à TV, por exemplo, ou em uma volta de carro, eu colocava uma música e começava a contar "um, dois, três, quatro, cinco, seis, sete, oito" repetidas vezes, e pedia que ele tentasse acompanhar a contagem comigo. Essa deve ter sido a atividade que ele menos gostou de fazer dentre todas as que já lhe pedi. Tenho quase certeza de que ele prefere retirar o lixo, recolher cocô de cachorro no quintal ou, literalmente, executar qualquer outra tarefa ou atividade que não seja tentar ouvir e acompanhar uma contagem dessa.

Depois de muitas sessões práticas na nossa sala de estar, a minha esperança de uma dança lenta, "dois pra lá, dois pra cá", ao estilo do ensino médio, estava se exaurindo consideravelmente. Fui obrigada a adotar medidas drásticas. Convidei, então, uma amiga que era uma ótima professora de dança, e nós três ficamos sentados na sala de estar durante horas, apenas tentando ensinar Paulo a identificar a contagem de oito tempos em uma música. Só assim ele conseguiu entendê-la e contá-la. A etapa seguinte consistia em adicionar movimento. Começamos acompanhando o ritmo com os pés. Não estava dando muito certo, e ela resolveu mudar para palmas. Todos nós ficamos ali ouvindo a música e batendo palmas contando até dois, quatro, seis e oito. Estava indo muito bem, até que ela pediu que Paulo fizesse sozinho. Foi aí que o negócio desandou. Ele batia palmas no contratempo de qualquer um daqueles números, todas as vezes. No dois e meio e, depois, no cinco. Eu me segurei muito para não rir nem fazê-lo se sentir julgado. Ele queria tanto dançar no nosso casamento!

VOCÊ JÁ PAROU para pensar em algum momento da vida: "Gostaria de saber naquela época o que eu sei agora." Tentar fazer Paulo aprender a nossa primeira dança de casamento é um desses momentos para mim. Ele e eu teríamos sido muito mais felizes e nos divertido muito mais se eu tivesse conhecido uma lição de vida que aprendi em uma aula de dança, vários anos depois de nos casarmos.

Foi algo transformador, que aconteceu no meio de uma aula de twerk. Sim, twerk (vovó, esse é um estilo de dança em que você se agacha e rebola o bumbum. Hoje em dia é popular. Faz os velhos tempos dos picantes movimentos de quadril do Elvis parecerem distrações amadoras).

Meus amigos e eu estávamos em um retiro de atenção plena, participando de uma aula de dança. A professora estava fazendo o possível para colocar em formação um grupo de 12 pessoas, em sua maioria mulheres, de diversas idades e níveis variados de experiência em dança e de coordenação motora.

Em uma hora de aula, deveríamos aprender uma coreografia com quase três minutos e, no fim da aula, o objetivo era executá-la todos juntos, com os movimentos do twerk e tudo o mais.

Depois de mais ou menos meia hora, parecíamos muito mais um grupo de coelhos selvagens do que dançarinos da Rockettes.[1] Ninguém fazia nada ao mesmo tempo. Percebi que uma das mulheres estava visivelmente arrasada. Não importava quantas vezes a professora nos fizesse recomeçar a sequência inicial, parecia que a mulher não conseguia acertar a parte da transição, que envolvia palmas e giros antes de nos agacharmos e twerk, twerk, twerk, twerk. A mulher continuava perdendo o equilíbrio no giro e dando um enorme passo para fora da fileira. A parede frontal da sala de aula era um gigantesco espelho, então, a cada tentativa, a turma inteira conseguia ver quem estava fora de sincronia. Depois de três ou quatro vezes, parecia que ela ia cair no choro. Me perguntei se ela ia continuar a aula.

Naquele momento, a instrutora interrompeu a aula. Com um sorriso no rosto e toda a paciência do mundo, ela exclamou com orgulho: "Não existem erros nas aulas de dança, e sim apresentações solo."

Adoramos esse conceito e rimos, aliviados. A aula, então, ficou muito mais divertida.

— Vocês viram o meu solo? — perguntava eu, sempre que decidia me comprometer com os movimentos e as coisas não terminavam muito bem.

O pessoal começou a fazer o mesmo.

— Adorei aquele solo — dizia um.

— Sou um artista solo — dizia outro, com um sorriso.

Por um momento, no meio da aula, percebi a mudança de energia na sala, tudo a partir da simples mudança de perspectiva. Quando eu era criança, fiz aulas de ginástica e de dança e me lembro que era considerado um erro quando alguém saía de sincronia ou fazia um movimento solitário intencionalmente. Era constrangedor. O ideal era garantir que você nunca se desviasse do ritmo ou da formação. O objetivo era todo o grupo fluir em perfeita sincronicidade. Que todos fossem iguais.

---

[1] A companhia de dança Radio City Rockettes foi fundada em 1925 e ainda está em plena atividade. Suas apresentações exibem movimentos precisos e sincronizados à perfeição. [N. da E.]

Eu observei que a alegria e a liberdade foram tomando conta daquela aula de dança para adultos e tive uma mudança de perspectiva muito maior, que se estenderia para muito além das paredes daquela sala.

**Os solos da vida são a morada da verdadeira beleza.**
**É nos solos que a criatividade desperta.**
**É nos solos que os conceitos são gerados.**
**É nos solos que as fortalezas são demolidas.**
**É nos solos que os ciclos geracionais são encerrados.**
**É nos solos que nascem novas ideias.**
**É nos solos que os negócios são gerados.**
**É nos solos que a sua alma pode se expressar.**
**É nos solos que a autenticidade prospera.**
**É nos solos que a autenticidade brilha.**
**É nos solos que acontecem momentos reveladores.**
**É nos solos que a dança com o divino é mais íntima.**
**É nos solos.**

Se você estiver vivendo como se estivesse em uma aula de dança na qual os solos não são celebrados, especialmente os do tipo espontâneo ou não planejado, é hora de mudar de aula. **Não existem erros nas aulas de dança nem na vida, apenas solos.** São o tipo de movimento que só você pode fazer e sentir, em qualquer ritmo de música que você escolher.
**Você nunca foi um mau dançarino. Você nasceu para fazer solos.**
Já percebeu como o melhor dançarino da pista de dança quase nunca tem formação técnica? Raramente é aquele que conhece as últimas tendências da dança ou está no ritmo. **O melhor dançarino da pista é, quase sempre, aquele que se empenha mais!** Seja na festa de fim de ano da empresa, seja no encontro de família ou comunitário, seja na pista de dança de um casamento (você sabe de qual casamento eu estou falando). Ele segue em frente, não trava em momento algum e não tem vergonha. A cada passo para a frente e para o lado, a cada ponta e a cada postura, a cada salto e a cada giro, a cada expressão

> *Você nunca foi um mau dançarino. Na verdade, nasceu para fazer solos.*

da alma, essa pessoa ocupa o espaço com toda a confiança, com uma energia palpável, contagiante e admirável.

Essas são as pessoas que todo mundo mais admira e que todo mundo mais deseja ser, porque, apesar da falta de habilidade, ainda assim elas se mostram em toda a sua glória. Exalam confiança e pouca preocupação. São cheias de alegria e não têm dúvidas. As que estão vivendo de fato. As que são mais livres.

TORNE-SE O MELHOR dançarino da sua vida. Aquele que mais se compromete com os próprios sonhos. Aquele que sente o solo se aproximando e o recebe de braços abertos, as pernas se movendo em um ritmo que só a sua alma conhece. Aquele que dança ao som da beleza da própria vida com uma imensa desenvoltura que faz a alma cantar. Seja a pessoa que dança até não poder mais.

Você não precisa de permissão para fazer um solo. Você está nesta Terra para performar solos. Não é necessário ter um professor para avaliá-lo — só a sua alma está qualificada para isso. Não é necessário fazer aula de dança para dançar. O mundo inteiro é a sua pista de dança.

## CAPÍTULO 23

## Você tem valor — a volta da vitória começa agora

*Que a vida me perdoe por todas as vezes que não a vivi.*
— ANÔNIMO

Em dois momentos distintos, minha mãe Nina mudou toda a minha vida. Ela me adotou, no meu primeiro dia de vida, e 45 anos depois, voltou a me adotar em seu último dia de vida. Ela compartilhou palavras que me emocionaram. Uma lição que, tão logo foi assimilada, me fez perceber que a minha vida nunca mais seria a mesma.

Vou tentar contextualizar. Eu acredito no poder de sermos eternos estudantes, de sempre aprender, crescer e servir aos outros, de se doar, criar, idealizar e evoluir, tudo isso com a intenção, como diria Oprah, de se tornar a "expressão mais elevada e verdadeira" de nós mesmos. Para sentirmos a realização máxima, temos sempre de crescer e contribuir para os outros, pelo menos em alguma área da nossa vida.

Minha mãe Nina pronunciava o próprio nome como se houvesse um "a" antes do "i" — *Naina*. Desde o dia em que nasci, ela foi a minha super-heroína da vida real. Foi ela quem manteve tudo sob controle quando meu pai adotivo falhou. Ela foi o esteio dele durante uma longa batalha de décadas contra o alcoolismo, o jogo e a infidelidade. Embora meu pai adotivo Mike também tivesse muitas qualidades admiráveis e me amasse com todo seu coração, foi a capacidade da minha mãe Nina de amar muito, e muito além de si mesma, que mais me abençoou. Eu tinha 6 anos quando eles se divorciaram, depois ter suportado inúmeras promessas não cumpridas por parte do meu pai. Foi o primeiro exemplo que testemunhei de uma pessoa decidindo ser digna de algo a mais e tomando a difícil decisão de agir a partir dessa percepção. Mais tarde, ela se casou com meu padrasto Dennis, que se tornou outra fonte de amor para mim. Minha mãe foi quem me ensinou o valor de me dedicar ao trabalho e que todas as coisas são possíveis quando você se esforça e toma a decisão de acreditar que sim, elas de fato são possíveis. Durante toda a minha infância, ela trabalhou muito. Muitas vezes, sete dias por semana.

Quando criança, eu fantasiava que um dia ganharia tanto dinheiro que minha mãe não precisaria trabalhar tanto. Eu poderia cuidar dela como ela tinha cuidado de mim. Durante toda a minha vida, eu quis que ela tivesse orgulho de mim. Meu pai Mike não queria que eu soubesse que tinha sido adotada, então eles nunca me contaram... até que eu descobri por acaso, aos 27 anos. Depois de anos processando tudo, o meu amor por ela só ficou ainda mais profundo. Ela me quis. Ela me escolheu. Ela é a pessoa de quem sou mais próxima no mundo inteiro. Eu disse a ela que sempre a escolheria também.

Quando alcancei o sucesso profissional construindo a IT Cosmetics e pude ajudá-la a se aposentar, ela já havia trabalhado demais por décadas. Ela foi diagnosticada com uma doença autoimune chamada esclerodermia, além de uma série de outras doenças. Em vez da vida que sonhei para ela, o foco passou a ser encontrar os melhores médicos e tratamentos possíveis. Na última década, minha mãe dividiu seu tempo entre a emergência, a UTI, o quarto do hospital e, depois, a recuperação em casa.

Se você já teve um genitor doente, talvez possa se identificar com o momento em que os papéis se invertem. De repente, somos nós que ficamos acordados a noite toda preocupados, diferente do que costumava acontecer quando éramos crianças. A inversão de papéis pode ser avassaladora. Fiz tudo que estava ao meu alcance e gastei cada centavo que pude lutando pela saúde da minha mãe. Tentando prolongar sua vida. Tentando fazer qualquer coisa para ajudá-la a se sentir o melhor possível. Nos últimos anos, muitas vezes ela passava mais dias no hospital do que fora dele. Sempre tive esperança de que ela sobreviveria e voltaria para casa. Ela sempre me dizia que queria continuar lutando, que não queria deixar Dennis, a quem ainda amava profundamente após 45 anos de casamento. Queria ver os netos crescerem. Ela queria continuar lutando, e por isso lutamos juntas. E foi difícil. Muito, muito difícil. Todas as vezes, os médicos sempre me lembravam: "Você sabe que a sua mãe não vai melhorar, certo?" Eu respondia: "O que podemos fazer para mudar isso?" e "Isso não é verdade se ela tiver alguma voz ativa a esse respeito". **Foi a esperança, a coragem e a pura vontade de viver que alimentaram sua luz, até quando seu corpo já estava entrando em colapso.**

EM 2022, PASSEI todos os momentos que pude no hospital ao lado dela. Quando chegou o momento em que os médicos disseram que ela só tinha mais alguns dias e que não havia mais como evitar, decidimos levá-la para casa. Montamos uma cama de hospital na sala de estar, para que ela pudesse ver a luz do sol pela janela. À noite, Dennis dormia em uma poltrona reclinável na mesma sala. Enfileirei várias cadeiras de jantar juntas e dormia sobre elas, bem ao lado da cama de Nina, para poder segurar sua mão a noite toda. Quando ela fazia contato visual comigo, eu sorria, e só quando ela desviava o olhar é que eu me permitia chorar. Ela era minha mãe. Quem me escolheu no dia em que nasci. Eu não queria deixá-la partir. Às vezes, a dor parecia insuportável. Sempre desempenhei o papel da *forte*. Falava com quem fosse preciso nos hospitais para ter certeza de que ela estava sendo bem cuidada. A forte em várias áreas da minha vida. Mas naqueles momentos, me sentia a mais fraca. Aquela que estava angustiada, sem controle de nada, perdendo a pessoa que mais amei em toda a vida. A pessoa que mais me amou em toda a vida. Isso me derrubava.

Eu sabia, por conversar com funcionários de casas de repouso e com médicos, que é importante deixar claro aos entes queridos que não há nenhum problema se eles quiserem partir. Caso contrário, as pessoas continuam lutando, algumas vezes com muita dor, porque estão tentando se agarrar à vida para satisfazer ao desejo dos outros. Se conseguirem a bênção para fazer a passagem, vão ter uma transição serena. Dennis e eu fizemos isso com ela, em momentos individuais. Soube que ele já havia falado com ela pois saiu da sala soluçando de angústia. Nunca antes o ouvi emitir aqueles sons.

Em seus últimos dias, ela gravou mensagens fofas em vídeo para os netos, e fiz todas as perguntas que pude imaginar. Quando ela tinha energia, conversávamos sobre a sua vida. Eu tentava confortá-la como podia. Houve um momento em que ela pareceu alerta e com energia, e me olhou nos olhos. Eu perguntei: "Mãe, quais são as suas esperanças e os seus sonhos para mim? O que você mais espera para mim?"

Achei que ela fosse me lembrar que todas as coisas são possíveis, que eu poderia fazer qualquer coisa que quisesse e que ela esperava que eu continuasse a trabalhar com afinco, a impactar e a inspirar outras pessoas, e que criasse os meus filhos com valores sólidos e dando um ótimo exemplo. Achei que ela fosse dizer para eu continuar perseguindo meus objetivos e sonhos. Ela não me disse nada disso. Na verdade, de certa forma, falou quase que o contrário. Depois da minha pergunta, houve uma sensação de entendimento supremo, confiança total e verdade absoluta no ar. "Espero que você não mude", respondeu. "Esse é o meu último desejo para você. Seria terrível se acontecesse."

Antes mesmo que eu processasse essas palavras, comecei a chorar. Minha mãe estava me dizendo, em alto e bom som: "Nunca mude quem você é de verdade. Você é suficiente e tem valor do jeito que é. Todas essas coisas — objetivos, sonhos, crescimento, conquistas — são ótimas e são uma parte emocionante da jornada, mas a única coisa que realmente importa é a verdade da sua alma. O seu verdadeiro eu. O seu verdadeiro eu, a sua alma, é tudo o que importa." Nunca, em toda a minha vida, me senti suficiente do jeito que era, até estar sentada ali: uma mulher de 45 anos, chorando enquanto minha mãe, em seus últimos momentos de vida, me dizia tais palavras.

Foi marcante. Um momento em que a minha verdadeira percepção superou o meu sistema de crenças aprendido e condicionado. A minha alma tomou conta da minha mente. Eu sabia que ela estava dizendo a verdade. Eu tenho valor e sou suficiente do jeito que sou. Sem nunca ter sido obrigada a fazer, ou precisar fazer, outra coisa. E você também.

SEMPRE QUIS QUE a minha mãe tivesse orgulho de mim. Mais tarde, quis que o mundo tivesse orgulho de mim. Depois, que Deus tivesse orgulho de mim. Durante toda a minha vida, confundi aprovação com amor. Conquistas com amor. Carinho com amor. Aplausos com amor. A definição mundial de sucesso com amor. Em um só momento, minha mãe enfatizou que nada disso importava. Eu sabia que ela queria dizer: "Claro, continue crescendo nas áreas que você deseja, como carreira, objetivos, esperanças e sonhos, mas não mude o seu coração, porque você, sozinha, é e sempre foi suficiente." Ela conhecia o meu verdadeiro eu, até o que eu havia escondido no passado ou tinha vergonha, e ela estava me dizendo para não mudar. **O que eu sou é suficiente.** Sem conquistas, sem lutas, sem realizações. O que ela mais queria para mim era que eu não mudasse quem *sou*. Ela não tinha nenhuma outra esperança para mim. Nada mais do que isso. "Espero que você não mude. Esse é o meu último desejo para você. Seria terrível se isso acontecesse."

Uma longa pausa preencheu o ar. Eu só conseguia sentir. Então respondi: "Está bem, mamãe, não vou mudar. Eu prometo." Ela me olhava e via as lágrimas que eu não conseguia conter. "Vou compartilhar essas palavras com muitas outras pessoas também, tá?" Me esforcei ao máximo para que ela sentisse que aquelas lágrimas eram de uma extraordinária gratidão, e não de medo. Apoiei meu rosto sobre nossas mãos entrelaçadas. Nos últimos dias de vida, eu só largava a mão dela se eu realmente precisasse me afastar. "Mamãe, obrigada por me amar. Sei que houve momentos em que não foi tão fácil. Obrigada por me adotar no dia em que nasci. Obrigada por me escolher. Eu amo você. Muito."

Aquela revelação, "não mude", me tocou profundamente. Desde então, eu a processo todos os dias. Parece que um peso enorme de expectativas e de *não suficiência* que coloquei em meus ombros durante toda a minha vida está sendo suspenso. Continuo com as mesmas ambições, esperanças, sonhos, objetivos, inspirações e motivações, só que não os associo mais ao meu valor. Eu os encaro como a alegria da jornada. Como complementos. Eles são o chamado de Deus *dentro e através* de mim. Não são o *meu* valor. Essa revelação ilumina e aquece a minha alma. Tem sabor de verdade e a sensação de liberdade.

Sou alguém que, essencialmente, valoriza e celebra o crescimento e a mudança. É lindo e poderoso estar em uma permanente missão de crescer, impactar, servir e mudar de todas as maneiras, com a finalidade de melhorar a nossa vida, a vida dos outros e o mundo ao nosso redor. No entanto, quando se trata do cerne de quem você é, a sua alma, o seu verdadeiro eu, isso já é algo valoroso e já é amor. Não há nada para mudar. Quando se trata de quem você é de verdade, não mude. Você já é tudo o que precisa ser. Pleno amor. Pleno valor.

No último dia da minha mãe na Terra, enquanto eu tocava as músicas favoritas dela em uma playlist , ela acordou com um grande sorriso no rosto. Ela apertou a minha mão com força.

— Jay-Jay, é tudo tão lindo.

Ela parecia estar transcendendo para além do que Dennis e eu conseguíamos ver ou entender.

— O que você quer dizer, mamãe? — perguntei.

— Eu gostaria de ter sabido disso antes... Todas as coisas pelas quais as pessoas brigam, nada disso importa. É tudo tão, tão lindo.

Depois de dizer essas palavras, ela pareceu estar envolta por uma paz que preenchia a sala.

— Como você está se sentindo? — eu quis saber.

Ela apenas sorriu para mim, mas não respondeu.

— Você está com medo, mãe?

Ela sorriu, balançou a cabeça, fazendo que não. Eu sabia que aquele momento era diferente. Ela descansou um pouco e, quando acordou da vez seguinte, fez um esforço para me dizer, em um sussurro: "Eu amo você. E é um amor que nunca vai acabar." Um pouco depois, enquanto eu segurava a mão dela com força do lado esquerdo e Dennis estava à sua direita com a mão sobre sua testa, ela deu o último suspiro sobre esta Terra.

AS PALAVRAS DA minha mãe — "não mude" — pareceram verdadeiras. Como se fossem um poema de amor da alma dela para a minha. Eu as compartilhei neste livro como se fosse um poema de amor da minha alma para a sua.

Em seus 74 anos de vida, aquela foi a primeira vez em que ela me disse aquilo. Eu não sei por quê. Talvez tenha sido porque foi a primeira vez que fiz aquela pergunta, ou porque, naquele momento, ela estava transcendendo para uma compreensão maior, na qual é mais fácil de reconhecer o que realmente importa e o que é de fato verdade.

Minha mãe Nina adorava a cor amarela. Ela adorava beija-flores, borboletas e os doces da loja See's. Ela acreditava em mim, inclusive nos dias em que eu não acreditava em mim mesma. Passei a maior parte da vida tentando fazê-la ter orgulho de mim, sem perceber que ela já sentia bastante orgulho — e da única maneira que importava. Passei a maior parte da vida tentando fazer Deus ter orgulho de mim e agora sei que, não importava o que eu fizesse, isso não mudaria. Passei a maior parte da vida tentando ter orgulho de mim mesma, tentando sentir que tinha valor e era amada, sem perceber que não havia nada que eu pudesse fazer, conquistar ou atrair que me fizesse chegar perto daquela sensação duradoura. **A única maneira de conquistar aquela sensação duradoura de amor e valorização é saber que já existe dentro de nós. Com plenos poderes, na nossa essência, isso é o que nós** *somos*. Vou repetir: **na sua essência, você é AMOR. Já está tudo dentro de você, e isso É você.** Todo o restante é apenas a experiência humana, a aventura em que embarcamos e que, se tivermos sorte, acabará nos levando à única coisa que já somos.

    Minha mãe sempre me deu tudo o que tinha. Ela fez o possível para criar seu único bebê vivo da melhor maneira. Depois de se dedicar a mim com toda a alma e o coração, naquele momento, quando ela compartilhou as palavras "não mude", tive a sensação de que aquela era sua *volta da vitória* na jornada de me escolher e me criar como filha. Uma volta da vitória que ela não tinha pretendido nem planejado. Simplesmente aconteceu. O momento e a lição finais foram transmitidos por intermédio dela em seus instantes finais nesta Terra, e esse foi seu legado para mim. Eu vou manter esse legado vivo. Por meu intermédio — e, se você escolher, pelo seu também. Independentemente do relacionamento que você tenha ou não com a sua mãe, se a minha Nina estivesse aqui, ela abraçaria você e diria essas mesmas palavras para você também. Demonstrando um amor pleno e inabalável por você, do jeito que você é...

*Espero que você não mude. Esse é o meu último desejo para você. Seria terrível se isso acontecesse.*

— NINA MARIE DAUGS (MINHA SAUDOSA MAMÃE)

## Sua vitória é saber que você é suficiente

    Quando perdemos um ente querido, isso nos faz pensar não apenas na morte, mas também na vida. No que realmente importa. Em como vamos querer viver o resto dos nossos preciosos dias nesta Terra. O dicionário define a expressão *volta da vitória* como uma volta extra comemorativa ao redor da pista ou campo esportivo, feita pelo vencedor ou equipe vencedora após a conclusão de uma corrida. Depois da experiência com a minha mãe, quando a minha alma assumiu o comando da minha mente, sei que isto é verdade: **o momento em que percebemos e acreditamos, verdadeira e plenamente, que temos valor, do jeito que somos, é quando vencemos.** O peso ininterrupto e exaustivo da desvalorização, que muitos de nós carregamos a vida toda, sai dos nossos ombros. Isso nos permite abraçar a alegria, o amor e as possibilidades infinitas e expansivas que a vida tem a oferecer. O momento em que nos conscientizamos da verdade e começamos a aceitar que temos um valor inato é o momento em que a nossa volta da vitória começa. É nesse momento em que percebemos que conquistamos a vitória interior. A partir disso, podemos ser ainda mais poderosos em todas as coisas que pretendemos realizar no mundo exterior.

**Quando conquista a vitória *interior*, você se torna infinitamente mais poderoso em tudo o que deseja fazer, criar, doar, servir, construir, idealizar, amar, mudar e impactar no mundo *exterior*.**

*O momento em que percebemos e acreditamos, verdadeira e plenamente, que temos valor, do jeito que somos, é quando vencemos.*

Essa expressão se aplica a algo que acontece *depois* que você vence. Ou ao *fim* de alguma coisa. Mas e se houvesse uma segunda e ainda mais poderosa maneira de defini-la? Acredito que, quando suspendemos o pesado fardo da desvalorização e começamos a acreditar, para logo depois entender, que somos valorosos, esse é o momento em que a volta da vitória *permanente* pode ter início! Imagine se, em vez de esperarmos até o fim, pudéssemos fazer a nossa vida toda, daqui em diante, parecer uma volta da vitória?

Comece a sua volta da vitória agora, com a intenção de percorrê-la por várias e várias décadas seguidas. Isso não significa que a vida deixará de ser difícil nem que você não vai tropeçar, cair e enfrentar contratempos. Não significa que vai deixar de ter ambição nem que esgotou talentos, dons, paixões, negócios e ideias que ainda planeja fazer, doar, servir, criar, construir ou oferecer ao mundo. Significa simplesmente que, ao incorporar essas coisas à sua volta da vitória, não estará mais carregando o peso de toneladas de desvalorização. Quando sabemos que somos suficientes do jeito que somos, a autovalorização fica protegida. A partir de agora, vamos perseguir esperanças e sonhos em uma posição de segurança e liberdade. Quando sentimos que temos valor e construímos uma sólida autovalorização, então se torna o nosso alicerce, que alimenta a nossa resiliência para nos levantarmos e continuarmos depois de uma queda. Torna-se também a força para saber que tropeçarmos e sentirmos vergonha não afetará nossa percepção interna e inabalável de sermos, independentemente de qualquer coisa, valorosos (além de servir também como uma lembrança de que conquistar coisas e ser idolatrado por todos não é tudo).

QUANDO NOS LIVRARMOS da desvalorização, a vida se tornará muito mais bonita, lutaremos ainda mais por coisas boas e nos recuperaremos ainda mais rapidamente de coisas ruins. Vamos alcançar um nível mais alto de autoconfiança enquanto buscamos, com o máximo de esforço possível, nos tornar a versão mais verdadeira de nós mesmos, sem que a autovalorização sofra impacto algum.

Ao nutrirmos e desenvolvermos a autovalorização enquanto o peso insuportável da *insuficiência* se dissipa lentamente, damos o primeiro passo da volta da vitória. O futuro à frente, com altos e baixos, parece menos nebuloso e infinitamente mais possível porque reconhecemos com toda a certeza, e até determinada surpresa, que chegamos a duvidar um dia de que somos, de fato, dignos de todas as nossas maiores esperanças, dos sonhos mais loucos e de todo o amor incondicional no mundo. Saber que temos valor não diminui o apetite nem a motivação, mas permite que nos sintamos realizados e aproveitemos o que buscamos e conquistamos. Embora possamos ter um entusiasmo incessante por tudo o que ainda desejamos, vamos disputar a corrida tendo na retaguarda a liberdade da *Pista da volta da vitória*, e não a *Esteira da insuficiência*.

Nos últimos instantes de vida, minha mãe me deu um presente: eu não preciso esperar até o fim da minha própria vida para aprender essa lição. Não devemos esperar até o fim da vida para assimilá-la ou compartilhá-la. Vamos permitir que ela se consolide dentro de nós. Vamos trazer para perto alguém com inseguranças a serem destruídas e um destino lindo e poderoso pela frente. Vamos começar a volta da vitória na nossa vida sabendo que temos valor! Assim, teremos um caminho muito mais longo a ser percorrido pelo resto da vida. O maior sucesso é perceber que não precisamos mudar nada em nós.

A volta da vitória terá altos e baixos, com momentos que nos nocauteiam ou que provocam êxtase, de tão lindos. No entanto, quando sabemos da nossa importância, vivemos em paz, entendendo que, **independentemente do que acontecer *ao redor*, esse valor é inabalável.**

*Quando conhecemos nosso valor, nos movemos de maneira diferente.*

— ANÔNIMO

Lembre-se de que você está começando a volta da vitória, e de que não existem regras! Pode fazer uma dança solo se comprometendo e comemorando o fato de ser uma das pessoas *livres* no meio da pista. Mantenha o seu ritmo e graça, mesmo com a possibilidade de perder o rumo, tropeçar e cair. Não há problema se, por vezes, caminhar ou engatinhar. Cochilos também são permitidos. Você não precisa de mais ninguém para se sentir completo e nunca estará sozinho. Sentirá Deus ao seu lado, na brisa, na luz do sol no seu rosto, no vento nas suas costas, no gramado e nas flores silvestres nas laterais da pista. Sentirá o espírito reconfortado com o propósito divino toda vez que ajudar outro corredor a se levantar de uma queda ou a se lembrar de que é visto, valioso e suficiente. Quanto a mim, também estarei correndo a minha volta da vitória. Se quiser fazer uma pausa para um chocolate ou um Cheetos, ou se aconchegar debaixo de um cobertor no acostamento só para apreciar a vista, compartilho com você o meu favorito. Podemos tomar um café ou um chá juntos, ou até brindar com um pouco de vinho servido nas nossas canecas de café com os dizeres VOCÊ TEM VALOR (sem julgamentos).

Na nossa volta da vitória, corrida no nosso próprio ritmo, corremos todos juntos, em pleno amor. A parte mais bonita é que cada um de nós pode passar o bastão, convidando e inspirando outras pessoas a iniciarem a própria volta, reconhecendo que elas têm valor aqui e agora, do jeito que são. Há um número ilimitado de bastões a serem passados e todos podem começar a volta da vitória de suas vidas, de modo que se deem conta que nasceram *suficientes* e *capazes*. Dessa forma, a corrida ganha ainda mais propósito. Vamos dar as boas-vindas ao maior número possível de pessoas!

**Juntos, com todas as nossas forças, não vamos deixar nenhuma menina, nenhuma mulher, nenhuma pessoa para trás.**

Você pode ter sentido que, durante toda a vida, a vitória e o sucesso eram coisas que aconteciam apenas com os outros, nunca com você. Pode ter acreditado que o caminho a percorrer era longo e que precisaria ser avaliado muitas vezes, se tornar muito mais inteligente, trabalhar com muito mais afinco, antes de admitir a ideia de ser um vencedor. Tudo isso é mentira. Mentira que nos mantém batalhando e caminhando para lugar algum, impossível de ser alcançado e eternamente insatisfatório. As mentiras nunca levam ao amor. A verdade, sim. E a verdade é: **você, do jeito que é, é a vitória.**

*Você, do jeito que é, é a vitória.*

Você tem o poder de se desvencilhar para sempre do sentimento de *insuficiência* e de começar a sua volta da vitória, dando a largada hoje mesmo! Pode ser com a decisão de parar de se esconder; ao reforçar uma nova definição de rejeição — "ei, Rejeição, talvez você se sinta tentada a me subestimar, mas vamos poupar um pouco do seu tempo... não faça isso" —; ao decidir que não é louco, é apenas o primeiro a tentar algo; ou que existe grandiosidade dentro de você! Talvez comece ao perdoar alguém que o magoou ou a si mesmo, aceitando que nossos erros passados não nos definem; com a decisão de se libertar da jaula e iniciar um novo círculo; ou ao desaprender uma das mentiras da desvalorização que o impedem de avançar. Talvez escolha parar de se esconder atrás do seu peso ou de esperar que um herói apareça — o herói, afinal, é você! Talvez decida transmitir a sua verdade; compartilhar sua arte, suas ideias, sua mensagem, sua história com o mundo, em vez de renegar a própria vocação; ou dar o passo seguinte na sua missão pessoal até a Lua e tudo de si na pista de dança com uma linda dança solo. Talvez vista um maiô; exiba a sua celulite com confiança e alegria; entre no aplicativo de relacionamento; ou tatue a palavra em que escolheu acreditar como a sua nova identificação. Talvez inicie uma nova rotina matinal em que se olhe no espelho, bem no fundo dos próprios olhos, e diga: "Você tem valor, e eu amo você."

Ter consciência de que tudo o que aconteceu antes aconteceu *por* você é muito potente. Tudo orquestrado por Deus. Até as partes mais difíceis. Mesmo as que nunca mais gostaria de passar. Você superou tudo, talvez para que pudesse se tornar um exemplo vivo de sabedoria, perseverança e força, mostrando que as pessoas também podem superar situações semelhantes. Acredito que você terá muitos, muitos outros momentos vitoriosos na sua jornada, momentos que o mundo vai celebrar. No fundo, você também saberá aproveitar a alegria e ir em frente com todo o entusiasmo, sem que o seu valor oscile com a celebração e a aprovação do mundo, assim como não oscila com o julgamento, a crítica ou a vergonha perante o mundo. Você, a sua alma, o seu verdadeiro eu é dissociado, desvinculado, desconectado, independente e livre de tudo isso. Você tem valor além da medida, com tudo isso ou sem nada.

**Você tem valor. Você é amor. Isso já é você. O seu verdadeiro eu. Do jeito que é. A sua alma.** Desde o momento em que nasceu. Não é algo que precise ganhar, buscar fora de si mesmo ou adquirir, apesar de o mundo dizer o contrário infinitas vezes. Não é algo que possa perder. Você pode ter medo de jamais encontrá-lo e de perdê-lo, mas saiba que isso é impossível, porque perceberá que **você já é assim.**

Quanto mais souber que isso é verdade, mais os poderes *dentro* e *fora* de você se expandirão.

O que fará com o poder que você é?

**Estou ansiosa para aplaudi-lo enquanto você estiver vivenciando essa resposta com toda a plenitude, colocando a sua alma em primeiro lugar.**

**Eu vejo você. Eu acredito em você. Eu amo você. Você é amor.**

**Você tem... VALOR!**

Da minha alma para a sua,
Sua parceira na volta da vitória para o resto da vida, começando agora,
Jamie

# NÃO ACABA AQUI

Olha, não terminamos aqui — agora somos parceiros na volta da vitória para o resto da vida! Se estiver nas redes sociais, venha me dar um oi. Eu adoraria ouvir a sua história! Por favor, poste e compartilhe a citação, dica, lição ou o ensinamento favoritos deste livro. Não se esqueça de me marcar, junto com as hashtags #WorthyBook e #JamieKernLima, para que eu os resposte! Se desejar inspiração e incentivos semanais contínuos na sua jornada de valorização, inscreva-se na minha newsletter gratuita (e em inglês) em JamieKernLima.com.

Juntos, vamos prometer que se trata apenas do começo! No espírito de garantir que nenhuma menina, nenhuma mulher, nenhuma pessoa seja deixada para trás sem saber que tem valor, estou passando o bastão para que VOCÊ impacte positivamente a vida de alguém ao repassar este livro, cedendo o *seu* exemplar ou presenteando com um novo. Juntos, podemos mudar o mundo, uma menina, uma mulher, uma pessoa, fazendo-os saber, uma de cada vez, que têm VALOR.

Lembre-se: você também pode ler este livro mais de uma vez. Adoro fazer isso, pois sempre há coisas novas para aprender. Também adoro reler um livro alguns meses depois da primeira leitura, pois tenho uma experiência de leitura diferente e isso sinaliza como mudei e cresci!

> *Sempre leio um livro pelo menos duas vezes. Na primeira vez, destaco alguns trechos. Na segunda vez, são eles que me destacam.*
> — JOHN C. MAXWELL

**VALE ANOTAR:** Para recursos adicionais, incluindo dicas gratuitas, planilhas, meditações e muito mais, visite WorthyBook.com/Resources (site em inglês).

**Vale anotar:** Experimente a versão em áudio/vídeo em que declamo, em inglês, este poema, da minha alma para a sua, em WorthyBook.com/Poem, ou escaneie o QR code a seguir.

## Você não é louco, é só o primeiro
"Quem você pensa que é?", dizem.
"Coisas assim não são para pessoas como nós.
Por que vive mudando?
Quer nos deixar para trás?"

"Esqueceu de onde veio?
Não somos mais bons o suficiente?"
De repente, a tentação de apequenar a vida
Parece mais confortável do que nunca.

Se duvidar de que você é suficiente...
Seus pensamentos e as palavras alheias o derrubarem...
É hora da sua alma dizer à sua mente
Que há um novo chefe no pedaço...

Veja — não há pessoa como você
Em todo o universo...
E o que a sua alma percebe é que...
Você não enlouqueceu, é apenas o primeiro...

O primeiro a ter esperanças e sonhos.
O primeiro *você* que já existiu.
Portanto, não se surpreenda se não o entenderem
Ou tentarem envergonhá-lo para que se adeque...

Eles o chamam de esquisito, estranho e diferente
Por ter sonhos tão grandes que eles mal conseguem entender.
Como tais sonhos não lhes foram concedidos,
Eles os enxergam através do filtro do medo e da ansiedade.

Até pessoas bem-intencionadas,
Que amam você desde o primeiro momento,
Ao vê-lo perseguindo os seus sonhos, podem se lembrar
De que não estão realizando os delas.

Se as pessoas gostam de quem é como elas,
Esconder seu verdadeiro eu é uma zona de conforto.
Mas um chamado reprimido
Faz você se sentir angustiado e sozinho —
Até mesmo...
Dentro...
Da própria casa...

Eles dizem que você enlouqueceu.
"Estamos juntos, para o bem ou para o mal. "
Mas entenda
Você não enlouqueceu, é só o primeiro.

O primeiro a abrir um negócio,
A tirar os seus sonhos da prateleira.
O primeiro a acreditar ser digno
De apostar em si.

O primeiro a vencer o vício,
A viver a vida de modo sóbrio e desperto.
O primeiro a encerrar um ciclo geracional
Que sabe que nasceu para quebrar.

O primeiro a começar a se curar.
O primeiro que perdoa para se libertar.
O primeiro a amar os outros pelo que são,
Não pelo que gostaria que fossem.

O primeiro a ser visionário,
A inventar e escrever o próprio roteiro.

O primeiro a reconhecer seus dons
E a parar de se esconder.

O primeiro homem da família a dizer
"Eu também tenho inseguranças".
A primeira mãe a dizer "Não, não estou bem,
E não sei o que fazer".

O primeiro em várias gerações a amar o próprio corpo
E a celebrá-lo com alegria como prova disso.
A saber que ele é um Milagre em movimento,
E que é uma dádiva poder movimentá-lo.

O primeiro a correr o risco da rejeição,
A expressar a sua verdade com vigor.
Apesar de a oposição ser forte,
Deus é maior.

O primeiro a se aplaudir
E a acreditar em si de verdade,
Sabendo que a maioria das pessoas não aplaudirá
Até que você o faça.

No colégio, eles o escolhiam por último...
E agora estão perdidos...
Porque, em vez de você ser funcionário,
Tornou-se o chefe.

O primeiro a defender os enjeitados
E a dizer: "Pare de provocar,
Você pode ficar tentado a me subestimar,
Mas vamos poupar um pouco o seu tempo... Não faça isso."

O primeiro a dizer: "Você me decepcionou..."
"Você abriu mão de mim por outra coisa..."

"Demorei um pouco para saber que sou digno
De acreditar em mim."


"O que sei é que, sim, você me magoou,
Mas não fui rejeitado...
Deus escondeu o meu valor de você porque
Você não faz parte do meu destino."


A primeira a reconhecer que o seu círculo
É muito mais parecido com uma jaula.
A primeira a dizer: *pai, você vai me amar pelo que eu sou?*
E *vovó, eu nasci assim.*


O primeiro a transformar a dor em propósito,
A usar os momentos mais difíceis,
Para guiar os outros em suas jornadas
De se sentirem menos solitários e mais suficientes.


O primeiro a dizer: "Vamos concordar em discordar.
Todos nós temos direito à liberdade de expressão.
Pare de tentar cancelar e odiar os outros
Só porque você está sofrendo."


O primeiro a acreditar nos próprios sonhos
Mesmo quando não é compreendido.
Um dia, você amará as pessoas
Que estiverem se gabando por te conhecer.


O primeiro a desaprender a mentira de ser "*insuficiente*
A menos que continue se esforçando e conquistando coisas*".*
Isso é uma mentira que não leva a lugar algum,
Não acredite mais nela.


A verdade é conquistas são excelentes,
Mas você não precisa delas para saber que tem valor.

Quando sabemos que uma coisa é verdade,
Ela é parecida com alegria e tem sabor de liberdade.

Você não é os seus sucessos.
Você não é o número de vezes em que falha.
Você é do tamanho do seu amor...
E o amor é gratuito e para todos...

Quando tememos não sermos suficientes
E, mais ainda, não sermos amados,
É muito tentador reduzir o nosso tamanho
E trocar o nosso propósito pelos abraços alheios.

Pode parecer que não nos encaixamos
Ou que nunca alcançaremos a sensação de pertencer,
Mas a nossa singularidade é um superpoder;
A nossa verdade nunca está errada.

Podem surgir críticas que o impeçam de avançar,
Porque há quem não esteja acostumado com os seus sonhos,
E tem medo de que você o supere,
De serem deixados para trás e de te perderem.

Pare de pedir conselhos
Pois há quem nunca esteve presente de verdade.
Ao agradar os outros,
Você trai a si mesmo.

Quando a insegurança tentar ofuscar a sua luz,
Lembre-se sempre deste verso...
A sua alma sabe que foi feita para mais...
Com tanto propósito que poderia transbordar...

Você nasceu com a grandiosidade dentro de si,
Seja isso uma bênção ou uma maldição...

## VOCÊ TEM VALOR

O mundo não vai melhorar
Até que a sua grandiosidade seja compartilhada.

Não existe ninguém igual a você
Em todo o universo,
E a sua percepção reconhece, *lá no fundo*,
Que você não enlouqueceu... é só o primeiro.

# AGRADECIMENTOS

ESTE LIVRO NÃO existiria sem o amor, a contribuição e o incentivo de diversas pessoas. Quero começar agradecendo aos amores da minha vida: Paulo, Wonder e Wilder. À minha família (adotada, biológica, estendida e escolhida). Em especial, queria agradecer à minha falecida mãe Nina, por me adotar no dia em que nasci, por me amar, por me ensinar que todos temos valor — uma lição que mudou toda a minha vida, e que continua viva por meio deste livro e da vida de todas as pessoas que ele toca. Obrigada aos amigos e familiares mencionados nas histórias deste livro, e aos muitos, muitos outros que não foram mencionados, mas a quem devo igualmente agradecer por fazerem parte da minha trajetória, da minha força, do meu caráter e por estarem no meu coração. Eu estimo todos vocês e sou grata por ter a dádiva de viver ao lado de cada um. Obrigada por me amarem. Eu amo vocês.

Este livro é o resultado de muitas pessoas que demonstraram fé em mim e na missão de espalhar que todos TEMOS VALOR, através do presente mais precioso que eu poderia pedir: tempo. Gostaria de agradecer às seguintes pessoas pela orientação, liderança, amizade e pelo apoio a mim e à minha intenção de que este livro toque o maior número de vidas possível: obrigada, Oprah Winfrey, pela bênção do seu tempo, seus comentários sempre sinceros e sua orientação inestimável. Obrigada por me mostrar o que são a força, a resiliência, a intenção e o viver em alinhamento com o divino. Um agradecimento especial pelo apoio, incentivo, pela sabedoria e amizade: Ed Mylett, Robin Roberts e Amber Laign, Prince EA, John Maxwell, Ellen DeGeneres, Portia de Rossi, Brendon Burchard, Joel e Victoria Osteen, Tony e Sage Robbins, Steven e Holly Furtick, Dra. Nicole LePera, Mel Robbins, Kate Redding e Aaron Silverman, Mallory Ervin, Danielle Canty, Lisa e Tom Bilyeu, Glo Atanmo, Craig e Amy Groeschel, Trevy Wragg, Rory e AJ Vaden, Craig Clemens e Sarah Anne Stewart, Toure e Sarah Jakes Roberts,

Maria Shriver, Bob e Maria Goff, Erwin e Kim McManus, Glennon Doyle, Sara Blakely, Darrin Powell, Dean e Lisa Graziosi, Jenna Kutcher, Jon e Kathryn Gordon, Joel e Kat Marion, Trent Shelton, Natalie Ellis, Jim Kwik, Randy Garn, Mel Abraham, Kacia Ghetmiri, Mally Roncal, Miles e Vanessa Adcox, Brooke Thomas, Karissa Kouchis, Erin Skye Kelly, Edward Enninful, Alec Maxwell, Margaret Riley King, Jen Hatmaker, Rachel Luna, Russell Brunson, Lori Harder, Candy Valentino, Dan Fleyshman, Jason Jaggard, Koya Webb, James Clear, Lewis Howes e Martha Higareda, Matthew Hussey e Audrey Le Strat, Sarah Robbins, Don Miller, Michael Hyatt, Luvvie Ajayi Jones, Isabel Alysa, Heidi Powell, Emily Ford, Amy Porterfield, Jasmine Starr, Paula Faris, Evan Carmichael, Drew Hitchcock, Jay Shetty e Radhi Devlukia-Shetty, Denise White e aos colegas da família Henry Crown Phoenix Class. Eu amo vocês.

Um agradecimento muito especial à minha equipe e amigos próximos que leram mais rascunhos de *Você tem valor* do que aqueles que estavam previstos: Sarah Witt, Jacquie Finnan, Lia Key, Desiree Zirolli e Olivia Daugs. Completando a equipe original do Círculo de Valorização e do Fim de Semana com Valor, um agradecimento especial a Trevy, Summer, Danielle e Olivia A. Ao meu Círculo de Confiança do Vale Perdido, Paula, Annie, Hillary, Danielle, Candace, Rachel, eu amo vocês. Aos outros amigos, numerosos demais para serem listados aqui e que me apoiaram na escrita deste livro, obrigada pelo incentivo, pelos, contatos e conselhos, pelas ideias, recomendações, orações e, acima de tudo, por acreditarem em mim.

A criação e o lançamento deste livro só foram possíveis graças a um verdadeiro time dos sonhos. Obrigada a Dupree Miller, Jan e Shannon. Obrigada a Nicole Perez-Krueger, Diandra Escamilla, Taylor Rodriguez, Gabby Yuen e toda a equipe da Align PR. Obrigada a Trevina Wragg, Elizabeth Kadar, Zazu Larrinaga, Janna Yu e toda a equipe social da Prestige. Obrigada, Hilary Liftin, pelo talento e pela parceria. Quando nós duas entramos em um bar, fazemos mágica, e é um presente entrar em qualquer bar com você. Obrigada, Daniel Decker, por conselhos, paixão, amizade, liderança e experiência. Obrigada, Kelly Madrone, pela pesquisa especializada, e obrigada, Pete Garceau, pela capa estadunidense do livro. Obrigada a todos da IT Cosmetics — seremos uma família para sempre. Obrigada aos muitos parceiros varejistas e de negócios por acreditarem na IT Cosmetics, especialmente L'Oréal, QVC e ULTA Beauty, pelo compromisso com a inclusão, a diversidade e a celebração da beleza em todas as pessoas!

Obrigada à minha editora, Hay House, ao lendário Reid Tracy, por acreditar em mim e no livro, e à minha incrível editora, Anne Barthel. Obrigada a toda a equipe da Hay House pela paixão, pelo talento e pela fé em *Você tem valor*, incluindo Margarete Nielsen, Patty Gift, Lizzi Marshall, Lindsay McGinty, Diane Hill, John Tintera, Betsy Beier, Monica O'Connor, Tricia Breidenthal, Julie Davison, Kirsten Callais, Marlene Robinson, Danielle Monaco, Celeste Johnson, Kathleen Reed, Lisa Bernier, Brianne Bardusch, Toisan Craigg e Devon Glenn. E a cada pessoa que, de muitas maneiras, contribuiu com seu talento para o livro, obrigada!

Se eu me esqueci de incluir alguém, atualizarei os agradecimentos a cada reimpressão do livro. E OBRIGADA, do fundo do meu coração, a cada pessoa que fez parte da minha jornada até agora, parte deste livro e parte da missão *VOCÊ TEM VALOR*.

# REFERÊNCIAS BIBLIOGRÁFICAS

Adam, Jamela. "What Is Toxic Positivity and How Is It Bad for Your Workplace?", *U.S. News*, 15 de março de 2023. Disponível em: https://money.usnews.com/careers/articles/what-is-toxic-positivity-and-how-is-it-bad-for-your-workplace.

"Advancing the Future of Women in Business: The 2020 KPMG Women's Leadership Summit Report", KPMG, 2020. Disponível em: https://info.kpmg.us/content/dam/womens leadership/pdf/2020/2020wlsstudy.pdf.

Alavi, Hamid Reza. "The Role of Self-Esteem in Tendency Toward Drugs, Theft and Prostitution", *Addiction and Health* 3, nº 3-4 (Verão/Outono de 2011), p. 119-124. Disponível em: https://www.ncbi.nlm.nih.gov/pmc/articles/PMC3905528/.

"Amelia Earhart — Quotes", Goodreads, acessado em 21 de agosto de 2023. Disponível em: https://www.goodreads.com/quotes/123820-the-most-difficult-thing-is-the-decision-to-act-the.

Angelou, Maya (@drmayaangelou). "Nothing will work unless you do", postagem do Twitter. 13 de janeiro de 2017, 14h33. Disponível em: https://twitter.com/DrMayaAngelou/status/820021073727160320?lang=en.

Ballard, Jamie. "Women Are More Likely than Men to Say They're a People-Pleaser, and Many Dislike Being Seen as One", YouGov, 22 de agosto de 2022. Disponível em: https://today.yougov.com/topics/society/articles-reports/2022/08/22/women-more-likely-men-people-pleasing-poll.

Beck, Martha. "How to Know It's Real Love", Oprah.com, 15 de março de 2002. Disponível em: https://www.oprah.com/relationships/how-to-know-its-real-love-advice-from-martha-beck/all.

Branch, Marsha. "Loving Me! — May the Space Between Where You Are and Where You Want to Be Inspire You!". Marsha Branch, acessado em 21 de agosto de 2023. Disponível em: https://marshabranch.wordpress.com/2014/01/05/may-the-space-between-where-you-are-where-you-want-to-be-inspire-you/.

Brown, Brené. "In You Must Go", Brené Brown, 4 de maio de 2018. Disponível em: https://brenebrown.com/articles/2018/05/04/in-you-must-go-harnessing-the-force-by-owning-our-stories/.

Butler, Kristen. *3 Minute Happiness Journal*. Carlsbad, Califórnia: Hay House, 2023.

Camus, Albert. *Summer*. Nova York: Penguin, 1995.

Carter, Christine. "What We Get When We Give", revista *Greater Good*, 18 de fevereiro de 2010. Disponível em: https://greatergood.berkeley.edu/article/item/what_we_get_when_ we_give.

"Catechism of the Catholic Church", *Catholic Culture*, acessado em 24 de setembro de 2023. Disponível em: https://www.catholicculture.org/culture/library/catechism/cat_view.cfm?recnum=7199.

"C.G. Jung — Quotes — Quotable Quote", Goodreads, acessado em 17 de agosto de 2023. Disponível em: https://www.goodreads.com/quotes/10933615-the-world-will-ask-who-you-are-and-if-you.

Chapata, Billy (@iambrillyant). "being loved feels warm. loving yourself feels like/ the entire sun inside of you". Postagem do Twitter. 9 de agosto de 2021, 9h06. Disponível em: https://twitter.com/iambrillyant/status/1424748858614108165.

Coelho, Paulo. *O alquimista*. São Paulo: Paralela, 2017.

Coelho, Paulo (@paulocoelho). "If you live to please others, everyone will love you except yourself". Postagem do Twitter. 2 de junho de 2013, 6h55. Disponível em: https://twitter.com/paulocoelho/status/344800100599623680?lang=en.

Davis, Tchiki. "Four Steps to Feeling Better About Yourself", revista *Greater Good*, 19 de outubro de 2016. Disponível em: https://greatergood.berkeley.edu/article/item/four_steps_to_feeling_better_about_yourself.

Dickrell, Stephanie. "More Than 1 in 2 Americans Will Get STD in Lifetime", *SC Times*, 22 de agosto de 2015. Disponível em: https://www.sctimes.com/story/life/wellness/2015/08/21/americans--get-std-lifetime/32123427/.

Doyle, Glennon. *Indomável*. Rio de Janeiro: HarperCollins Brasil, 2020.

Doyle, Glennon. "IF YOU DON'T KNOW WHAT TO DO — START HERE. HERE'S WHAT TO DO". Instagram. 26 de maio de 2022, acessado em 21 de agosto de 2023. Disponível em: https://www.instagram.com/p/CeBpLTzlK-J/?hl=en.

Economy, Peter. "17 of the Most Inspirational Quotes from Beyoncé—Business Genius and Music Superstar", *Inc.*, 4 de junho de 2019. Disponível em: https://www.inc.com/peter-economy/17-of-most-inspirational-quotes-from-beyonce-business-genius-music-superstar.html.

Economy, Peter. "Sara Blakely's Most Inspiring Quotes for Success", Inc., 20 de março de 2015. Disponível em: https://www.inc.com/peter-economy/sara-blakely-19-inspiring-power-quotes-for-success.html.

Gibson, James L., e Sutherland, Joseph L. "Keeping Your Mouth Shut: Spiraling Self-Censorship in the United States", *Political Studies Quarterly* 2023 (1º de junho de 2020). Disponível em: http://dx.doi.org/10.2139/ssrn.3647099.

Gillett, Rachel, e Hoff, Madison. "Gender Bias Could Make It Harder for Women to Become CEO, According to a Recent Study", *Business Insider*, 17 de abril de 2020. Disponível em: https://www.businessinsider.com/why-women-almost-never-become-ceo-2016-9.

Goff, Bob (@bobgoff). "Every time I wonder who I should love & for how long I should love them, God continues to whisper to me: Everybody, always". Postagem do Twitter.

2 de julho de 2018, 11h39. Disponível em: https://twitter.com/bobgoff/status/1013839515088138241?lang=en.

Graham, Steven M., e Clark, Margaret S. "Self-Esteem and Organization of Valenced Information About Others: the 'Jekyll-and-Hyde'-ing of Relationship Partners", *Journal of Personality and Social Psychology* 90, nº 4 (abril de 2006): p. 652-665. Disponível em: https://doi.org/10.1037/0022-3514.90.4.652.

Gray, Emma. "11 Ways Maya Angelou Taught Us to Be Better Women", *HuffPost*, 28 de maio de 2014. Disponível em: https://www.huffpost.com/entry/maya-angelou-women-quotes_n_5404284.

Gross-Loh, Christine. "How Praise Became a Consolation Prize", *The Atlantic*, 16 de dezembro de 2016. Disponível em: https://www.theatlantic.com/education/archive/2016/12/how-praise-became-a-consolation-prize/510845/.

Hanh, Thich Nhat. *A arte do poder*. Rio de Janeiro: Rocco, 2008.

Heggeness, Greta. "44 Ellen DeGeneres Quotes to Make You Laugh, Cry & Stay Motivated", Yahoo!, 11 de outubro de 2022. Disponível em: https://www.yahoo.com/video/44-ellen-degeneres-quotes-laugh-161600383.html?guccounter=1.

Homer, Nakeia. *All the Right Pieces*. Nova York: Thought Catalog Books, 2022.

"How to Feel Better About Yourself", entrevista de Dacher Keltner, 22 de junho de 2023, in *The Science of Happiness*, podcast. Disponível em: https://greatergood.berkeley.edu/podcasts/item/how_to_feel_better_about_yourself_rene_brooks.

Kaur, Rupi. *Outros jeito de usar a boca*. São Paulo: Planeta, 2017.

King, Martin Luther, Jr. "Martin Luther King's Sermon: The Drum Major Instinct", filmado em 4 de fevereiro de 1968, YouTube, 2 de abril de 2023. Disponível em: https://www.youtube.com/watch?v=Mefbog-b4-4.

Knight, Rob. "Eight in 10 Young Adults Feel They Are Not Good Enough, Poll Claims", *The Independent*, 1º de novembro de 2019. Disponível em: https://www.independent.co.uk/news/uk/home-news/millennials-mental-health-love-young-adults-social-media-poll-alpro-a9181296.html.

Kotb, Hoda. *I Really Needed This Today: Words to Live By*. Nova York: G.P. Putnam's Sons, 2019.

Lachmann, Suzanne. "10 Ways Low Self-Esteem Affects Women in Relationships", *Psychology Today*, 17 de dezembro de 2013. Disponível em: https://www.psychologytoday.com/us/blog/me-we/201312/10-ways-low-self-esteem-affects-women-in-relationships.

Leary, Mark. "Emotional Responses to Interpersonal Rejection", *Dialogues in Clinical Neuroscience* 17, nº 4 (dezembro de 2015): p. 435-441. Disponível em: https://doi.org/10.31887/DCNS.2015.17.4/mleary.

Lynch, Alison. "80% of British Women Don't Feel Good Enough, According to New Survey", *Metro*, 25 de agosto de 2015. Disponível em: https://metro.co.uk/2015/08/25/80-of-british-women-dont-feel-good-enough-according-to-new-survey-5360444/.

Mann et. al. "Self-Esteem in a Broad-Spectrum Approach for Mental Health Promotion", *Health Education Research* 19, nº 4 (agosto de 2004): p. 357-372. Disponível em: https://doi.org/10.1093/her/cyg041.

"Martin Luther King, Jr. — Quotes", Goodreads, acessado em 21 de agosto de 2023. Disponível em: https://www.goodreads.com/quotes/16312-faith-is-taking-the-first-step-even-when-you-can-t.

Maryfield, Keyanna. "77 Know Your Worth Quotes and Sayings to Boost Your Confidence, Happiness and Success", Inspired Life, acessado em 21 de agosto de 2023. Disponível em: https://www.inspiredlifehq.com/know-your-worth-quotes/.

Maxwell, John C. *The Power of Significance: How Purpose Changes Your Life*. Nova York: Center Street, 2017.

McManus, Erwin Raphael. *O caminho do guerreiro*. Distrito Federal: Chara, 2019.

"Mindy Kaling — Quotes", Goodreads, acessado em 17 de agosto de 2023. Disponível em: https://www.goodreads.com/author/quotes/194416.Mindy_Kaling?page=16.

"Misty Copeland — Quotes", Goodreads, acessado em 21 de agosto de 2023. Disponível em: https://www.goodreads.com/author/quotes/7155409.Misty_Copeland.

"New Dove Research Finds Beauty Pressures Up, and Women and Girls Calling for Change", PR Newswire, 21 de junho de 2016. Disponível em: https://www.prnewswire.com/news-releases/new-dove-research-finds-beauty-pressures-up-and-women-and-girls-calling-for-change-583743391.html.

Okura, Lynn. "Iyanla Vanzant on Breaking the Body-Shaming Cycle and Accepting Your Lumpy, Bumpy Body", *HuffPost*, 6 de dezembro de 2017. Disponível em: https://www.huffpost.com/entry/iyanla-vanzant-help-desk_n_5813356.

Orth, Ulrich; Robins, Richard W.; e Widaman, Keith F. "Life-Span Development of Self-Esteem and Its Effects on Important Life Outcomes", *Journal of Personality and Social Psychology* 102, nº 6 (junho de 2012): p. 1.271-1.288. Disponível em: https://doi.org/10.1037/a0025558.

*Oxford English Dictionary*, acessado em 23 de agosto de 2023. Disponível em: https://www.oed.com/search/dictionary/?scope=Entries&q=impostor%20syndrome.

Palmer, Mario. "5 Facts About Body Image". Amplify, acessado em 24 de fevereiro de 2014. Disponível em: http://amplifyyourvoice.org/u/marioapalmer/2013/05/21/byob-be-your-own-beautiful. Citado em "11 Facts about Body Image". DoSomething.org, n.d. Disponível em: https://www.dosomething.org/us/facts/11-facts-about-body-image.

Pandya, Charmaine. "The 17 Second Rule That Changed My Life", Charmaine Pandya, acessado em 21 de agosto de 2023. Disponível em: https://www.charmainenlp.com/single-post/2016/02/15/The-17-second-rule-that-changed-my-life.

Parton, Dolly (@dollyparton). "Find out who you are and do it on purpose. #Dolly- ism". Postagem do Twitter. 8 de abril de 2015, 13h40. Disponível em: https://twitter.com/DollyParton/status/585890099583397888?lang=en.

Pentreath, Rosie. "What Are the Origins of 'Humpty Dumpty Sat on a Wall' and What Do the Lyrics Mean?", Classic FM, 30 de julho de 2021. Disponível em: https://www.classicfm.com/discover-music/humpty-dumpty-sat-on-a-wall-lyrics-history/.

Petrocchi, Nicola; Ottaviani, Cristina; e Couyomdjian, Alessandro. "Compassion at the Mirror: Exposure to a Mirror Increases the Efficacy of a Self-Compassion Manipulation in Enhancing a Soothing Positive Affect and Heart Rate Variability", *The Journal of Positive Psychology* 12, nº 6 (julho de 2016): p. 525-536. Disponível em: https://doi.org/10.1080/17439760.2016.1209544.

Robbins, Mel. *Um único hábito pode mudar sua vida*. Rio de Janeiro: Sextante, 2022.

"Salma Hayek — Quotes", Goodreads, acessado em 24 de setembro de 2023. Disponível em: https://www.goodreads.com/quotes/109192-people-often-say-that-beauty-is--in-the-eye-of.

Schnall, Marianne. "Dolly Parton on Her Latest Projects, the Power of Love and More", *HuffPost*, 29 de novembro de 2016. Disponível em: https://www.huffpost.com/entry/interview-with-dolly-parton-on-her-latest-projects_b_583da37ee4b0bb2962f178cb.

"Sexually Transmitted Infections Prevalence, Incidence, and Cost Estimates in the United States", CDC, 25 de janeiro de 2021. Disponível em: https://www.cdc.gov/std/statistics/prevalence-2020-at-a-glance.htm.

"67 Maria Shriver Quotes on Parenthood, Motherhood and Inspiration", Quotes. pub, acessado em 24 de setembro de 2023. Disponível em: https://quotes.pub/maria--shriver-quotes?page=2.

"Spiritual Awareness / Awakening Quotes", Xavier University, acessado em 21 de agosto de 2023. Disponível em: https://www.xavier.edu/jesuitresource/on-line-resources/quote-archive1/spiritual-awareness-quotes.

"Steven Furtick — A Troubled Mind and an Open Door", Sermons.love, acessado em 17 de agosto de 2023. Disponível em: https://sermons.love/steven-furtick/8712--steven-furtick-a-troubled-mind-and-an-open-door.html.

Stone, Jay. "Carrey — Being Rich Not the Answer", *The Ottawa Citizen*, 16 de dezembro de 2005. Disponível em: https://quoteinvestigator.com/2022/11/09/rich--famous/#f+442218+1+1.

"The Confidence Kit", Dove, acessado em 23 de agosto de 2023. Disponível em: https://assets.unileversolutions.com/v1/81511615.pdf?disposition=inline.

"13 Times Taylor Swift Was the Wisest", *Marie Claire – Reino Unido*, 16 de outubro de 2015. Disponível em: https://www.marieclaire.co.uk/entertainment/music/best--taylor-swift-quotes-33427.

Thomas, Brooke. "Your Predicament Does Not Determine Your Destiny — with Lia Valencia Key, Ep 215", *The Live Out Loud Show*, acessado em 21 de agosto de 2023. Disponível em: https://www.brookethomas.com/your-predicament-does-not--determine-your-destiny-with-lia-valencia-key-ep215/.

@tinybuddha. "If speaking kindly to plants helps them grow, imagine what speaking kindly to humans can do". Postagem do Twitter. 25 de junho de 2021. 11h30, Disponível em: https://twitter.com/tinybuddha/status/1408477701585899526?lang=en.

Twain, Mark. *Mark Twain on Common Sense: Timeless Advice and Words of Wisdom from America's Most-Revered Humorist*, editado por Stephen Brennan. (Nova York: Skyhorse, 2014).

"Ulta Beauty Launches the Joy Project to Ignite a Movement for the Next Generation", *Business Wire*, 25 de setembro de 2023. Disponível em: https://www.businesswire.com/news/home/20230925298587/en/.

Weiner, Brian. "Lessons from the Mountain", Brian Weiner, 18 de fevereiro de 2022. Disponível em: https://brianweiner.com/the-only-people-who-get-upset-about-you--setting-boundaries-are-those-who-are-benefitting-from-you-having-none/.

Williamson, Marianne. *Graça* cotidiana. Rio de Janeiro: Rocco, 2005.

Williamson, Marianne. *Return to Love: Reflections on the Principles of "A Course in Miracles"*. Nova York: HarperOne, 1996.

Winfrey, Oprah, e Perry, Bruce D. *O que aconteceu com você?*. Rio de Janeiro: Sextante, 2022.

Zorn, Eric. "Without Failure, Jordan Would Be False Idol", *Chicago Tribune*, 19 de maio de 1997.

## CONECTE-SE COM JAMIE

**WWW.JAMIEKERNLIMA.COM**

www.youtube.com/@jamiekernlimaofficial

@JamieKernLima

www.facebook.com/JamieKernLimaPage

www.linkedin.com/in/jamiekernlima/

@jamiekernlimaofficial

**Para obter inspiração, dicas, lições e incentivos semanais, inscreva-se na newsletter de Jamie no site (em inglês) JamieKernLima.com**

# FAÇA SUAS ANOTAÇÕES AQUI

# FAÇA SUAS ANOTAÇÕES AQUI

FAÇA SUAS ANOTAÇÕES AQUI

## FAÇA SUAS ANOTAÇÕES AQUI

FAÇA SUAS ANOTAÇÕES AQUI

## FAÇA SUAS ANOTAÇÕES AQUI

## FAÇA SUAS ANOTAÇÕES AQUI

FAÇA SUAS ANOTAÇÕES AQUI

FAÇA SUAS ANOTAÇÕES AQUI

FAÇA SUAS ANOTAÇÕES AQUI

## Cartão da volta da vitória de *Você tem valor*

Passe o bastão! Empreste este livro a alguém que você sabe que precisa das histórias, lições e ferramentas que compartilhei, alguém que precisa saber que tem valor! Estamos na volta da vitória juntos — nenhuma menina, mulher ou pessoa deve ser deixada para trás! Lembra como era pegar um livro na biblioteca? Você tinha que assinar o nome no cartão do verso da capa... Aqui está o nosso cartão! Escreva o seu nome da coluna **De** e o nome da pessoa que vai recebê-lo na coluna **Para**. E faça o mesmo se tiver comprado este livro para presentear alguém. Depois, peça para essa pessoa emprestá-lo para outra quando terminar de ler! Vamos preencher esse cartão inteiro! Se quiser, tire uma foto e me mande toda vez que este exemplar passar de mão em mão... Me marque nas redes sociais, para que eu possa repostar! E caso precise de mais um cartão, é só entrar no site em inglês WorthyBook.com/Resources e fazer o download. Aí é só imprimi-lo e começar tudo de novo!

| VOCÊ TEM VALOR! |||
| :---: | :---: | :---: |
| CARTÃO DA VOLTA DA VITÓRIA |||
| DE | PARA | DATA |
| | | |
| | | |
| | | |
| | | |
| | | |
| | | |
| | | |
| | | |
| | | |

Este livro foi composto na tipologia Adobe Garamond Pro,
em corpo 11,75/15, e impresso em papel offwhite,
no Sistema Cameron da Divisão Gráfica
da Distribuidora Record.